A　3　上

エー・スリー

森　達也

集英社文庫

この作品は二〇一〇年十月、集英社インターナショナルより刊行されました。
文庫化にあたり大幅に加筆し、上下二分冊としました。

A3《エー・スリー》

目次

［上巻］

本文デザイン
白石デザイン・オフィス
（白石良一、古矢史叔）

A3

エー・スリー

［上］

プロローグ

読みながらすぐに読者であるあなたも気づくはずだけど、この書籍の時制は『月刊PLAYBOY』連載時である二〇〇五年二月号から二〇〇七年十月号までをベースにしながらも、時おり現在である二〇一〇年（単行本刊行時）の視点や情報が現れている。いわば現在と過去とを行きつ戻りつしている。

連載をまとめるにあたっては、過去の時制を現在形に修正する作業をいったんはやろうとした。でも途中であきらめた。膨大な量の修正になるからではない。ノンフィクションにとっては何よりも重要な「現在形の視点」が消えるからだ。

特に、連載時に同時並行で進行していた麻原《あさはら》法廷の顚末《てんまつ》が主軸となるこの連載は、時制を修正することによって失うものがあまりにも大きい。だから結局は修正の作業を中断して、ベースを連載時の時制に戻した。ただしあまりに状況に変化がある場合については修正しているし、ときには現在形の視点や最新の情報も入れている。

もしも無用な混乱を与えてしまったとしたら（なるべくそうならないように留意した

つもりではあるけれど）、お詫《わ》びするしかない。もっと早く書籍化すべきだったのだ。その気になればできたはずだ。でもできなかった。理由はひとつだけ。僕の怠慢だ。これに尽きる。

でも結果としてややこしくしてしまったかもしれないけれど、これはこの本の必然でもあったのだと理解してほしい。もしも連載終了と同時に書籍化していたら、少なくともエピローグの章は書けなかった。エピローグだけではない。一連の事件が起きた背景についての考察も、もっと熟成が進まない段階で形になっていたはずだ。大幅に加筆した。そして削除もした。今のこの時点で読んで意味あることだけを残しながら、今のこの時点で読んで意味あることだけを書き加えた。

遅れたことも含めて物事の因果にはきっと必然がある。そう思うことにした。ある意味で開き直り。でも実際にそう思う。きっと理由はある。

かつて『A』と『A2』を発表したとき、タイトルの意味についてよく質問された。オウム主要な被写体である荒木浩《あらききひろし》広報副部長（当時）のイニシャルのAでもあるし、オウム（AUM）のAでもある。あるいは煩悶《はんもん》(Agony)や反命題(Antithese)、代案(Alternative)などのAでもあるなどと答えるときもあったけれど、実のところ自分でも、この答えに納得はしていなかった。なぜなら本音は、「タイトルなどどうでもいい」なのだ。

特に『A』撮影時、テレビでは『オウム帝国の崩壊』とか『オウム密着！　邪悪な野望の全貌』など仰々しいタイトルの特番が、毎日のように放送されていた。当時はテレビ業界にいた僕は、その渦中にいた。だからこそ違和感が強かった。タイトルがもし内容を凝縮するものとして定義されるのなら、その方向に自分は抗《あらが》うべきだとの思いがあった。凝縮してはならない。要約してもならない。四捨五入すべきではない。だからタイトルはつけたくない。でも公開するためにはタイトルなしというわけにはゆかない。だから不本意ながら考えた。本音としては、『A』でも『B』でもよかったのだ。
でも今回の『A3』は違う。意味を込めた。内容を凝縮した。

麻原彰晃《あさはらしょうこう》のAだ。

戦後最も狂暴で凶悪な男として語られるこの悪の特異点は、裁判においても一審判決確定で審理が打ち切られるという特異点になった。あらゆることが異例だった。でも異例であるはずのあらゆることが、麻原であるという理由でことごとく整合化された。
こうして異例は前例になる。オウム以前とオウム以降とで、日本社会は明らかに変質した。ならば特異点の特異性を見きわめねばならない。何がどのように特異なのかを知らなくてはならない。

この書籍で僕は、引用文は別にして、「地下鉄テロ」とか「オウムによるテロ」などの記述を極力（もしかしたら一度も）使わなかった。なぜならテロの意味は、「暗殺・暴行・粛清・破壊活動など直接的な暴力行為を働きながら、その脅威によって特定の政治的な目的を達成しようとする行為」を示す。暴力行為や破壊活動だけではテロの要件を満たさないのだ。

ところがオウムによる一連の事件には、特定の政治的な目的が確定されていない。地下鉄サリン事件については裁判などで、「自己が絶対者として君臨する専制国家を建設するため」などのフレーズが頻繁に使われたが、ならばこれはテロではなく内乱だ。あるいは地下鉄にサリンを撒《ま》いた直接的な動機として「警察による強制捜査の目をくらますため」のフレーズもよく使われるが、ならばサリン散布行為そのものはテロではない（結局のところこの動機は単行本刊行後に消滅するが、それについては文庫下巻の最終章で触れる）。

もちろん衆議院選挙への出馬やロシアからの武器の購入、ウラン鉱土地買収にサリンやVXガス製造など、事件に至るまでの経緯はきわめて大規模で計画的であり、何らかの政治的目的を匂わせることは確かだ。その意味では、おそらくはテロに該当する事件だったのだろうとの推測はできる。でも断定はできない。それだけの証拠と確信をこの社会は、いまだ獲得できてはいない。

つまりこの程度の解明と認識しか、オウムについては為《な》されていない。そしてこの程度の解明と認識しか為されていないからこそ、結果として、この社会は不安と恐怖を強く刺激され、その後に大きく変質した。きわめて皮肉な見方ではあるけれど、もしもサリン事件の目的がここにあるのなら、まさしくその政治的目的は達成されつつあるということになる。

この書籍を発表することで、僕はかなりの批判や反発に晒《さら》されるかもしれない。それは覚悟している。覚悟はしているけれど、できることなら争いは回避したい。穏便に済ませたい。でもできない。

かつて『A』を発表する直前、やはり同じような不安があった。怖かった。でも発表した。強い使命感があったからではない。どちらかと言えば、撮ってしまったのだから仕方がないという思いのほうが強かった。

今はどうなのだろう。たぶん使命感について言えば、当時より少しはあるかもしれない。でもあったとしても「少しは」のレベルだ。基本的には変わらない。たまたま僕には、見えたし聞こえたのだ。見えたのだから見えると言うしかない。聞こえたのだから聞こえると言うしかない。知ったからには素知らぬ顔はできない。だってもしも目を凝らして、耳を傾けてくれれば、きっと誰もが気づくはずだと思うのだ。

二〇一〇年八月、東京拘置所は刑場をメディアに公開した。ほとんどの新聞やテレビは「刑場がメディアに初めて公開された」的な報道をしていたけれど、これは事実ではない。拘置所が東池袋にあった一九六七年に田中伊三次《たなかいさじ》法相（当時）が各社の新聞記者たちを引き連れて、今回は公開されなかった絞首用のロープや死刑囚が立つ踏み板が外れる瞬間までも公開している。

ただし、このあとに二十三人の死刑執行に踏みきった田中法相は、数珠を片手に死刑執行命令書に署名する自分を写真で撮れと集めた記者たちに命じるなど、あまりにパフォーマンス的な言動が過ぎたこともあって、結局は産経新聞（当時）を除いてすべての新聞は、この経緯を記事にはしなかった。

いずれにせよ公開は初ではない。四十余年前にも行われていた。さらにこの少し前には、大阪や広島などの拘置所も刑場を公開しているし、写真も撮られている。

法務省が明らかに虚偽の見解を公表した理由は、「今回の刑場公開はあくまでも例外的な措置であって継続するものではない」との姿勢を強調したかったのだろう。そして忘れっぽいメディアは、法務省の見解を疑うことなく鵜呑《うの》みにして、資料に当たることすらしなかったのだろう。

こうして歴史は上書きされ、改竄《かいざん》される。無自覚に。誰も気づかないままに。振り返っても足跡はもうわからない。つまり歴史が変わる。室町時代や安土桃山時代での話ではない。現代史だ。でも変わる。上書きされる。

少なくともプロローグを書いている現時点において、麻原彰晃はまだ処刑されていない。でも彼を処刑しなければ他の（死刑が確定した）幹部信者たちの処刑もできないから、法務省は執行を急ぐはずだとの情報はある。指名手配犯がまだ三人逃亡中のままだから（二〇一二年現在は全員が逮捕されている）、理屈として麻原の処刑はできないはずだとの推測もある。あるいは、彼を処刑したとしても、これを疑問視する民意はほとんど立ち上がらないことが予測されるから、さっさとやってしまうはずだとの見方もある。拘置所内ですでに死んでいる可能性が高いとまで言う人もいる。

予測などできないし、したくもない。でも知ってほしい。立ち止まって振り返ってほしい。ここまでの足跡を確認してほしい。様々な上書きが大量に為されているけれど、目を凝らせばきっと見えてくるはずだ。耳を澄ませば聞こえてくるはずだ。そして思い出してほしい。考えてほしい。あの事件はなぜ、どのように起きたのか。彼と事件によって、この社会はどのように変わったのか。現在はどのように変わりつつあるのか。

そして、彼とはいったい、何ものであるのかを。何を思い、何を願い、何をしようとしていたのかを。

1 傍聴

（二〇〇五年二月号）

二〇〇四年二月二十七日、元オウム真理教の教祖である麻原彰晃被告に、東京地裁一〇四号法廷で死刑判決が下された。

被告席に座る麻原は、時おり発作のように浮かぶ満面の笑みらしき表情も含めて同じ動作の反復を、最初から最後まで続けていた。頭を掻《か》き、唇を尖《とが》らせ、何かをもごもごとつぶやいてから口のあたりに手をやり、それからくしゃりと顔全体を歪《ゆが》めるのだ。その瞬間の表情は笑顔のようにも見えるし苦悶《くもん》のようにも見える。順番や間隔は必ずしも規則的ではないし、頭ではなく顎や耳の後ろを掻く場合もあるけれど、基本的にはこれらの動作を、ずっと反復し続けている。

傍聴席の前から三列目の椅子に座りながら、僕は声を発することができずにいた。もちろん不用意に声など発したら、即座に退廷を命じられるだろう。でもそれだけが理由ではない。仮にこれが法廷ではなく路上だったとしても、僕はやっぱり彼を凝視したまま、その場で動けなくなっていたはずだ。

昼の休廷時、地裁二階の司法記者クラブのブースで、傍聴券を用意してくれた共同通信社の記者から幕の内弁当を手渡されたが、どうにも箸は進まない。胸の中に大きな塊《かたまり》がつかえているような感覚だ。ほとんど手つかずの弁当を包装紙で包み直して部屋から出ると、旧知の司法記者と通路で擦れ違った。これまでに何十回も麻原法廷を傍聴している彼は、初めて傍聴する僕に、「午前と午後とでズボンが替わっていることなんてしょっちゅうですよ」と教えてくれた。

「失禁してるということ？」

「他に理由がありますか」

喫煙室に行けば、知っている顔が何人かいた。部屋の隅に置かれたテレビ画面は、この地裁の正面玄関前からのライブ映像だ。マイクを手にしたレポーターが何事かを興奮気味にしゃべっているが、ボリュームが小さくて言葉の内容まではわからない。喫煙室でタバコを口の端にくわえる男たちは一様に物憂げな表情を浮かべながら、その画面をぼんやりと眺めている。誰もボリュームを上げようとはしないし、チャンネルを変えようともしない。それはそうだ。聞くべきことなど何もないことを彼らは知っている。それにおそらくはほとんどの局が、角度や向きを少しだけ変えながらも、ほぼ同じような画面のはずだ。

数時間後に裁判長は判決を読みあげる。その内容は誰もがすでに知っている。死刑以外はありえない。でもテレビは特番態勢だし、夕刻には街で号外が配られる。明日の朝刊は間違いなく一面大見出しだ。何か変だよな。おそらく誰もがそう思っている。でも抗《あらが》えない。濁流の真ん中で小さな木切れにしがみつきながらずっと流されてきた人のように、喫煙室でタバコの煙をくゆらせる男たちの表情には、消耗した諦観が澱《おり》のように浮かんでいる。

「傍聴ですか」

声に顔を上げれば、知り合いの社会部記者だ。

「ここで森さんに会うのは初めてですね」

言われてみれば確かにそうだ。これまで傍聴の機会がまったくなかったわけじゃないけれど、映像をメインの仕事にしていたから、カメラを持ち込めない法廷は自分のテリトリーじゃないと考えていた。だから傍聴の依頼もすべて断っていた。でもならば自分は、なぜ今日この場にいるのだろう。なぜ依頼を受けたのだろう。考えながら僕は言った。

「だって、これを逃せば、もしかしたら生身の麻原にはもう会えなくなるかもしれないし……」

控訴審では被告の出廷は義務づけられていない。ならばずっと沈黙を守る麻原が、今後は出廷しなくなる可能性は充分にある。一度くらいは見ておきたい。その思いは今回傍聴することを決めた大きな理由のひとつだけれど、でも「ナマミのアサハラ」と言葉にした瞬間、隠していた自分の卑しさが、口の端から滴《しずく》となって洩《も》れ落ちたような気分になった。数秒の間を置いてから、記者はタバコの先を灰皿に押しつけた。

「で、どうですか。初めての傍聴の感想は？」

「……どう見ても正常な状態とは思えないのだけど」

曖昧にうなずきながら、記者は少しだけ遠い目になった。二本目のタバコに火をつけながら、「もうダメでしょうね」とつぶやいた。僕は訊《き》いた。

「詐病《さびょう》の可能性は？」

「英語や訳のわからないことをしゃべりだしたときは、その可能性を言う人も確かにいたけれど……あれはもう詐病のレベルじゃないですね」

かつてテレビ・ディレクターだった頃、精神病院を取材したことが何度かある。同じ動作を反復する常同行動は、重度の統合失調症や自閉症などに頻繁に現れる症状のひとつだ。

もちろん必ずではない。他の精神障害でこの症状が現れる場合もあるし、統合失調症でもこの症状が現れない場合もある。何よりも被告席の麻原は「壊れていた」ように僕には見えたけれど、「壊れている」との一〇〇％の断定は、たとえ精神鑑定の専門家であってもできない。なぜなら人の意識の内側は覗《のぞ》けない。測定などできない。だから臆測で語るしかない。つまり麻原が「罪を逃れるため」精神の混濁を装っているとの可能性を全否定することは、今のところはできない。

その意味では、ここまでの文章は相当にリスクが大きい。近い将来において、「そろそろ気が違ったふりはやめにする」と彼が雄弁に語りだす可能性は、（きわめて低いとは思うが）残されている。

でも少なくとも法廷における麻原の挙動は、刑事司法においては精神鑑定の対象となって当たり前の意識状態を表している。今の彼に、訴訟の当事者になれる能力があるとは、とてもじゃないが思えない。ところが彼が逮捕されてから現在（二〇〇四年二月二十七日）まで、精神鑑定はただの一度も為《な》されていない。

僕の記憶では、一度だけ弁護団が仄《ほの》めかしたことがある。でもいつのまにか消えた。その理由はわからない。詐病の可能性は確かに否定できない。でも弁護士や家族を含めて一切の接見や面会を、麻原は一九九七年から拒絶している。ここ数年は家族とは面会しているようだが、会話は一切交わしていない。つまり二〇〇四年であるこの時点まで七年間、彼は誰とも口をきいていないのだ。もしもこれが演技できるのなら、その精神力の強靱《きょうじん》さは並ではない。まさしく怪物としか思えない。

午後の法廷も状況は変わらなかった。判決理由の朗読は四時間あまり続いた。主文言い渡しの前に、小川正持《おがわしょうじ》裁判長は麻原に起立を命じた。しかし麻原は動かない。まったく反応しない。八人の刑務官が麻原を囲み、両腕を取って引き起こし、証言台の前に引き立てた。

麻原はゆらゆらと揺れている。刑務官たちがそっと手を離す。まるでバランスの悪い積み木細工のようだ。その瞬間、裁判長が主文を読みあげた。

すべては予定どおり。死刑以外の判決などありえない。でも裁判長が「被告人を死刑に処する」と言い終えると同時に、傍聴席に座っていた記者たちは、脱兎《だっと》のごとく廊下へと駆け出した。たぶん裁判所前の仮設テントではそれぞれのテレビ局の記者が、「死刑です死刑です。今、死刑判決が出ました!」とカメラに向かって絶叫しているのだろうと考えながら、僕は傍聴席に座っていた。

何から何まで破格の裁判だった。

この日の傍聴希望者四六五八人(傍聴席は九十六席)は、日本の裁判の歴史において(この時点で)、三番目に多い人数だ。裁判所周囲には四百人もの警察官が配備され、拘置所から麻原を護送する早朝には(混乱を回避するために)ダミーの護送バスが使われた。ちなみに日本の裁判史上で、最も傍聴希望者が多かったのは、麻原の初公判で記録された一万二二九二人だ。そして第二位は初公判翌日の麻原第二回公判(五八五六人)。つまりベスト3すべてを、麻原裁判が独占した。

海外でも多くのメディアがこの判決を報じている。ロイター通信は「地下鉄サリン事件を指揮した日本のカルト教団元教祖に死刑が言い渡された」と報道した。新華社通信は「邪教オウム真理教指導者の麻原彰晃に死刑判決」と至急電で伝えた。イタリアのANSA通信は、東京地裁開廷直後の午前十時七分に「死刑判決」と報道し、八分後にニュースを取り消した。かつて教団が活動していたオーストラリアでは、公共放送であるABCが夜のニュースでトップの次に大きく報道した。英BBCのニュース専門局も、麻原死刑判決を主要ニュースとしてくりかえし伝え、ドイツの民間ニューステレビ局NTVは、朝八時のトップニュースで地下鉄サリン事件などの映像とともに報道した。

ここに挙げたのはほんの一部。とにかくほぼ世界中のメディアが、麻原の死刑判決を大きく報道した。ならば国内ではどうか。判決翌日の朝日新聞と産経新聞の記事を引用する。

オウム松本被告に死刑判決　犯行指示認定　弁護団は控訴

地下鉄・松本両サリンや坂本《さかもと》堤《つつみ》弁護士一家殺害など13事件で計27人を死なせたとして、殺人などの罪に問われたオウム真理教元代表・松本《まつもと》智《ち》津《づ》夫《お》（麻原彰晃）被告（48）の判決が27日、東京地裁であった。小川正持裁判長は、一連の犯行について松本被告の指示だったと認定。「不特定多数への無差別テロにまで及んだ一連の犯罪は、救済の名の下に日本国を支配しようと考えたもので、極限ともいうべき非難に値する」と述べ、検察側の求刑通り被告に死刑を言い渡した。松本被告の国選弁護団は判決を不服として即日控訴した。

判決は、13事件すべてを有罪と認定した上で量刑の理由を説明。「動機・目的はあさましく愚かしい限り」「弟子たちにことごとく責任を転嫁し、刑事責任を免れようとする態度に終始した」「被害者・遺族に対する一片の謝罪の言葉も聞けない」などと厳しい言葉で指摘し、死刑で臨む以外にないと結論づけた。（中略）午後に入って、95年３月に東京の営団地下鉄３路線５車両でサリンがまかれ、12人が死亡、５５００人以上が負傷した地下鉄サリン事件について言及した。事件２日前、松本被告と弟子たちが乗ったリムジンの車中で、間近に迫った強制捜査への対応を協議。村井《むらい》元幹部が「サリンをまけばいい」と提案すると、松本被告は「それはパニックになるかもしれないなあ」と同意し、村井元幹部に総指揮を命じた。遠藤誠一《えんどうせいいち》被告にサリン製造を、井上嘉浩《いのうえよしひろ》被告にも現場指揮を指示し、この時点で共謀が成立したと認めた。

一審判決まで７年10カ月、公判期日２５７回という長期裁判だった。これで一連のオウム公判で起訴された１８９人の一審判決が出そろった。死刑判決を受けたのは12人目となった。

朝日新聞

オウム・麻原被告に死刑判決　「愚か」断罪も薄笑い

逮捕から八年十カ月、初公判から七年十カ月。男は何も変わっていなかった。二十七日、東京地裁でオウム真理教の麻原彰晃被告（四八）に死刑判決が下った。宗教の仮面をまとった野望がとうとう断罪された。「残虐非道の首謀者」「あさましく愚かしい」……。法廷には裁判長の激しい非難の言葉が響いたが、「教祖」は最後の最後まで沈黙の殻にこもり続けた。

「死刑に処する」。法廷に響く裁判長の声に麻原被告はみけんにしわを寄せた。この日も刑務官に引きずられるように入廷したり、時折笑顔を見せたりと、ふがいない姿をさらし続けた。

午後の法廷では頭をかいたり、身を乗り出したり。「ウヘヘ」「イヒヒヒ」。眠るように体の力を抜いたと思うと、時折奇妙な声を出して笑った。（中略）

裁判長が判決理由を朗読する間、被告は何かをぶつぶつぶやいていた。捜査のプロは被告の動揺を見逃さなかった。

「『主文を言い渡す』といわれた瞬間、一見、いやいやと首を振るような様子が見てとれた。『被告』という言葉には、何度もビクッとしていた。反省や後悔はしている表情ではなかったが、自分の罪については、認識している」（後略）

産経新聞

補足するが、引用した産経新聞社会面の記事で、「いやいやと首を振るような様子が見てとれた」「何度もビクッとしていた」「自分の罪については、認識している」とコメントした「捜査のプロ」は、元警視庁幹部で麻原逮捕の際の現場指揮官だった山田正治だ。

判決のこの日、僕と山田は同じ傍聴席にいた。同じ光景を見ていた。でもこれほどに印象が違う。ある意味で当たり前だ。人は主観からは絶対に逃れられない。見方によってどうにでも解釈できる。ただひとつだけ書いておきたいが、「ウヘヘ」とか「イヒヒ」などの声は出していない。そんな「奇妙な声」は、前から三列目に座る僕にはまったく聞こえなかった。だからこれについては、この記事を書いた記者に確認したい。あなたは本当にそんな笑い声を聞いたのですか、と。

主文を言い渡す直前に小川裁判長は、「被告は、かつて弟子として自分に傾倒した配下の者らにことごとくその責任を転嫁し、自分の刑事責任を免れようとする態度に終始しているのであり、今ではその現実からも目を背け、閉じこもって隠れているのである。被告からは、被害者や遺族らに対する一片の謝罪の言葉も聞くことができない」と厳しく麻原を叱責した。

「閉じこもって隠れている」との奇妙なフレーズは、法廷における麻原の態度を形容している。確かに当初は「閉じこもろう」とした可能性はある。でも仮にそうだとしても今の麻原には、「閉じこもって隠れていよう」との意識はない。傍聴席に座りながら僕はそう感じた。そもそも最初に「閉じこもろう」としたときも、その言動は相当に奇妙だった。

初公判からちょうど一年後の一九九七年四月二十四日、麻原は初めての意見陳述を行った。不規則な言動はこの時点ですでに始まっていたが、とにかくも被告が初めて事件について自ら語るということで、この日の法廷は大いに注目された。起訴状朗読のあと、裁判官に促されての麻原の意見陳述の冒頭を、『オウム法廷4　松本智津夫の意見陳述』(朝日文庫)から引用する。

松本被告　まず地下鉄サリン事件についてお話ししたいと思います。地下鉄サリン事件は弟子たちが起こしたものであるとしても、あくまでも、一袋二百グラムの中の十グラムぐらいのものが、十キロに散布されたものであり、本質的には傷害であるということがポイントであると言えます。そして、私自身の共同共謀につきましては、(九五年三月)十八日の夜、村井秀夫《ひでお》君を呼びまして、とにかくストップを命令し、それが駄目で、十九日にもう一度、これは井上嘉浩君が正しく話していれば、同じようにストップを命令し、そして、結局、彼らに負けた形になり、結果的には、まあ、じゃあ逮捕されるんだろうな、ということで終わっております。で、これは、ディプロマット、検察庁では、これは無罪として認定しています。そして、裁判長も無罪として認定しています。従って、これは本質的に傷害事件が基本となっていますから、弟子たちの求刑そのものが大変減軽されていることは間違いないはずです。

第二番目、落田耕太郎《おちだこうたろう》事件です。落田耕太郎事件は、英語で述べるのでしょうか。いや、英語でもどちらでもいいです。英語だったら英語でいきますが。アイ キャンスピーク イングリッシュ ア リトル。

裁判長 日本語で言いなさい。

被告 日本語ですか。落田耕太郎事件につきましては、もともと保田英明《やすだひであき》君の、サブウェイ オケージョン イズ……。

裁判長 日本語で言いなさい。落ち着いてね。

被告 オッケー、オッケー。日本語で言いましょう。じゃあ、まず一番初めに、地下鉄サリン事件について、英語で説明します。

裁判長 いや、いいから、日本語で言いなさい、落田事件について言うならね。

被告 サブウェイ オケージョン イズ オンリー テン グラムズ サリン スプレッド メイビー マイ ディサイプル……。

裁判長 日本語で言いなさい。

被告　アンド　テン　キロメーター　アンド　ファイブ　メーター　エアリア……。

書き写しながらつくづく思うけれど、ほとんどコントか漫才だ。特に「日本語で言いなさい。落ち着いてね」を受けて、「オッケー、オッケー」から「英語で説明します」までの展開は、まるで吉本興業の芸人たちの掛け合いを聞いているかのように絶妙だ。でもこんなやりとりがずっと続けられたのは、なんばグランド花月でもないし新宿末広亭でもない。東京地裁の法廷だ。

麻原の法廷における言動については、ここで引用した『オウム法廷〜』全巻以外にも、『オウム「教祖」法廷全記録』（現代書館）など、数々の書籍が刊行されている。この四月二十四日の意見陳述における圧巻は、十七事件についての説明が終わってからの、麻原と裁判長、弁護人とのやりとりだ。しかしこの部分については（あまりにも意味不明なゆえか）、『オウム法廷〜』も含めて僕の手許《てもと》の書籍では、すべてが部分的に要約されている。以下の引用はインターネットで見つけた。不正確で出典も明らかではないネットを引用に使うことは極力避けるべきだが、他の資料や文献と照合しても齟齬《そご》はほとんどなく、また当日実際に傍聴していたメディア関係者に読んでもらったところ、記憶に残る麻原の言葉とほとんど一致するとの言明を得たので、その一部を引用する。

麻原　……これに関して、検察庁は2カ月であるとし、ハナゾノヨウイチ特別陪審員だけは無罪を主張しましたが、1996年12月23日に釈放を決め、釈放命令が出ています。これは高弟である吉岡君が受け取り、日本のマスコミはすでに報道していたはずなのですが、日本がなくなってしまって残念です。
　このような話を本日、エンタープライズのような原子力艦空母の上で行なうのは、うれしいというか悲しいというか、複雑な気分であります。今、裁判長であられる方、質問があれば受け付けます。どうぞ。2カ月であれ、1年であれ、釈放されているのです。刑事勾留は算入されることになっていますから、半年から1年オーバーしているわけです。ティローパの声が聞こえたが、ティローパは殺人はしていないんだよ。ティローパ正悟師《せいごし》も判決は2年ですから、釈放になっているはずです。
　釈放であるというのは……。
裁判長　ちょっと、聞きなさい。11事件について、あなた先ほど何度かナガハマ、ナガハマって言ってましたけど、これは浜口《はまぐち》事件の間違いですよね。他のと見比べても該当するのは、浜口しかない……。
麻原　ん？　浜口。浜口？　いえ、これはナガハマ事件だと記憶しています。長浜だと思ってるんですが。ナガハマラーメンなどというのは聞いていません。長浜だと私は記憶しています。

弁護人　ちょっと聞きたいんですが、今の話では、もうすでに検察は無罪、裁判所も無罪を出している、そしてある裁判では間違った、と？

麻原　私が言っているのは無罪ということではなく、傷害事件の1年は、裁判所は1年の刑事勾留はすでに過ぎており、1996年12月23日に釈放と言っているのです。ハナゾノヨウイチ裁判長が——Youichi Hanazono... That time after...

弁護人　じゃあ、あなたの裁判はいったいどうなったんですかっ！

麻原　もう第3次世界大戦は終わってますから、第3次世界大戦はすでに始まっており、日本はもうありませんから、自由であり、本当は子供たちと一緒に生活できるんだよ。ですから、昨日も坂本堤さんのお母さんと、都子《さとこ》さんのお母さんと話しまして、「もう日本はなくなっていて住むことができないから、ここで生活しないといけない」ということを話したわけです。

弁護人　釈放されているのなら、この法廷は何なの？

麻原　遊びだよ。遊び。

弁護人　あなたは先ほどから、1996年12月23日ばかり言っていますが、いったい今日は何月何日だと思っているのですか。

麻原　今日は1997年1月5日か6日であると考えているわけです、私は。みなさん、どうですか、オウム真理教の麻原彰晃が言っているわけですが。

弁護人　そうじゃないでしょう。違いますよ。今日は1997年4月24日ですよ。

麻原　みなさん、違いませんよね。4月24日というのは、なぜそういうかと言うと、それまでに彼らが殺害しようとしているから、殺害計画にはめられているんだよ。

弁護人　先ほどあなたはエンタープライズにいるって言いましたがここは法廷ですよ。

麻原　だから、エンタープライズの「ようなもの」って言ったでしょ。〝Like Enterprise.〟

弁護人　あなたはなぜ釈放されたのか。

麻原　1年と2カ月は逮捕されて、あなた方と離れてから経《た》ってるよね。つまり、0・7か0・8かけで計算するわけだよ。……0・6かけとか0・7かけするんだよ。つまり、算入されているんだよ。マハー・カッサパもその計算で釈放されたはずだ。17の事件のうち、16事件は、有罪ではなく無罪なんだよ。

（後略）

この掛け合いはまだまだ続く。麻原にとっての今の世界を要約すれば、第三次世界大戦はすでに終わり、日本という国家は消滅しているということになるようだ。彼自身はエンタープライズのような原子力空母の上で、自分が無罪判決となったその理由を、世界に向けて演説している。だからこそ、英語と日本語の双方で語らなければならないのだろう。つまり日本語はすでに滅びた言語なのだ。特別陪審員と裁判長の二つの肩書を持つハナゾノヨウイチなる人物は実在していない。そもそも日本の裁判に陪審員はいない。その名前の由来もわからない。

『オウム法廷～』のあとがきで、著者である降幡賢一《ふりはたけんいち》は、

「もう一度その内容を読んでみると、それは『意味不明』と読み捨てるべきものでは決してなく、むしろ、被告がこの裁判や、問われている犯罪事実に対してどのような姿勢をとっているか、この社会をどのように理解してきたか、そして実際に教団でどのように振る舞ってきたか、などの点について、非常に示唆に富んだものだったことが、あらためて分かるように思えるのである」

と記したうえで、

「被告の関心は、事件の被害者や、犯罪に巻き込んでしまった弟子たちのことより、まず、自分の無罪釈放だけに集中していたのだ。（中略）このように人々の発想を大きく超えた意表を突く発言をして、自分を誇大に見せるのが、教団の中にあっての松本被告のやり方だったのだろう。教団に引き寄せられた弟子たちは、『教祖』のそうしたやり方に、何か自分たちでは計り知ることが出来ないような、深遠な意味がある、と錯覚して、その前にひれ伏していたのだ」

と断じている。

示唆に富んでいるとは僕も思う。「尊師は意表を突く」というフレーズは、確かにこれまで、複数の信者から何度も聞いている。でも「意表を突くことで自分を誇大に見せるという手法を法廷でも使おうとした」との論理展開について率直に書けば、「本気ですか」と言いたくなる。麻原にではない。著者である降幡にだ。

この意味不明の陳述や弁護人とのやりとりを、「自分を誇大に見せる」ためと普通は解釈するだろうか。法廷を煙《けむ》に巻くつもりなのだと仮定したとしても、その領域をあまりにも逸脱している。

『オウム法廷〜』からほぼ一年後に刊行された『オウム裁判と日本人』（平凡社新書）において降幡は、「ひところ流行語のように言われていた『マインドコントロール』という言葉を、私は（この本においては＝引用者註）極力使わなかった」と述べてから、「彼らの『マインドコントロール』とは、決して他人に操作されたのではなく、そのようにして自分を『教祖』に付き従う『修行者』として位置づけ、そのイメージに合うように、自分の意思で自分の心と行動を束縛していたことを言うのだ」

と記述している。降幡のこの指摘は、オウムが犯した一連の事件を考察するうえで、とても重要な視座を提供している。でもそんなパースペクティブを体得しているはずの降幡ですら、単体の麻原を見るときには、（まるで光が巨大な質量によって曲がるかのように）視野が狭窄《きょうさく》したのではないかと思いたくなる。

二十代の頃、僕は芝居をやっていた時期があるが、もしもこの法廷での麻原の役をアドリブで演じようとしても、まず不可能だ。絶対にテンションを維持できない。間違いなく言葉に詰まる。実際の法廷では数時間にわたってこのコントまがいの意見陳述が続いていた。断言するがロバート・デ・ニーロやロビン・ウィリアムスにだって、アドリブでこの演技は難しい。

降幡だけではない。『オウム裁判傍笑記』（新潮社）の著者である青沼陽一郎《あおぬまよういちろう》はこの陳述を総括して、

「架空の裁判を作り上げ、その結果がそうなっていることだから、と言い訳しながら無罪を主張している。実に稚拙な間接的言い回しで、同時に責任を転嫁した弟子たちからの批難もかわそうとしているずるさも感じられる」

と記している。確かに弁明や責任転嫁のニュアンスは発言のそこかしこに滲《にじ》む。でも「稚拙」や「ずるさ」などの語彙《ごい》だけで切り捨てられるレベルだろうか。その領域を明らかに逸脱している。

たった一回しか傍聴していない僕が、ずっと傍聴してきた彼らに対して理を諭すのもどうかとは思う。どうかとは思うけれど、この意味不明な言動を目撃したならば、その卑劣さや無神経さを糾弾する前に、いくら何でもこれは普通ではないと指摘することが道理ではないだろうか。

いずれにせよ、麻原の精神状態は七年前のこの時点で、すでに大きく傾いていた。もっと直截《ちょくさい》に書けば壊れかけていた。しかしこれを指摘する人はほとんどいなかった。この傾きを少しでも修復させてから裁判を再開しようとの声も、マスメディアのレベルにおいてはまったくあがらなかった。

正常な意識状態を持たない男を被告席に座らせる裁判など、何も期待できなくて当たり前だ。でも現実にはそうなった。地下鉄に無差別にサリンを撒《ま》くことを指示した動機も含めて、事件の本質はいまだに解明されていない。例えば地下鉄サリン事件だけを例に挙げても、いったい誰がこの計画の詳細を決めたのか、実はいまだによくわかっていないのだ。動機すら明らかにされていない。ただし判決において裁判所は、彼らが地下鉄にサリンを散布したその理由を、間近に迫った強制捜査を回避するためと説明した。判決要旨から引用する。

上九一色村《かみくいしきむら》に向かうリムジン車内で、被告人が村井らに、間近に迫っている強制捜査にどのように対応すればいいかについて意見を求めると、村井が、阪神大震災が起きたから強制捜査が来なかったと以前被告人が話していたことに言及し、これに相当する事件を引き起こす必要があることを示唆した。被告人が、井上に何かないのかと聞いたところ、井上は、ボツリヌス菌ではなくてサリンであれば失敗しなかったということなんでしょうかという趣旨の意見を述べ、村井もこれに呼応して地下鉄にサリンをまけばいいんじゃないかと発言。被告人は、首都の地下を走る密閉空間である電車内にサリンを散布するという無差別テロを実行すれば阪神大震災に匹敵する大惨事となり、間近に迫った教団に対する強制捜査もなくなるであろうと考え「それはパニックになるかもしれないなあ」と言ってその提案をいれ、村井に、総指揮を執るよう命じた。続いて、村井が、被告人に、地下鉄電車内にサリンを散布する実行役として、近く正悟師になる林泰男《はやしやすお》、広瀬《ひろせ》、横山《よこやま》及び豊田《とよた》を使うことを提案すると、被告人は、これを了承し、林郁夫《いくお》も実行役に加えるよう指示した。さらに、被告人が遠藤に対し、「サリン作れるか」と聞くと、遠藤は「条件が整えば作れると思います」と答え、サリンの生成に携わることを承諾した。

地下鉄におけるサリン散布を実質的に決定したといわれるこのリムジン謀議は、麻原の側近中の側近といわれた井上嘉浩の証言で成り立っている。地下鉄サリン事件が起きる二日前である一九九五年三月十八日の深夜、阿佐谷《あさがや》にあった教団経営の食堂「識華《のりか》」で正悟師昇格の弟子たちを祝う食事会が行われた。会が終わってから上九一色村のサティアンに戻るリムジンに、麻原と村井秀夫、遠藤誠一、井上嘉浩、青山吉伸《あおやまよしのぶ》、石川公一《いしかわこういち》ら六人の幹部が乗り込んだ。このリムジン車中で、強制捜査を回避するためにサリンを散布しようとの謀議が麻原主導で行われたとする内容だ。一九九六年九月二十日の公判で、井上は以下のように証言している。

松本智津夫氏の面前で、村井秀夫さんが「地下鉄にサリンをまけばいいんじゃないか」と提案した。私は「硫酸をまけばいい」と発言したが、松本氏は「サリンじゃないと駄目だ」と話し、村井さんに「おまえが総指揮でやれ」と指示した。さらに遠藤誠一さんに「サリンを作れるか」と聞き、遠藤さんは「条件が整えば作れるのではないでしょうか」と答えた。

確かにこの証言を全面的に信用すれば、麻原の共謀共同正犯は揺るがない。でもこのときにリムジンに同乗していた弟子たちの多くは、井上が主張したこれらの会話のほとんどについて、「(自分は)聞いていない」と証言している。最初にサリン散布を主張したとされる村井は、サリン事件からほぼ一カ月後の四月二十三日に刺され、翌二十四日に死亡している。遠藤は「サリンを作れるか」と訊《き》かれたことは認めたが、他の会話については否定している。石川もこんな会話はなかったと証言している。さらに謀議についての検察側の構図を唯一裏づける井上の証言は、その後の法廷では「リムジン車中では決まらなかった。上九《かみく》到着前、(麻原)被告人に『瞑想《めいそう》して考えろ』と言われた」とか「教団の中で日常的にくりかえされている冗談話に過ぎず、何も決まっていなかった」などと二転三転し、第一五回公判では「常識からみると、空想的、絵空事の話はオウムではよくあった。（中略）リムジンの中ではサリンを撒く話は現実問題になっていない。指示がなかったから」と証言している。つまり車中で具体的にサリン散布計画が決まったとの自らの証言を、そのあとに自分で何度も否定している。

　リムジンに乗り込んだ理由について井上は、妻や子供たちとリムジンに乗り込もうとしていた麻原に「お話があるんですが」と話しかけたところ、「じゃあ、おまえも乗ったら」と言われたからと述べている。こうして、いったんは乗車していた家族たちを降ろし、村井、遠藤、青山、石川と井上がリムジンに乗り込んだ。このとき麻原に「お話があるんですが」と話しかけた理由を井上は、

「食事会で（麻原から）強制捜査の話を聞かされて、これは当時騒がれていた仮谷《かりや》（清《きよ》志《し》氏監禁致死）事件で指紋を残した松本《まつもと》剛《たけし》の指紋を消しておかなければならないと私なりに決意し、麻原から松本の指紋削除について許可をもらいたいと考えた」

と述べている。しかし食事会に同席していた遠藤と石川は、会の最中に強制捜査の話などまったく出なかったと証言している。また指紋を削除された松本、および中川智正《なかがわともまさ》、さらに指紋削除の手術を担当した林郁夫らは、リムジン謀議前日である三月十七日夕方の時点で井上から林に指紋削除の手術の依頼があったことを証言している。つまり十八

日に指紋削除を思いついたとの井上の証言は、虚偽である可能性がきわめて高い。

他の多くの信者から矛盾だらけであることを指摘された井上証言について、さすがに検察論告は、「本件（地下鉄サリン事件）当時の井上の地位、本件前後の井上の行動などからすると不自然で、すでに死亡した村井に責任転嫁して、本件において村井に次ぐ現場指揮者という重要な立場にあった事実を隠蔽、または歪曲化《わいきょくか》しようとしている」と、虚偽である可能性が高いことを認めている。ところが「事実を隠蔽、または歪曲化しようとしている」ことを認めながら、「被告人（麻原）との共謀に関する証言部分については、十分な信用性が認められる」としている。「信用性が認められる」とするその根拠はまったく示されていない。趣旨が破綻している。しかし一審判決はこの検察論告をほぼそのまま採用して、麻原の共謀共同正犯を認定している。

資料を読みながら訳がわからなくなる。まるで不思議の国で行われた裁判だ。被告人はハートのジャック。裁判官はハートのキングとクイーン。陪審員はグリフォンやトカゲ。証人は三月ウサギと帽子屋、そしてアリス。

法廷ではジャックがタルトを盗んだ確かな証拠として、ジャックが書いた（意味不明の）詩を白ウサギが朗読する。聞き終えたキングは、「かくも重要なる証拠物件は前代未聞じゃ」と言ってから陪審員に評決を求めるが、思わずアリスが声をあげる。

「もしだれか、これを説明できるひとがいたら」と、アリスは言いました。（この数分でとても大きくなっていたので、王さまの話のじゃまをするくらい、こわくもなんともなかったのです。）「そのひとに六ペンスあげるわ。あたしは、そんなものに意味なんかひとっかけもないと思うけど。」

陪審員《ばいしんいん》たちはみんな石板《せきばん》にむかって、「彼女は、そんなものに意味なんかひとっかけもないと思う」と書きつけましたが、詩の説明をやってみようとする者はただの一ぴきもいませんでした。

「もしそれに何の意味もないのであれば」と、王さまが言いました。「おおいに手間《てま》がはぶけてけっこうではないか。あれこれ意味を探《さが》さんでもすむのじゃからな。しかし、まだわからんぞ。」王さまはそう言いながら、ひざの上に詩をひろげ、片目《かため》でじっと見つめました。「どうやら、いくらか意味が見えてきたようじゃ。『わたしが泳げないことをしゃべってしまった』とある。そちは泳げなんだな？」王さまはジャックのほうをむいて、そう言いました。

ジャックは悲しそうに首をふりました。そして「泳げそうに見えるでしょうか？」と言いました。（もちろん見えっこありません。すっかり紙でできていたのですから。）

（中略）「では、陪審員《ばいしんいん》は評決《ひょうけつ》を答申《とうしん》せよ」と、王さまは言いましたが、そう言うのは、もう二十回めくらいでした。

「だめ、だめ！」と、女王さまが言いました。「宣告《せんこく》がさき――評決《ひょうけつ》はあと。」

「そんなの、めちゃくちゃよ！」と、アリスが大声で言いました。「宣告《せんこく》をさきにやるなんて！」

「だまれ！」女王さまは、顔を真《ま》っ赤《か》にしてそう言いました。

「いやよ！」と、アリスは言いました。

「こやつの首をはねろ！」女王さまは、声をかぎりにそうさけびましたが、誰も動こうとはしませんでした。


『不思議の国のアリス』ルイス・キャロル　脇明子訳（岩波少年文庫）

リムジン謀議の矛盾と虚偽性は、他の観点からも指摘できる。同乗した側近も含めて多くの幹部信者たちが、サリンを撒いたところで強制捜査がなくなることなどありえないし、むしろ早まる可能性があると考えていたと証言しているのだ。確かに普通は、この判断のほうがまっとうだと僕も思う。

一九九八年九月十七日の麻原法廷第九〇回において弁護団は、「検察側の冒頭陳述と立証との間に生じた食い違いが深刻化している」として、冒頭陳述の修正を求める意見陳述を行った。さらに鑑定書や実況見分調書などの検察側請求証拠二十五点については、

「刑事訴訟法の要件を満たしていない」として、その採用に異議を唱えるという異常な事態になった。

特に弁護団が強調したのは、一九九六年に逮捕された林泰男が法廷で述べた「地下鉄サリン事件は、その五日前に仕掛けられた霞ケ関《かすみがせき》駅アタッシェケース事件（霞ケ関駅の構内にボツリヌス菌散布を目的にして三個のアタッシェケース型噴霧器を置いた事件。ただし中には水が入っていたとされている）の焼き直しとして急遽《きゆうきよ》考えられたものと自分は解釈している」と、「地下鉄サリン事件後の九五年四月十二日頃から、今度はダイオキシンを撒くという話が出て、日比谷公園・築地《つきじ》・東京証券取引所などの下見をしたり、同月二十六日頃には、新宿で青酸ガスを撒くことが具体的に決まったが失敗し、その青酸ガス事件の後、新宿都庁爆破事件を起こした」との証言だ。

もしも地下鉄サリン事件がリムジン謀議の帰結ではなく「霞ケ関駅アタッシェケース事件」の焼き直しとして行われたのなら、謀議の内容と明らかな矛盾が生じるし、麻原の役割も大きく変わる可能性がある。また教団に対する強制捜査終了後に青酸ガスを使ったさらなるテロ計画の発案があったということは、強制捜査をなくすために行われたとする地下鉄サリン事件の位置づけを、根本的に見直さねばならない可能性を示唆している。

ただしこの二つは、あくまでも可能性のレベルだ。僕がもっと重要だと感じたのは、九五年三月十八日未明に「東京の地下鉄で三月二十日朝サリンを撒く」と村井から聞いたとき、「そんなに早くサリンを作れるわけがないと思った」との林泰男の証言だ。他の多くの幹部信者も、同様のことを法廷で証言している。

彼らが「サリンを作れるわけがない」と思った理由は、九五年一月一日付の読売新聞に「サリンを生成した際の残留物質である有機リン系化合物が上九一色村一帯の土壌から検出された」との記事が掲載されたことに動揺した麻原が、村井を介してサリン生成を担当していた土谷正実《つちやまさみ》や中川智正に、残存サリンや原料のすべてを処分するようにと命じているからだ。

だからリムジンで謀議が行われたとされる三月十八日の時点において、三月十九日夜までにサリンの精製などできるはずがないと、ほとんどの幹部信者たちは思っていた。ところが検察は、「その際、サリンの中間生成物であるジフロ約一・四キログラムが処分されず、中川智正が（第六サティアンに）隠して保管していた」として、これがサリン精製に使用されたとした。

いずれにせよ検察の冒頭陳述には、「麻原は強制捜査から教団を守るために残存サリンすべての処分を命じた」と、「リムジン謀議で強制捜査をなくすためにサリンを撒くことを決定した」という二つの矛盾する事実が共存している。たった二日でサリンを一から精製することなど不可能であることは、当時の教団幹部ならほとんどが知っていた

（もちろん麻原も）。

一審判決は、麻原の指示に背いてジフロが隠されていたことを認めながら、「そのような教団の存続に関わる重大な事柄について、被告人の弟子である村井や井上らが、グルである被告人に無断で事を進めることは考えられない」と断定している。弟子たちが麻原に無断で事を進めることが考えられないのならば、麻原が処分を命じたはずの残存ジフロは消える（つまりサリン事件は起こりえない）。そしてジフロが残存していたことを認定するならば、絶対的な支配者として麻原が一連の事件すべてを主導したとの判決論旨が崩壊する。そもそもこの判決でジフロを隠していたとされた中川智正は、麻原法廷第二四回に証人として呼ばれたとき、自分がジフロを隠していたとする井上の主張を（明確ではないが）否定している。

つまりこの前提では、何をどうやっても二重三重に綻《ほころ》びが出る。

この矛盾について法廷で林泰男は、「麻原がサリンを作るという意向を完全に放棄していたのなら（弟子たちの行為は）重大な違反になるが、完全に放棄していないとしたらそれほど重大な違反ではないと考えられる」と証言した。要するに、教祖の指示に形としては違反することになっても、教祖の内心を忖度《そんたく》してその意向に沿うのであれば、命令違反も許されるという考え方だ。でもこの場合は、「教祖は意向を完全に放棄したのかしていないのか」を弟子が判断しなくてはならない。つまり絶対的な服従とは言えなくなる。いずれにせよ三月十八日の段階でジフロは残されていた。だからこそ地下鉄サリン事件は起きた。ところがジフロが残されていた理由や背景が、現状ではほとんど解明されていない。

麻原一審判決における矛盾として、リムジン謀議と残存ジフロの問題をとりあえず挙げた。他にもある。それも微細な要素ではない。戦後最凶にして最大の事件と言われる地下鉄サリン事件の全体像を構築するうえで、決して看過できないほどの矛盾や謎ばかりだ。本来なら判決が下せるような状況ではないはずだ。でも判決は下された。まるで当然のように。だからもう一回、不思議の国で行われた裁判のこの描写を引用したくなる。

「では、陪審員《ばいしんいん》は評決《ひょうけつ》を答申《とうしん》せよ」と、王さまは言いましたが、そう言うのは、もう二十回めくらいでした。

「だめ、だめ！」と、女王さまが言いました。「宣告《せんこく》がさき――評決《ひょうけつ》はあと。」

もしも麻原が法廷で普通にしゃべることができるならば、これらの矛盾や謎が解明されていた可能性は高い。でも彼の口は閉ざされた。彼が自ら閉ざしたのではない。矛盾や謎を解明すべき裁判所によって閉ざされたのだ。被告席に座りながら脈絡のない（それでいて規則的な）動きをくりかえす麻原を眺めながら、僕はそう確信した。その結果としてオウムによる一連の事件は、多くの未解明の謎と副作用ばかりをこの社会に残しながら、急激に風化しつつある。

中世から近代にかけてのヨーロッパやアメリカで行われていた魔女狩りは、四万人（一説には十万人）もの女性や男性を、裁判で魔女と認定して処刑した。かつてはカトリック教会が主導して行っていたとされていたが、近年の研究（『魔女狩りの社会史―ヨーロッパの内なる悪霊』ノーマン・コーン）などによって、一般民衆が抱く異端者や少数派への憎悪や不安が、大量殺戮《さつりく》における最大の駆動力だったことが明らかになってきた。

魔女であると断定するためには、魔法を使えることを証明する必要はない。普通と違うだけでよい。理由や根拠はいくらでも後づけできる。教会に行きたがらない女は魔女の疑いがあるとされ、熱心に教会に通う女は偽装した魔女の可能性があるとされた。拷問によって魔女であるとの自白を彼女たちは強要され、それでも自白しないときには自白しないという事実が悪魔の保護下にあることを証明しているとして、やはり魔女と断定された。魔女狩り将軍として有名だったマシュー・ホプキンスは、魔女は水に浮くという言い伝えを根拠にして、両手両脚を縛った容疑者を水に入れた。浮けば魔女として処刑するし、沈めば疑いは晴れるがそのまま溺れ死ぬ。

これらの裁判は決して密室で行われたわけではない。ほとんどが公開法廷だ。つまり多くの村人や隣人たちがこの判決を追認し、場合によっては強い支持を表明した。
魔女狩りに限ったことではない。集団となった民意にはそんな残虐な側面がある。近代以前のどの時代にも、あるいは世界中のどの地域にでも、アンフェアで取り返しのつかない裁判はいくらでもあった。多くの孤立した罪なき人が、集団によって正義の名のもとに処刑された。だからこそ近代司法は、「あらゆる被告や容疑者は裁判で有罪が決定するまでは無罪を推定される存在として扱われるべきである」とする無罪推定原則を、デュープロセス（適正手続き）や罪刑法定主義と並べながら、最重要なテーゼと定めている。

刑事訴訟法第三一四条
1．被告人が心神喪失の状態に在るときは、検察官及び弁護人の意見を聴き、決定で、その状態の続いている間公判手続を停止しなければならない。但し、無罪、免訴、刑の免除又は公訴棄却の裁判をすべきことが明らかな場合には、被告人の出頭を待たないで、直ちにその裁判をすることができる。
2．被告人が病気のため出頭することができないときは、検察官及び弁護人の意見を聴き、決定で、出頭することができるまで公判手続を停止しなければならない。（後略）

念のために書くが、麻原に対しての刑の免除や減刑をすべきと主張するつもりはない。ただし治療すべきとは主張する。近年の精神医療の進展はめざましい。症状がこれほどに急激に進行したということは、適切な治療さえ行えば劇的に回復する可能性が大いにあるということを示している。ならば治療してある程度は回復してから、裁判を再開すればよい。きわめて当然のことだと思う。ところが精神鑑定が為されない以上は、一切の治療が望めない。病状は進行するばかりだ。

だからやっぱり不思議だ。なぜ精神鑑定の動議すらできないのか。なぜ検察も弁護団も裁判所も沈黙してきたのか。なぜこれまで裁判を傍聴してきたメディアや識者やジャーナリストたちは、麻原の様子がどうも普通ではないとアナウンスしてこなかったのか。

判決公判の日のテレビや翌日の新聞のほとんどが、法廷で僕が目撃した麻原の発作としか思えない挙動を、「薄笑い」とか「ウヒヒ」とか「遺族を嘲笑《あざわら》い」とか「醜い現実逃避」などの語彙を使いながら、罪の意識の欠片《かけら》もない極悪人の証左として声高に報道したことについては、まさしく全身から力が抜けるほどにあきれながら嘆息したけれど、時間の経過とともにこれらの衝撃や怒りは、少しずつではあるが揮発しつつある。

でもひとつだけ、どうしても消えない異物感がある。咽喉《のど》のもう少し奥。まるで魚の小骨のように、あの日以来、どうしても気になって仕方がない。しかも少しずつ大きくなっている。法廷の昼休みに昼食を食べながら気づいたその異物感の正体が何であるかは、今は何となくわかっている。

麻原彰晃という質量だ。

巨大な質量は巨大な引力で自らを封じ込め、内側に限りなく陥没することでさらに質量を増大させ、遂《つい》には時空までも捩《ね》じ曲げて、あらゆる情報を貪欲に吸収しながら自己収束し、やがて質量や重力が無限大ですべての情報が（光さえも）脱出できない暗黒の特異点となる。

ブラックホール生成のこのメカニズムをメタファー（暗喩）と考えれば、法廷における麻原の内面が崩壊する過程と、かなりの領域で重なることは確かだ。でも大前提である巨大な質量を、人間的にも宗教者としても彼が保持していたとは思えない。精神が崩壊した最終解脱者など明らかに論理矛盾だし、悪ふざけも甚《はなは》だしい。

きっと仮想の質量なのだ。ならば本質はどこにあるのだろう。必ずどこかにあるはずだ。

地下鉄サリン事件が起きた一九九五年から一九九六年前半にかけて、日本国内の警察とマスメディアは躍起になって、日本中のオウム的な要素をガサ入れし続けた。

つまりオウムとオウム的なものは徹底的に捜査され、抽出され、消費し尽くされた。でもマスメディアは、現在進行形のオウムとオウム的なものしか、標的にはしなかった。つまり「オウム的でないもの」や「過去に取材されたもの」については、ほとんど手を出さなかった。マスメディアの属性としては（ある意味で）仕方がない。でも実はそこにこそ、オウム的な要素が濃密に充填《じゅうてん》されていた。だからこそ僕は『A』と『A2』を撮ることができた。

その同じ手法を、今度は映像ではなく文字という媒体を使いながら、僕はこの連載で試してみようと思う。

事態は現在進行形で動いている。連載初回であるこの原稿をいったんは書き終えた直後の二〇〇四年十一月二十九日、これから始まる控訴審における弁護団が、「（麻原）被告には裁判を継続する能力がない」として公判停止を申し立てた。率直な感想としては遅すぎる。でも今からでも精神鑑定や治療ができるのなら、決して無意味なことではない。

この申し立てに高裁がどんな判断を示すのか、連載と同時並行で注目してゆきたい。

2　封印

（二〇〇五年三月号）


フライトは羽田から一時間半。空港の外に出ると同時に熱気が顔を覆う。深く息を吸えば肺が熱い。覚悟はしていたけれど八月の熊本は、東京をはるかにしのぐ暑さだ。

「今年のこの暑さはまったくどうかしちょります」

タクシーの扉が閉まると同時に初老の運転手は、アクセルを踏み込みながら、まるで詫《わ》びるかのような口調で言った。

「熊本日日新聞社までお願いします」

「お客さん、東京からですか」

「そうです」

「東京も暑いですか」

「暑いけれど熊本ほどじゃないです」

ルームミラーに映る運転手の顔の上半分は真っ黒に日焼けしている。きっと休みの日には家に遊びに来た幼い孫たちと、港の岸壁で釣りを楽しんでいるのだろう。

「最近、釣りに行きましたか」

僕は訊《き》いた。釣りですか？ と訊き返してから運転手は、「もう何年もやっちょりませんなあ」と怪訝《けげん》そうにつぶやいた。

それからしばらく、僕は後ろへ過ぎてゆく街並みをぼんやりと眺めていた。あまりに暑いためか通りを歩く人はほとんどいない。なぜいきなり釣りのイメージなど湧いたのか、そしてそれをそのまま口にしてしまったのか、その理由が自分でもよくわからない。やがて車はゆっくりと停止した。領収書を僕に手渡しながら運転手は、「降りるのが気の毒なごたるね」とつぶやいた。


「麻原に対しての思いを一言にすればね、かわいそうという感覚です」

少しだけ間を置いてから、春木進はそうつぶやいた。応接のソファに腰を下ろして冷たいおしぼりを額に当てていた僕は、思わず顔を上げた。

「かわいそう……ですか？」

反射的に確認してしまった理由は、メディアに帰属する人が麻原彰晃に対して使う形容詞として「かわいそう」は、あまりに無防備すぎると感じたからだ。しかし春木は僕の目を真《ま》っ直《す》ぐに見つめ返してから、もう一度はっきり、「ええ、かわいそうです」とつぶやいた。

地下鉄サリン事件以降、麻原やオウムについてメディア関係者の使う語彙《ごい》は、著しく限定された。オウムについて語るときは、とにかく最凶で最悪の存在であるというニュアンスを文脈のどこかで強調しないことには、なぜか収まりが悪いのだ。

例えば一九九九年くらいから多くの自治体が信者の住民票受理を拒否し続けていることについて、これは憲法違反ではないかと疑問を呈する場合や（書きながらあらためて思うけれど、疑問のレベルではなくて明白な憲法違反だ）、別件や微罪など非合法すれすれ（というか逸脱）の逮捕をくりかえす警察の捜査手法に異議を唱える場合でも、文章や発言のどこかに「オウムが決して許されない存在であることは言うまでもないが」とか「もちろんサリン事件は絶対に正当化できない犯罪であるが」など言わずもがなの常套句《じょうとうく》を紛れ込ませないことには、語るほうも聞くほうも何となく不安なのだ。ある意味での暗黙のルールに近い。暗黙ではあってもルールなのだから、破れば制裁を受ける。実際にオウム報道が渦中の頃「事件は事件としてオウムの教義をもう少し冷静に検討すべきだ」とか「今のこの捜査のあり方はあまりに常軌を逸している」的な発言をテレビでしたことで批判され、いつのまにか姿を消したジャーナリストや識者は少なくない。

限定された語彙によって紡がれるレトリックは当然ながら痩せ細る。つまり図式化だ。この帰結としてオウム以降は、加害と被害の二項対立ばかりが強調されるようになり、肥大した悪への対抗原理として厳罰化が促進された。

いずれにせよオウムや麻原について公式に語るとき、まずは徹底した邪悪な存在であって絶対に許せないのだという前提を、多くの人は強調する。これはほぼ作法に近い。だからこそ熊本日日新聞社の論説委員という役職に就いている春木が、『月刊PLAYBOY』の誌面に書かれることを前提にするインタビューで、いきなり「(麻原が)かわいそう」と口にしたことは唐突だった。僕はもう一度念を押した。

「今、春木さんが口にした『かわいそう』という感覚は、自業自得とはいえ悪の権化のようにメディアから描写され、まともな裁判すら受けることができずにいる麻原の現在についての感想ですか」

「いや、事件を起こす前からね、初めて会った波野村《なみのそん》騒動の頃から、何か無理に無理を重ねてきたんだなあという気がして僕はかわいそうだなという感覚を持っていました」

そう答えてから春木は、視線を数秒だけ宙に漂わせた。何かを思い出しているかのような表情だった。

「……最初に会った頃ね、『オウムの信者は急激に増えているから創価学会に追いつくのは時間の問題です』と彼は僕に言ったんです。僕は内心では、いやそれは無理だろうなと思いながら聞いていたけれど、でもそうやって自分に目標を課すというか、無理な設定の仕方がね、何というか痛々しかったんですよ」

「痛々しさですか」

「うん。かわいそうというより痛々しいという感じかな。それは確かにありましたね」

「でもその後、地下鉄サリン事件が起きたり、坂本弁護士一家の遺体が発見されたりと、いろんなことが明らかになっていくわけですよね。それを知ったときも、最初に感じたその痛々しさみたいな感覚は消えなかったんですか」

「消えていません。今も法廷で彼は……それはもちろんあれだけのことをしたんだから仕方がないとはいえ、晒《さら》しものにされて訳のわからん英語なんかしゃべってる姿はね、痛々しいと言うしかないなあ。その感じは今もありますよ」

そう言ってから春木は短く吐息をついた。熊本県内では圧倒的なシェアを誇る熊本日日新聞は、地下鉄サリン事件以降、オウムについての独自取材を基本的には封印した。この時期に紙面に掲載された記事のほとんどは、通信社からの配信記事だ。その理由を訊《たず》ねる僕に春木は、「事件以降は中央から津波のようにメディアが来ていたし、それにうちは地元紙ですから、麻原の家族のことなども考えなければいけないし……」と説明した。でも「かわいそう」とあっさりと口にした春木にしては、この質問への答えは少しだけ歯切れが悪い。

サリン事件の前年である一九九四年、幹部信者だった青山吉伸弁護士が熊本市内に道場を建設すると発表したことで、熊本日日には市民からの抗議が殺到した。なぜなら、発表されたオウムの道場建設予定地は、熊本日日がかつて所有していた土地だったからだ。つまりこの問題について熊本日日は、報道機関でありながら当事者になってしまっていた。

取材を封印した背景には、春木が説明した要素に加え、そんな経緯もきっと働いていたのだろうと僕は推測する。初老のタクシー運転手については思い込みの領域が大きかったけれど、これについては根拠がある。なぜならサリン事件の五年前、つまり「なぜオウムに土地を売った」と市民から抗議が殺到する四年前に起きた波野村騒動のとき、熊本日日の取材班はオウムに対して、実に意欲的な取材を敢行していたのだから。

一九九〇年五月二十一日。熊本日日の朝刊に、こんな見出しが掲載された。

「波野に新興教団施設?　原野購入届……村は困惑」

オウムが道場を建設した波野村（現・熊本県阿蘇《あそ》市）は、阿蘇外輪山の麓《ふもと》にある人口約二千人の小さな山村だった。この地に一五万平方メートルもの広大な原野を取得したオウムは、約五百人の出家信者とその家族を移住させ、施設の建設作業と並行して修行生活を始めていた。

この前年には、坂本弁護士一家が自宅から失踪していた。オウムが一家を拉致したのだとの噂《うわさ》が一部メディアで囁《ささや》かれていたこともあって、小さな村は大騒ぎとなった。信者の転入届を不受理とすることを村議会は決定し、村の小売店のほとんどで信者への不売運動が実施され、監視小屋も作られた。水道の配管は村から拒絶され、隣接する土地の地権者が電柱建設に同意しないために電話もひけない。そんな劣悪な状況に追い込まれながらも、オウムはこの原野にとどまり続けた。

同年十月二十二日、熊本県警は国土利用計画法違反などの容疑で波野村の教団施設を家宅捜索し、幹部信者だった早川紀代秀《はやかわきよひで》や青山吉伸、石井久子《いしいひさこ》らを逮捕した。この翌月から熊本日日は、連載企画「揺れる山里」を開始する。このときの取材班キャップが春木進だ。

「……その頃のオウムは、取材に積極的に応じていましたね」

二十分ほど遅れて応接室に現れた松尾正一は、春木の隣に腰を下ろしてからそう言った。「麻原に最も気に入られた記者ですよ」と春木が少しだけ笑う。この紹介にやや困惑したような表情を浮かべながらも、松尾は小さくうなずいた。

「波野村に彼らが来てしばらくしたら、いつのまにか私が担当のような感じになっていて、麻原とか青山とか上祐《じょうゆう》とか、それからケイマ大師（石井久子）とか、いろいろ顔見知りになりました」

「なぜ松尾さんは気に入られたのですか」

「連載を始めてすぐに、オウムと地元とのいさかいの前例を調べるために、富士山総本部まで行って取材しました。そのときの記事が、……まあ、彼らの意向に結果的には沿っていたというか、今思うと非常に忸怩《じくじ》たるものがあるんですが、住民票を受理しないという波野村の対応はやはり違うのではないかと思いましたから、そんな趣旨の記事を書いたんです。……それが結果的には麻原に気に入られたような形になってしまって、よく名指しで呼ばれましたね」

「初めて会ったときは、どんな印象を持ちましたか」

「会う前はね、とにかくこれだけ多くの信者を魅了しているんだから、どれほどすごい人なんだろうと思っていました。でも実際に会ってみれば、カリスマ性なんて全然感じられないただの人だったので、少しだけがっかりしたことを覚えています。でもね、ニコッと笑うときの庶民的な雰囲気というか、とにかく笑顔が魅力的な人でした」

「そういえば写真があったよな」

そう言いながら立ち上がった春木は、数分後に一枚の大判の写真を手にして戻ってきた。渡されてじっくりと眺める。まさしく満面の笑顔だ。頭の上に上げた右手がおどけたような雰囲気を強調して、これが漫画なら「なんちゃって」と吹き出しをつけたくなる。それほどに愛嬌《あいきょう》に溢《あふ》れた破顔一笑《はがんいっしょう》の表情だ。

「このときは、何かを彼がごまかしていることがわかって、それを追及したんです。そうしたら、私だってウソくらいつきますよとか言いながら、ニコッと笑ったんですよ。その瞬間です。現像したら本当にいい笑顔でね」

「これは紙面では使いましたか」

当時を思い出していたのかにこにこと笑いながら語っていた春木の顔が、僕の質問に少しだけ硬くなる。

「紙面では使っていません。……私は使ってもいいと思ったんですけどね」

「この時期のオウムに対しての社会の反応については、どんな感覚をお持ちでしたか」

「……やはり異例であったことは否定できないです」

僕の質問に一瞬だけ逡巡《しゅんじゅん》するような表情を浮かべてから、松尾は小さな声でつぶやいた。春木が静かにうなずいた。

「住民票の不受理だけではなく、国土法違反の容疑で熊本県警が施設を家宅捜索したときも、普通ならばこれは行政指導のケースだと思っていたことは確かです」

熊本日日が紙面で連載した「揺れる山里」は、その後葦書房から『オウム真理教とムラの論理』とのタイトルで刊行された（現在は朝日文庫）。そこには村民たちの過剰な防衛意識が、以下のように描写されている。

「オウムは道場に来た村民を、ナタや木刀、ピストルで追い回す」。教団の進出直後、こんな噂が阿蘇郡内で広まった。ほかにも、「信者が子供を誘拐した」などの物騒な話が郡内全域を駆け巡った。取材班は幾つかの噂を検証した。まず「ナタ、木刀」説。信者たちが持っていたのは草刈りガマと木製の棒。カマは敷地内での作業のため、棒は自分の足をたたいて修行するため。見ようでは武器だが、「村民を追い掛け回した」という事実はない。

（中略）阿蘇は温泉地。ふろにまつわる話も登場した。「夜中に信者十数人が入浴。浴槽をさんざん汚した揚げ句、料金を払わず逃げた」噂の「泉源」となった阿蘇郡白《はく》水村《すいむら》の村営温泉センターの証言。

「六月ごろ信者たちが数回来ました。でも料金は払ったし、浴槽には入らなかった。ただ、帰りも汚れた服を着るんで、ほかのお客さんは驚いていました」

連載におけるこんな記述が、一部の読者から「オウム寄り」と糾弾され、「不買運動をするぞ」などの強い抗議も寄せられた。念を押すまでもないと思うが、記事はオウム擁護などではない。取材の結果を提示しているだけだ。でも地下鉄サリン事件が起きる前とはいえ熊本日日のこの冷静さは、当時のメディアとしてはやはり異色だったのだろう。

サリン事件以降、「捜査や取材のアプローチが進まなかった理由はオウムが宗教法人法に守られていたからだ」との言説がメディアに流通し、サリン事件の翌年である一九九六年に宗教法人法が改正された。同時期に少年犯罪や触法精神障害者などへの厳罰化が叫ばれ、少年法や精神保健福祉法の改正もこれに続いた。

でも僕には、事件以前の警察やメディアや行政が、宗教法人であることを理由にオウムに対して過剰に萎縮していたとは思えない。もっとはっきり書けば、適正な捜査や報道をサボタージュしていたことへの言い訳にしか聞こえない。

確かに宗教法人に対する萎縮は部分的にあったかもしれない。でも部分的であり一面だ。オウム以前のイエスの方舟《はこぶね》騒動や統一教会などを例に挙げるまでもなく、カルト的な宗教集団だからとの理由で風当たりが強くなるという側面だって間違いなくあった。波野村のオウム施設に対する熊本県警の例外的な捜査も（実際にこの容疑でいきなりの家宅捜索は普通ならありえない）、その一例として挙げることができる。プラスの一面もあればマイナスの側面もあった。強いて書くならばプラスマイナスゼロだ。

波野村や同時期の上九一色村における行政の対応、あるいは警察による行き過ぎの捜査が、自分たちは社会から攻撃されているとの被害妄想をオウムに過剰に抱かせたことは否定できない。もちろんこの時点で、オウムは坂本弁護士一家を殺《あや》めていたのだから、いずれ馬脚を現していたとの見方もできる。

でもそれは結果論だ。想定される結果から逆算して起因を規定するならば、予防や監視、思想の統制などは、すべて正当化されてしまう。オウム以降、サリン事件によって喚起された恐怖や不安から発芽した危機意識を背景に、日本社会は事件や現象への多面的な視点を急速に失いながら、まさしくこの状況に陥った。この傾向は以前からあった。でも明らかに加速した。

オウムの教義である「カルマの法則」は、彼らが一連の犯罪に加担しながらこれを正当化するうえで、きわめて重要な要素のひとつとなった概念だ。彼らがよく使う「カルマを落とす」とのフレーズは、内側に蓄積されてきた悪なるものの放散を意味する。かつて『A』撮影時、普段はとても寡黙な信者が、カメラを回す僕の横で、ふとこんなことをつぶやいた。

「……この施設の窓から社会を見ていると、尊師は日本全体にカルマ落としをかけたのかなあと時おり思うんです」

そんな言葉遊びのようなレベルで人を殺めるべきではないことは当たり前だ。でもこのとき、窓から外を眺めながら信者がつぶやいたその言葉に対して、僕は反論しなかった。正確に書けばできなかった。確かにあの時期、オウムの側から施設を包囲するメディアや警察や市民たちの表情を撮りながらこの社会を眺めたとき、オウムへの憎悪を媒介にするかのように、彼らが急激に劣化しようとしていくように見えたことは事実だ。

「一度ね、出家の意味を麻原に聞いたとき、山手線と京浜東北線の話をされたことがあります」

春木がふいに言う。意味がとっさにはわからず、「え?」と僕は訊き返す。

「東京に山手線と京浜東北線が並んで走る区間があるでしょう?」

「ええ、ありますね」

「麻原がね、東京に行ったとき、そのどちらかに乗ったそうなんです。この二つの路線は、並んで走るとほとんど同じ速度なので、互いに止まって見える。でも駅でホームに降りれば、それぞれの電車の速度をやっと実感することができます。つまり、本当の速度は電車から降りないとわからない。それが出家なのだということですね。うまいこと言うなあと感心したことを覚えています。まあ屁理屈《へりくつ》と言えばそうだけどね。何かね、宗教者というよりも芸人に近いというか、そういう才覚は確かにありましたね。波野村で水害があったとき、カルマが落ちたとか返ったとか、そんな言い方を麻原がしたことがありました。あれはないだろうって言ったら、言い過ぎましたってあっさり認めてね。あれは拍子抜けというか、こっちも驚きましたね」

確かに麻原には、意表を突くような言動をよくする傾向があったようだ。八九年に『SPA!』で麻原と対談した中沢新一《なかざわしんいち》は、そのときの麻原の印象について、地下鉄サリン事件後に次のように語っている。

対談のはじめに、「麻原さん、ほんとは弁護士一家を誘拐してんじゃないですか」って聞いたんです。そしたら、「自分ではやってないと思う」って言うんですね（笑）。（中略）僕がまた畳み掛けるように、「でも麻原さんがコントロール効かないところで、若いやつがはね上がりでやっちゃったんじゃないですか」って言ったら、「そういう可能性はないとはいえない」って言ったんですよ。

「オウムという悪夢―同世代が語る『オウム真理教』論」『別冊宝島』

実際に一家殺害を指示していたのなら、普通ならこの台詞《せりふ》は言えない。言えないどころか中沢にいきなり質問された瞬間に、顔面蒼白《そうはく》になって絶句しても不思議はない。でも実際には指示をしながら、麻原はこの台詞をあっさりと口にした。その意味では確かに、相当に常人離れはしている。（ある程度までなら）精神障害を装うくらいはやるかもしれない。それは意識に置いておかねば。

「……最後にもう一度だけ確認します」

僕は言った。春木は顔を上げた。

「この取材は『月刊ＰＬＡＹＢＯＹ』への掲載が前提です。麻原について春木さんが口にした『かわいそう』や『痛々しい』などの言葉を、僕はそのまま載せるつもりです。問題はないですね」

あらためて訊いた理由は、掲載後のトラブルを恐れたわけではない。おそらくというか間違いなく、春木はそのレベルの抗議などしない。今ここで念を押されたときに春木はどんな反応をするのか、それを確認したかったのだ。

数秒だけ沈黙した春木は、自分はそれほどに問題になるような発言をしたのだろうかというような表情で僕を見つめてから、ゆっくりとうなずいた。

「まったく問題ありません」

熊本日日新聞社での取材を終えてから一時間後、僕は市内のマッサージ店の二階にいた。床に敷かれた薄い布団に横になって中年男性のマッサージを受けながら、「以前ここに麻原が働いていたらしいですね」と世間話のように話しかけたが、「何かそうらしいねえ」と軽く受け流された。この話題についてそれ以上は触れてほしくないという気配があった。

終わってから一階の帳場で、経営者らしい初老の女性に、実は麻原の取材で来たんですと身元を明かした。一瞬だけ彼女はたじろぐような表情になったが、質問を拒絶するような雰囲気ではない。どんな人でした？　と訊ねれば、仕事は熱心でしたよ、少し変わっていたけれど、との答えが返ってきた。

「どんなふうに変わっていたんですか」

「いきなり来なくなったと思ったら、一カ月くらいしてからまたひょっこり現れて、中国に修行に行っていたと言うんですよ。中国服みたいなのをさっそく着込んでいてね。本場の鍼灸《しんきゆう》は凄《すご》いですみたいなことを、一生懸命あたしたちにしゃべるんです」

「いきなりいなくなったのに、また雇ったんですか」

「主人がね、何だか気に入っちゃったみたいで、可愛《かわい》がっていてね……」

そう言ってから女将《おかみ》は、部屋の隅の仏壇に置かれた遺影にちらりと視線を送る。モノクロの画像の中で、柔和そうな老人が静かに微笑《ほほえ》んでいる。

このマッサージ店で麻原が仕事をしていた時期はそれほど長くない。彼女の記憶では、トータルで一年はいなかったという。目の具合はどうでしたと訊ねれば、「悪いことは悪かったけれど、でも自転車で通ってましたよ」との答えが返ってきた。

外に出れば、日は沈みかけているのに、灼熱《しやくねつ》の余韻はまだ続いている。麻原の出生地である八代《やつしろ》までは、熊本市内から車ならほぼ一時間。そのイメージは一面のイグサ畑だ。

連載を始めるにあたり、麻原の評伝などが書かれた資料や書籍をできるだけは取り寄せた。でもそれほど多くない。書籍としては（オウムが出版した麻原自身の著作は別にして）髙山文彦《たかやまふみひこ》が書いた『麻原彰晃の誕生』（文春新書）と『裁かれる教祖』（共同通信社社会部編）くらいだ。考えたら不思議だ。日本中があれほどにオウムに狂奔して関連書籍は何十冊も出版されているのに、その首謀者である麻原については、拍子抜けするほどに資料が少ないのだ。メロンが好きだったとか精力絶倫だったとか盲学校時代は乱暴者だったとか、そんなゴシップめいた週刊誌や新聞の記事ならいくらでもある。でも読みものとして厚みのある一貫した評伝は、例に挙げた二冊以外はほとんどない。

そんな乏しい資料から想起される麻原の生家の周囲は、一面に広がるイグサ畑だ。八代は当時も今も、畳に使われる国産イグサの九割近くが栽培されている。父親が畳職人だったことも含めて、イグサは幼少時の麻原にとって、とても身近な存在であったはずだ。

くりかえし資料を読むうちに、いつのまにかイグサと麻原のイメージが重なってきた。イグサそのものではない。イグサが生える湿田だ。だからもし八代に行くことがあるならば、イグサが生い茂る湿田の横にある畦道《あぜみち》を、ぼんやりと歩いてみたいと考えていた。もちろん歩いたところで何かがわかるわけではない。ほとんどセンチメンタリズムだ。でも歩きたかった。うろうろと意味もなく。ただし今回は無理だ。暑さには比較的強いつもりだったけれど、この炎天下を歩き回ることは、さすがに想像するだけで気が重い。いずれにせよ今回は時間的にも余裕がない。八代散策は次回にしよう。

予約していたホテルに向かう途中、熊本市内に在住する麻原の弟の家に電話をかけた

(電話番号は前もって調べていた)。住所もわかっていたのでいきなり訪ねるという選択肢もあったけれど、いろいろ考えてそれはやめた。

五回目のベルの音が鳴り終わる直前、年配の女性が電話を取った。細君だろうかと思いながら名乗った。同時に切られた。もう一度かけた。話だけでも聞いてもらえないかと僕は言った。

「話すことはありません」

「了解なしで誌面に書くことはありません。それはお約束します。会っていただけるだけでも無理でしょうか」

「無理です」

「お願いします」

再び電話は切れた。もう一度かけようかどうしようか、数秒考えてから僕はあきらめた。おそらく何度くりかえしても結果は同じだろう。

その夜は市内の繁華街で馬刺しを食べながら焼酎を少しだけ飲んで、早めに投宿した。ホテルのベッドに横になってから、屈託など欠片《かけら》もない麻原の笑顔を、もう一度思い出した。

3 面会

（二〇〇五年四月号）

二〇〇四年十一月二十九日、つまりこの連載の原稿初回分を書き終わった数日後、公判手続きの停止と身体・精神両面の鑑定を東京高裁に申請したことを、二審弁護団は記者会見で明らかにした。二人の弁護人は麻原とこれまでに三十六回接見したが、車椅子に座ったままの麻原は紙おむつをあてがわれながらほとんど身動きせず、問いかけには無反応で、時おり呻《うめ》き声を発する程度だったという。弁護人によるこの描写は、二〇〇四年二月の判決公判で僕が目撃した麻原の様子とほぼ同じだ。違いは車椅子だけ。判決公判のときは、一応は自分の足で歩いていた。

鑑定の必要性を主張する二審弁護団を僕は全面的に支持する。支持するとかしないとかのレベルではなく、きわめて当たり前のことだと思う。相当に小さな確率ではあるけれど、彼が精神の混濁を偽装している可能性はもちろんある。ならばそれを確かめればよいだけの話だ。法廷でこれほど意味不明な発言をくりかえす刑事被告人に一度も精神鑑定が実施されなかったことのほうが、明らかに異常な事態なのだ。

しかし連載三回目（つまり今回のこの原稿）を書き終える直前、東京高裁は二審弁護団の申し立てを却下した。その理由のひとつは、被告の身体や血液、CTなどの検査を実施したが異常は認められなかったとの報告が、拘置所から高裁に上げられたからだという。

メンタルな現象である心神喪失が、血液のチェックや身体検査などで判明できると裁判官たちは本気で考えたのだろうか。確かにCTならば脳の萎縮くらいは判明するかもしれないが、そんな症状が現れない精神障害はいくらでもある。

高裁が申し立てを却下した理由はもうひとつある。弁護団の鑑定申請を受けてから須《す》田賢《だまさる》裁判長と陪席裁判官らが被告に一度だけ面会したとき、言葉は発しなかったものの相槌《あいづち》を打ったりそっぽを向くなどの動作があったため、「話の内容を理解していると思われる」と判断したという。

何かの冗談を聞いているかのようだ。動物園の動物だって金網越しに声をかければ、相槌を打ったりそっぽを向いたりするかのように見える反応くらいはする。なぜこれが「話の内容を理解している」という解釈に結びつくのだろう。

すべては「思われる」との述語に表れている。「話の内容を理解していると思われる」という表現を文字どおり解釈すれば、判断ではなく推測だ。もちろん須田裁判長がこんな表現を実際に使ったかどうかは正確にはわからない。例えば読売新聞では、「話の内容」は「説明」という言葉になっている。しかし述語はやはり「思われる」で、他の新聞もすべて、この「思われる」については共通している。だからいずれにせよ、これに類する表現をしたことを前提として、法の番人であるはずの裁判官らに問いたい。

なぜ「思われる」などと主語が不明瞭な述語を使うのか。あなたたちの思いなどどうでもよい。ちゃんと仕事をしてほしい。大小便は垂れ流しで会話どころか意思の疎通すらできなくなっている男を被告席に座らせて、あなたたちはいったい何を裁こうとするつもりなのか。どんな事実を明らかにするつもりなのか。そもそも刑事裁判の存在意義を、あなたたちはどのように考えているのだろうか。

千代田線綾瀬《あやせ》駅を降りてから東京拘置所までは徒歩で十五分ほど。片側を高い塀で覆われたこの道は、いつもほとんど人の往来がない。

見上げれば空は一面の曇り空。ここに来るときは、いつもこんな天気だ。すっきりと晴れたことはほとんどない。

面会を終えたらしい数人の男たちと玄関口で擦れ違う。いずれも恰幅《かっぷく》がよくタバコを口の端にくわえながら、大きな指輪やネックレスを身につけている。明らかに堅気《かたぎ》とは異なる雰囲気だ。玄関脇の柱の陰で、(夫への差し入れか宅下げに来たのか)幼い赤ん坊を抱いた女性が、暗い表情でじっと佇《たたず》んでいる。その隣ではアラブ系の中年男が、放心したように空を眺めている。

　受付の横に奇妙な一団がいた。揃《そろ》いの赤いベレー帽を被《かぶ》った六人の男たちが、まるで軍隊のように直立不動で整列している。ベレー帽で軍隊とくれば普通はグリーンベレーだが、この六人の男たちはタキシードを着て、蝶《ちょう》ネクタイまで身につけている。受付で面会の手続きを終えて彼らの前を通り過ぎるとき、口髭《くちひげ》を生やした一人の男と目が合った。

　思わず凝視したためか、男の表情が一変した。これがもし盛り場なら、「何見てんだこら」とか何とか言ってきたかもしれない。でもそのとき、一団を統率する立場にいるらしいベレー帽の男が突然号令をかけたので、男たちは敬礼をしてから、所持品検査の部屋へと一糸乱れぬ足取りで行進していった。

　行軍の後ろ姿を見送ってからロビーに視線を送る。長椅子に座った二十人ほどの面会人が、壁に据えられたテレビをぼんやりと眺めている。長椅子に腰を下ろしかけたそのとき、すぐ隣に座る若い女性と視線が合った。誰だっけ。数秒考えてから思い出した。麻原彰晃の次女だ。思わずじっと見つめる僕からいったんは視線を外してから、「見つかっちゃった」と言いたげな表情になった次女は、俯《うつむ》いたまま小さく肩を震わせるように苦笑した。

二〇〇〇年一月、茨城県旭村《あさひむら》（現在は鉾田《ほこた》市）の住宅に居住していた麻原彰晃の長男（当時七歳）が姉である次女（同十九歳）と三女（同十六歳）に拉致されたとのニュースが、「お家騒動」やら「麻原長男連れ去り事件」などの見出しやフレーズとともに大きく報道された。

結局オウムの狂暴で危険な体質はまったく変わっていなかったとして、前年の年末に施行されたばかりの団体規制法（無差別大量殺人行為を行った団体の規制に関する法律）の正当性を、この事件は強く印象づける働きをすることになった。思想信条や結社の自由を侵害する可能性、あるいは対象団体の規定がきわめて曖昧であることなどを批判されながら成立した団体規制法にとっては、まさしく強い追い風となった事件だった。

多くのメディアは「拉致」や「誘拐」、「連れ去り」などの言葉を使ったけれど、でも姉妹への実際の容疑は「住居侵入」だ。それはそうだ。説明するまでもないことだけど、未成年である姉が実の弟を連れてゆくことを、普通は「拉致」とは呼ばない。

この時期『A2』を撮影していた僕は、カメラを担いで旭村の現場に行った。次女と三女らが不法侵入したとされる部屋は、この時点では別の家に居住していた三女のかつての勉強部屋だった。机や参考書もそのままだ。

ただし、次女と三女に同行していた数人の信者と、この家に居住していた信者たちが揉《も》めたことは事実だ。軽微ながら怪我《けが》をした信者もいたようだ。でも監視のために住居の横に設置された派出所の警察官が、長男とともに家を出る彼女たちを見送っていたことからも、少なくとも新聞に載るような事件でなかったことは確かだ。

二人が逮捕されてからは、姉妹の代理人（弁護士）にも会った。指名手配されているとの報道に驚いて出頭した二人が警察署での取り調べの際に、「殺人者の娘」や「汚らわしい」などと取調官たちから罵倒されていることを、代理人は強い調子で訴えた。

この取材の顚末《てんまつ》を、僕はいくつかの雑誌に書いた。最終的に次女と三女は保護観察処分となった。一緒に逮捕されたほとんどの信者たちも、結局は不起訴や処分保留となっている。

でもメディアは事件発生や逮捕は大きく報じても、不起訴や処分保留はまず伝えない。姉妹の騒動が起きる少し前には、やはりオウム幹部だった野田成人《のだなるひと》が銀行支店幹部を脅迫したとして、暴力行為法違反容疑で逮捕されていた。スポーツ紙などはこの事件を一面大見出しで伝えたが、野田が処分保留で釈放された（つまり事件性はなかったと判断された）ときは、ほとんどのメディアはこれを記事やニュースにはしなかった。

この時期にはこんなことは頻繁にあった。入り口はあっても出口はない。だから一般的な国民の意識レベルにおいては、狂暴で危険なオウムというイメージばかりが肥大することになる。

結局のところ旭村のシークエンスは、『A2』本編では使わなかった。全体の尺がどうしても二時間十五分を超えてしまい、最後の最後にカットした。

「誰の面会に来たの?」

僕は訊《き》いた。もしも拘置所でばったり知り合いに会ったなら、たぶん誰もが互いに交わす質問だ。でも次女は微笑《ほほえ》むばかりで答えない。もう一度同じ質問をする僕に次女は、「プライバシーはお答えできません」と小声でつぶやいた。釈放された直後に、姉妹とは何回か会っている。そのときに比べれば、いったいどうしちゃったのだろうと思いたくなるくらいに他人行儀だ。でもこのときは、それ以上は訊かなかった。じっと沈黙する次女から、誰に会うかは絶対に言いたくないとの強い意志を感じたからだ。

次女が誰に会いに来たのか、このときの僕は思い至らなかった。でも今ならわかる。二審弁護団が裁判所による麻原への精神鑑定申し立てをしたことを報《しら》せる複数の記事の後半に、この時期に次女と三女が拘置所に頻繁に来ていたことが記述されていたからだ。申し立ての文章からその箇所を引用する。

次女と三女も何回か父親に面会したが、娘たちの呼びかけにも彼は最後まで反応することなく、「きちんと心身の状態を調べ、万全の形で裁判を進めて欲しい」と二人は訴えている。

僕は顔を上げる。掲示板の64の数字が点灯している。受付で渡された面会票に記されている番号だ。立ち上がった僕は次女に「それじゃあ」と声をかけてから、所持品検査の部屋へと向かう。部屋の壁に取り付けられたコインロッカーにバッグと携帯電話を入れ、男女二人の係官に見守られながら金属探知のゲートをくぐる。

二分ほど回廊を歩く。壁や床が何となく白く発色しているようで、来るたびにSF映画のセットを歩いているような気分になる。突き当たりのエレベーターのスイッチを押す。ほとんどのオウムの信者たちは六階に拘置されている。扉が閉まり、エレベーターはゆっくりと上昇する。僕は壁に背中を預ける。初めて来たときは二年前。そのときもやはり六階で、面会相手は岡崎一明《おかさきかずあき》だった。

一九八九年十一月四日未明、横浜市磯子区のアパートに住んでいた坂本堤弁護士が、妻と幼い息子とともに忽然《こつぜん》と姿を消した。襖《ふすま》などから微量の血痕が検出されたことや、布団などの寝具類は消えていたが財布などは残っていたことなどから、坂本弁護士が所属していた横浜法律事務所は、オウム真理教が三人を拉致した可能性について言及した。オウムに入信した子供の親たちが集まって結成した「オウム真理教被害者の会」の中心的役割を担っていた坂本弁護士は、失踪直前の十月三十一日に横浜法律事務所を訪ねてきた複数のオウム幹部と、激しい口論になっていたからだ。

　地下鉄サリン事件から半年後の一九九五年九月、神奈川県警に自首した岡崎の供述によって、三人の遺体が、新潟、富山、長野の山中に埋められていたことが明らかになった。さらにこの事件の共犯者である中川智正の法廷検察側冒頭陳述で、一九八九年十月二十六日にＴＢＳを訪ねたオウム幹部たちが坂本弁護士による教団批判の収録テープを放送前に見たことが一家殺害へのきっかけになったことが明らかになり、これを長く隠蔽していたＴＢＳの報道倫理が厳しく問われることになった。

　遺体発見のきっかけを警察に提供した岡崎だが、一審は自首を認定しながらも死刑判決を下し、二審は早々と控訴を棄却した。オウム法廷の控訴審では、初めての死刑判決ということになる。

　岡崎への面会に通うようになったそもそものきっかけは、面会の同行をジャーナリストの武田頼政《たけだよりまさ》から誘われたからだ。拘置所内の岡崎は、事件後に出版されたオウムに関する様々な書籍や文献に目を通しながら僕に興味を抱き、週に一度は面会に来て差し入れや宅下げをする武田に、機会があったら森を連れてきてほしいと打診したという。

　初めての面会の日、武田と並んで緊張しながら座っていた僕の目の前でアクリル板越しの扉が開き、刑務官とともに紺色の作務衣《さむえ》姿の岡崎が現れた。その最初の言葉は、今でもよく覚えている。

「森さん初めまして。でもお声は聞いているんです。FM東京のニュースです」

この時期に僕は、FM東京のニュース番組でよくコメントを求められていた。テレビの視聴は許されていない拘置所内において、ラジオは（時間帯は限定されているけれど）唯一の電波メディアということになる。

この後に彼と交わした会話を、この誌面に記述することはできない。なぜなら拘置所の規定でマスコミ関係者は、面会の際に被告人と話したことを決して口外しないようにと決められているからだ。

口外してはいけないその理由が、僕にはどうしてもわからない。被告人の人権を守るためと説明する人がいるが、ならば被告人が公開を望んでもダメな理由を説明してほしい。裁判で係争中だからとの理由にも納得できない。近代司法における裁判は公開が原則だ。ならば、あらゆる情報を社会全般が共有しながら多角的に吟味することに、何の問題があるのだろう。

どう考えても口外してはいけないとの理由がわからない。しかしこの規定に反発して会話の内容をこの誌面に書けば、以降の面会を制限される恐れがある。だから書きたくても書けない。今後の面会を人質にされたようなものだ。

岡崎一明との会話はおよそ二十分ほど。逮捕後は禅宗に救いを求め、今は毎日、自分の犯した過ちについて考える日々だという。

……こんな表層的な描写しか書けない自分が腹だたしい。苦肉の策で、最初の面会以降に彼とやりとりした手紙の内容から、麻原一審判決傍聴後に僕が週刊誌や新聞に書いた記事についての岡崎の感想を、要約しながら引用する。なぜか被告人から送られてきた手紙の内容については、口外してはいけないとの規則はないからだ（これはこれでとても不徹底で中途半端だとは思うけれど）。

彼にはもう普通人としての意識が失われているとするあなたの見立てには、かつて麻原彰晃の法廷に証人として呼ばれたときの印象も含めて、自分も全面的に同意する。ただし、麻原がここまで無残に壊れた理由をあなたは、「イメージの世界にいたからこそ、現実の事件との大きすぎるギャップと罪の意識に耐えかねたのでは」と書いていたが、自分の見解は少し違う。

この後に記された岡崎の見解は、ある意味で実に単純明快だ。拘置所内で投与された向精神薬が、麻原の人格崩壊の原因ではないかと彼は推測している。彼自身が接見した司法関係者からの情報だという。

拘置所内で看守たちが薬物を頻繁に使うとの噂《うわさ》は、確かによく耳にする。特に入所したばかりの時期の麻原はとにかく反抗的で、看守たちにとっては厄介な存在だったらしく、常識をはるかに超えた量の薬物が投与されたということらしい。これに対して麻原は、一時は絶食や尿療法などで何とか薬に対抗しようとしたが（確かに当時はそんな報道もあった）、生身の身体が薬物の効果に耐えきれるはずもなく、最後には無残に崩壊したという。

岡崎一明が入手したというこの情報の真偽については、今のところ僕にはわからない。かつては信者たちだけではなく麻原自身も、ＬＳＤなどの薬物をキリストのイニシエーションなどと称して、自らに投与していた。そのフラッシュバックが放置されたために慢性化したとの見方もある。確かに薬物を原因と仮定するならば、これほどに急激に症状が進行したことについて、ある程度の説明はつく。

もう何度目かのこの日の面会も、岡崎はいつものように作務衣姿だった。そしていつものように快活だった。ただし面会を終える直前に「死刑は怖くないですか」と訊《たず》ねたときは、数秒間沈黙した。無言のまま指先を見つめながら岡崎は、「犯した罪を考えれば当たり前のことです」と小さくつぶやいた。

面会を終えてから、拘置所玄関前の差し入れ屋で数種類のチョコレートを買った。早川紀代秀に差し入れをするためだ。彼にも面会したいのだけどと相談した僕に、「それならチョコレート差し入れしてやってください。早川さんの好物です。義理堅い人だから、きっと礼状が届きますよ」と岡崎からアドバイスされたのだ。

規定の用紙に住所氏名を書いて会計を済ませてから、高い塀に四方を囲まれた拘置所をもう一度振り返る。この建物のどこかに処刑場がある。今も二十人を超す確定死刑囚が、この中で日々を送っている。最高裁で岡崎一明の死刑が確定する確率は、現況ではかなり高い。ほぼ間違いない。もちろん確定がそのまま執行を意味するわけではない。判決確定後六カ月以内に法務大臣は刑の執行を命令し、さらに拘置所は五日以内にその執行をしなければならないと刑事訴訟法では定められているが、でも現実には、確定から執行までは何年もの期間がある。二十三歳で逮捕されて死刑が確定しながら五十七歳で無罪を獲得した免田栄《めんださかえ》や、帝銀事件の犯人として死刑が確定してから拘置所に三十二年間にわたって収監され続け、九十五歳で病死した平沢貞通《ひらさわさだみち》などの例もある。

ところが最近では、確定後一年を経過せずに執行された宅間守《たくままもる》の例が示すように、この暗黙のルールが崩れ始めている。

もちろん原則は六カ月以内だ。だからルールを逸脱していたこれまでのほうがイレギュラーだったとの見方は間違ってはいない。でもルールが守られていなかったことについては、それなりの理由があるはずだ。そしてルールを厳格に遂行しようとする動きや気分がもしも今強くなっているならば、やはりそこにはそれなりの理由があるはずだ。

いずれにせよ、麻原彰晃への死刑がいつかは執行される確率は間違いなく高い。国民世論として死刑を必要不可欠な制度とする意識が形成されているならば、そして麻原彰晃が確かにオウムによるほとんどの事件の首謀者としての役割を果たしたことが証明されるならば、彼への死刑が執行されることは現システム下では当然だ。でも時おり思う。制度としての死刑を当たり前とする人たちのどの程度が、実際にどのように刑が執行されるのかを知っているのだろうか。

死刑囚が執行の報せを受けるのは当日の朝。看守たちが本人に通告し、そのまま処刑場に連行する。多くの死刑囚はこの時点で観念しているが、錯乱して泣き叫ぶものも少なくはない。

処刑場に隣接する小部屋で簡単な宗教的儀式が執り行われ（一応は仏教と神道とキリスト教に対応するようになっている）、希望者には遺言状を書く時間を与え、茶菓子や最後のタバコなども供与される。教誨師《きょうかいし》や刑務官たちとの別れの挨拶を終えた死刑囚に目隠しが施されて、小部屋の奥のアコーディオンカーテンが開く。隣接する処刑場の床の中央には一一〇センチ四方の四角い枠があり、油圧式で動く鉄の踏み板が設置されている。天井から下りてきたロープの輪を、刑務官が踏み板の上に立った死刑囚の首にかけ、さらに両膝と両手を縛る。

別室の壁には踏み板に連動する複数（三～五つ）のスイッチが設置されていて（刑場によってスイッチの数は違う）、スイッチと同じ数の刑務官が合図を待っている。死刑囚が立つ踏み板をどのスイッチが外すのかは、合図を待つ彼らにもわからない。人を殺したという罪の意識を軽減するためのシステムだ。

合図とともに踏み板が外れ、死刑囚は床下の空間に落下する。

落下の衝撃により首の筋肉は断裂し、軟骨は折れ、気管はつぶれ、舌が血や泡とともに口腔《こうこう》から飛び出す（このときに首が切断される場合もある）。激しい痙攣《けいれん》はしばらく続き、呼吸が停止してからも心臓は鼓動を続ける。

頸椎《けいつい》骨折や脱臼によって数秒で意識を失う場合もあることを、法務省は絞首刑を採用する理由としている。死刑囚に余計な苦しみを与えないということらしい。でも現場に立ち会った刑務官の証言によれば、いつも必ず頸椎が損傷を受けるわけではない。その場合は、ロープで首が絞まることによっての窒息死だ。立ち会いの医師が心音によって死亡を確認するまでの平均時間は約十四分。これまでの最短記録は四分で、最長記録は三十七分。当然ながらこの場合は苦しみながら死ぬ。ただしこれは推測だ。実際に絞首刑がどの程度の苦痛を与えているのか、それは誰にもわからない。なぜならこれを体験してから語った人はいまだいない。

ちなみに二〇〇八年に絞首刑を実施した国は、イランとイラク、パキスタンとバングラデシュ、エジプトにマレーシアとスーダン、ボツワナとセントクリストファー・ネーヴィスと日本だけだ。他にはない。そもそも死刑存置国は少数だけど、最後の最後に死刑囚に耐え難い苦痛を与えているとの見方が強い絞首刑を採用する国はさらに少ない。

そろそろ紙幅がない。でも最後に、どうしても書いておかねばならないことがある。もう少し正確に書けば、どうしても書かねばならない事態が起きた。

「現在の麻原は訴訟能力を失っている可能性がある」との僕の主張を、ジャーナリストの青沼陽一郎が、『諸君！』（文藝春秋）二〇〇五年三月号で「思考停止しているのは世界ではなくあなたの方だ」とのタイトルで、四ページにわたって批判している。

そもそもはこの連載一回目で、僕は彼を名指しで批判した。だから今回はその返礼というところだろう。その意味では予期しない批判ではない。むしろ待っていた。特に青沼は、麻原法廷も含めて多くの信者たちの法廷に精力的に通い、そのルポを雑誌媒体や書籍などで発表してきた。いわばオウムを包囲する世相形成に大きな役割を果たしたジャーナリストの一人だ。だから建設的に論争したい。この連載にとっても重要なポイントだ。

ただし論争ならば論理的であることが前提だ。感情的な論争はしたくない。青沼の批判文には、「恐れ入る」や「論理の出鱈目《でたらめ》さに鳥肌が立った」「それこそ卑怯《ひきょう》だ」など、主観的な常套句《じょうとうく》があまりに多い。「おまえの母ちゃんでべそ」と言い返したくなる。このレベルで論争はしたくないし、すべきではない。

前提を互いに共有することは、論争を建設的に進めるためには重要だ。でも「思考停止しているのは世界ではなくあなたの方だ」において青沼は、「刑事裁判における精神鑑定とは、被告人の責任能力を争点として、犯行時の精神状況を鑑定するものをいう。あくまで、犯行時の精神状況もしくは心理状態が問題なのだ。ところが、彼（森＝引用者註）によると、判決時に法廷で見た被告人の様子が『壊れている』から、精神鑑定を施すべきとする。その時点で、まず事実誤認があり、彼の論旨は壊れている」と書いている。ここから明らかになることは、刑法における責任能力と刑事訴訟法における訴訟能力とを、どうやら青沼は混同しているということだ。

刑法第三九条（心神喪失及び心神耗弱）

心神喪失者の行為は、罰しない。

2．心神耗弱者の行為は、その刑を減軽する。

刑事訴訟法第三一四条の1

被告人が心神喪失の状態に在るときは、検察官及び弁護人の意見を聴き、決定で、その状態の続いている間公判手続を停止しなければならない。（後略）

僕が問題にしている訴訟能力は、裁判で問題となっている重要な事柄の利害を認識・判断し、それをふまえて弁護人と意思疎通できる能力だ。犯罪の処罰の対象とできる責任能力や、刑罰を執行する条件である受刑能力とは違う。刑事訴訟法三一四条であって、刑法三九条ではない。麻原には犯行時における責任能力がなかった可能性があるなど、僕はまったく思ってもいないし書いてもいない。判決傍聴後に朝日新聞に書いたコラムでは、「犯行時の責任能力の有無ではなく、公判が維持できるかどうかの判断くらいはすべきだった」と書いている。このセンテンスは青沼も引用している。引用したうえで、「これまた先程の精神鑑定の論旨と食い違って、どこにスタンスがあるのか見えない」と書いている。青沼が明らかに僕の「先程の精神鑑定の論旨」の解釈を間違えているのだから、食い違うことは当たり前だ。

この批判文で青沼は、判決公判の際に麻原が椅子からすぐに立たなかった状況を描写して、「事態の展開を把握できていたことを示してしまったのである」と書いている。つまり麻原の今の状態は、精神疾患を装った詐病《さびょう》であると断定している。ならば僕も断定する。麻原の現在の精神状態は絶対に普通ではないと。

とにかく論戦をするのなら、同じ誌上ですることが筋だ。そう考えた僕は、『諸君！』編集部に連絡したが、返答は「原稿を掲載するとの確約はできない。（原稿を）吟味してから決定する」とのことだった。それはそれである意味でもっともかもしれないが、『諸君！』編集部から指定された次号の締め切りまでに時間の余裕がない。こちらに書くかあちらに書くか、結論は保留のまま、今回は時間切れだ。

4 弁明

（二〇〇五年五月号）

結局のところ示された締め切りまでの時間の余裕がなく、『諸君！』への反論掲載はあきらめた。

ただし、前回に書いた麻原の責任能力に対する自分の解釈については、この連載にとっても重要なポイントだと思うので、事例をひきながらもう少し補足する。

麻原彰晃逮捕後、オウムに破防法（破壊活動防止法）を適用すべしとの声が高まって、その適用の是非を論議する弁明手続きが六回にわたって行われた。そのうちの二回に麻原も出頭し、意見を述べている。つまり逮捕後の麻原彰晃が法廷以外で公式に発言した唯一の声が、ここにはたっぷりと残されている。

暴力的な破壊活動を行った団体や個人に対する規制措置を定めた破防法には前身がある。治安維持法だ。大日本帝国憲法下の一九二五年、天皇制や私有財産を否定する共産主義運動を弾圧することを目的として制定された治安維持法は、すぐにその標的を労農運動家や無政府主義者、大本教《おおもときょう》信者などに拡大適用し、国民に対しての様々な思想弾圧を合法的にくりかえす法的根拠となった。『蟹工船《かにこうせん》』を書いた小林多喜二《こばやしたきじ》も治安維持法違反を理由に逮捕され、苛烈な拷問によって殺害されている。統治下の朝鮮や台湾などでも施行された治安維持法は、やはり多くの人を処刑しながら、民族独立運動などへの徹底した迫害を整合化した。

思想そのものを取り締まりの対象とした治安維持法は、結果として国家の統制や管理強化に濫用された。この反省をふまえて戦後に制定された破防法は、過去に暴力主義的な破壊活動を行ったとの前歴だけではなく、将来も暴力主義的な破壊活動を行う可能性がきわめて高いと認定されることを適用条件にしている。つまりハードルを上げた。だからこそ破防法が施行されてからこれまでの半世紀、団体への規制に適用されたことは一度もない。つまりもしもオウムに破防法を適用するならば、戦後において初めての事例となる。

ちなみに破防法が公布された一九五二年には、規制対象の調査と処分請求を行うことを目的とする機関として、法務省の外局である公安調査庁が設置されている。職員数は千五百人から二千人前後。相当な規模だ。もしも破防法が適用されない状態が長く続くなら、彼らの組織は存在意義を失うことになる。そして団体に対する適用が決定するならば、彼らにとっては最大の存在意義を得ることになる。

対象が将来において暴力主義的な破壊活動を行う可能性が高いかどうかを審査するた

めに行われるのが、当事者や第三者の意見を公聴する弁明手続きだ。一九九六年一月十八日に初回の手続きが行われ、これ以降六回行われている。この第三回（五月十五日）と第四回（五月二十八日）に出頭した麻原は、教団の将来的な危険性についての意見陳述を、次のように始めている。

「ちょっと今日は緊張しておりまして、申し訳ございません。言葉が足りない部分があるかもしれませんので、それはご容赦いただきたいと思います。私は、逮捕されて今日でちょうど一年になります。そしてこの逮捕された後、いろいろと教団のことについても考えてきたわけですけれども（中略）私は今、起訴拘留の身でございます。したがって、この起訴拘留に対して奪還が噂《うわさ》されていますが、これは現サマナ（出家信者）、あるいは信徒（在家信者）もよく新聞などを通じて聞いてほしいことですが、この東拘、東京拘置所の部屋は非常にコンクリートが厚く、洞窟に近いと私は考えております。これは、ここに集まっていらっしゃる方々には感覚的にわからないかもしれませんが、私としては今、個人的な見解ですけれども、絶好の瞑想《めいそう》の機会を得ていると考えているわけです。したがって、この今の私の機会を阻害するようなことは、何人《なんぴと》たりとも行ってほしくないし、もちろんそれについては拒絶したいと考えております」

「絶好の瞑想の機会を得ている」との発言をどう捉えるかはともかくとして、論理としてはとても明晰《めいせき》だ。精神混濁の気配などまったくない。

正常な受け答えを示す事例は、他にも数多くある。オウムの危険性を強調する公安調査庁が提出した資料の中に、一九九二年十二月十八日における麻原の説法が引用されていた。この説法における「圧力・熱・触媒という三つの力によって化学変化が起き、新しい物質が生成される」との箇所を、「革命的行動を引き起こし、新しい物質と称する新体制を創出すべき思想を表明したものである」と解釈した公安調査庁は、松本サリン事件を麻原が予言したフレーズであると断定した。これについて質問された麻原は、「申し訳ありませんが、私、笑ってしまいました。これは明らかに五法身をつくるための説法でございます」と答えている。確かに実際の説法の際にはこの直前に、「触媒は真理の教えであり、熱は功徳であり、圧力は社会の理不尽さ」と説明しており、「革命的行動」と解釈するには相当に飛躍せねばならない。後述するが、これも含めて弁明手続きに提出された公安調査庁の資料は論理展開があまりに強引でかつ稚拙でもあるとして、弁明人である弁護人や立ち会い人たちから強い批判を受けている。

オウムの犯罪の大きな要因となったとされていたヴァジラヤーナをめぐる解釈について、このときの麻原は以下のように発言した。

「実はヴァジラヤーナコースの教学テキストそのものを私は知らなかったわけですけれども、それが今一番問題になっているみたいですので、まずそれについては完全な封印をしたいと思います。（ヴァジラヤーナは）要するに、料理で言ったら味の素だけ。つまり、鍋料理で言ったら味の素の分をとって、これがヴァジラヤーナだと言っているようなものだとご理解ください。したがって、味の素を入れなくても、しょうゆとみそで十分に味は出ると思います」

熊本日日の春木進が言っていたように、確かに比喩は巧みだ。そして朝日新聞の降幡賢一が書いたように、意表を突くことも確かだ。いずれにせよこの時点で、後の法廷で見られたような不規則な動きや発言は気配すらもない。さらにこの日、明らかに劣勢だった堀江信之《ほりえのぶゆき》公安調査庁総務課長が手続きの終了を一方的に宣言したとき、起立した麻原はこう述べている。

「おそらく公安調査庁は力ずくで破防法を適用してくるでしょう。しかしそのときに、その前に説明をしっかりしておいて、日本の一部の方でもそれに対してご理解をしていただければ、それしかないかなと私は考えております。（中略）だからマスコミの方に知っていただくために肉声を聞いていただいて、司法権を侵害する破防法の適用が為《な》されたとしても、公安調査庁はやりたくてやったんだなということが日本の皆さんにわかり、今後、破防法が他の団体にかけられなかったら、それで充分だと私は考えております」

この発言を要約すれば、「オウムに破防法を適用することは最早《もはや》避けられないとしても、この経緯はしっかりと記録して、今後他の団体などに波及しないことを自分は願っている」との趣旨になる。そもそものきっかけになった事件の主犯と目される男の発言としては、あまりにヒロイックな自己陶酔が色濃く滲《にじ》む発言だ。しかし少なくとも筋は通っている、意識の混濁などやはり微塵《みじん》もない。

逮捕後一年が経過するこの時点において、麻原彰晃の思弁がきわめて正常だったこと、つまり事件当時において麻原に責任能力があったことは、この弁明手続きからも明らかだ。

だからもう一度書く。この連載で僕が問題を提起するのは、麻原の責任能力ではなく訴訟能力だ。またこの訴訟能力についても、ないと断言しているわけではなく（ほとんどないとは思っているが）、「訴訟能力を失っている可能性があるから鑑定でそれを明らかにすべき」と主張しているつもりだ。

麻原の判決公判を傍聴して、現在の彼は訴訟能力どころか、正常な意識状態すら保持できていないと僕は直感した。これは主観だ。客観的な根拠はほとんどない。そして青沼は僕への批判の根拠として、判決公判における麻原の動作を取り上げながら、「事態の展開を把握できていたことを示してしまったのである」と書いている。要するに「麻原は心神喪失を装っている」と断定したわけだ。ただしこれも主観。傍聴した二人が互いに主観で争っても、傍聴しなかった読者にとっては判断しようがない。だからこそ鑑定をして白黒をつけるべきなのだ。

いずれにせよ現状において、麻原の精神状態は普通ではないとする僕の立場は、きわめて少数派だ。ほとんどのメディアや識者やジャーナリスト、そしてこれまで傍聴席に座ってきた多くの人たちは、麻原の精神に異常が生じているとの認識を持っていない（もしくは持ったとしても公式には発言しなかった）。だからこそ彼はここまで放置された。やはり精力的に法廷に通い続けた江川紹子《えがわしようこ》の傍聴記には、例えば以下のような描写がある。

そのうち麻原は、一人の弁護人を妻に見立てて、「ヤソーダラー、ヤソーダラー（妻・松本知子《ともこ》）」と呼びながら、腕や足を触りまくることに熱中し始めた。その弁護人は、困惑した表情を浮かべながらも、触れられるにまかせ、証人尋問をサポートする。

自分の弟子が苦しみ、悩みぬいているというのに、肝心の教祖の頭の中は、自分の欲求を満たすことでいっぱいのようだ。

『「オウム真理教」裁判傍聴記②』江川紹子

念を押すが麻原が法廷で触っていたという弁護人は男性だ。その男性の腕や足を、妻の名を呼びながら（法廷で被告人が）触りまくる。この挙動は「頭の中は、自分の欲求を満たすことでいっぱいのようだ」のレベルで済むことなのだろうか。いくらなんでも常軌を逸していると思うべきことではないだろうか。

ひとつの仮説はある。彼らはずっと法廷を傍聴し続けている。僕は一回だけだ。つまり徐々に変調してゆく過程を彼らは継続して見続けてきたからこそ、感覚が馴致《じゅんち》されてしまった可能性はある。だから継続しての傍聴はしていない記者たちのほとんどは、「いくらなんでも」と首をひねる（でも記者たちの抱いたその違和感が活字になることはまずない）。

ただし仮に人の馴致能力を代入したとしても、法廷における麻原を見つめる多くの眼《まな》差《ざ》しが、想定される範囲を大幅に逸脱していることは確かだ。過剰な憎悪と嫌悪が、明らかに視界を屈折させている。まるで強烈な悪の質量によって時空が歪《ゆが》んでいるかのように。

破防法弁明手続き最終日の六月二十八日、破防法適用を主張する堀江公安調査庁総務課長が再び弁明聴取の終結を一方的に宣言したとき、弁明者である芳永克彦《よしながかつひこ》、内藤隆《ないとうたかし》両弁護士（オウム側代理人）と、佐高信《さたかまこと》（評論家）、福田雅章《ふくだまさあき》（大学教授）、芹澤齊《せりざわひとし》（大学教授）、浅野健一《あさのけんいち》（大学教授）、小沢遼子《おざわりようこ》（評論家）など立ち会い人のすべては、退席することを拒絶した。つまり終結に同意しなかった。

立ち会い人たちが弁明聴取終結に同意しなかった理由のひとつは、オウムが現在と未来にわたって暴力的破壊活動を行う可能性がきわめて高い危険な団体であるということを示す公安調査庁の根拠が、スポーツ新聞などの煽情《せんじよう》的な見出しをコピーして貼りつけるという手法で作成された杜撰《ずさん》な資料だったからだ。やむなく堀江は他の二名の受命職員（いずれも公安調査庁職員）と共に、代理人や立ち会い人を置き去りにしたまま退席し、強引に手続きを終了した。

それからほぼ半年が過ぎた一九九七年一月三十一日、公安審査委員会は「近接した時期に暴力主義的破壊活動に及ぶ明らかなおそれがオウムにあるとはいえない」と結論づけて、公安調査庁の処分請求を棄却した。

しかしそれから二年後の一九九九年、組織の存亡を賭けた公安調査庁は最後の手段として破防法棄却の理由となった「将来における再犯の明らかなおそれ」を適用要件から除外し、団体規制法と名称を変えた新たな治安予防法の成立を再び目論《もくろ》んだ。

オウム新法との別名が示すとおり、この法は明らかにオウムを対象に制定された。つまり「法の下の平等原則」（憲法一四条）や、「信教の自由」（憲法二〇条）への侵害であり、恣《し》意的な立ち入り検査が行われることで「住居の平穏」（憲法三五条）や「プライバシー権」（憲法一三条）にも抵触する。さらには「適正手続き」（憲法三一条）違反であり、無令状での立ち入り検査は「令状主義」（憲法三五条）に抵触し、事後的な立法によって二度目の応訴を余儀なくさせる「二重の危険の禁止」（憲法三九条）違反にも該当する。つまり多重に憲法を逸脱している。破防法とほぼ同様に（あるいは破防法以上に）問題点が多くある法律だ。

でも団体規制法は成立した。その背景には明らかに世論の変化があった。この法案が上程された一九九九年あたりから、自治体によるオウム信者の住民票不受理や、オウムの子供たちの就学拒否などが、当たり前のように行われるようになっていた。つまり「オウムを排除するためなら何でもあり」的な意識が、事件直後の一九九五年より明らかに強くなっている。

こうして例外が常態化される。公安調査庁がオウムによって延命した経緯と裏事情について、この時期に共同通信社社会部に在籍していた青木理《あおきおさむ》は、事件から十五年が過ぎた二〇一〇年に、以下のように総括している。

オウム真理教による一連の事件の前後、公安調査庁（公安庁）は「組織の生き残り」に向け、なり振り構わぬ数々の試みに取り組んでいた。一九九四年の末、私は次のような公安庁の内部文書を入手して唖然《あぜん》とさせられたことがある。

〈業務・機構改革の趣旨と改革の骨子〜情報機能の強化を目指す〜〉

そう題された文書は、公安庁が大規模な機構改革に踏み切り、その調査対象を大幅に拡大しようと狙っていることを示すものだった。（中略）

ところが、九九年に成立した団体規制法＝無差別大量殺人行為を行った団体の規制に関する法律＝によって公安庁は息をつないでしまう。オウム憎しの世論が収まらぬ中、オウムを主要対象とした同法が制定されると、公安庁にとっては〝念願〟ともいえる立入検査権限も付与された。オウム対策といいながらも、同法は対象団体をオウムに限っておらず、拡大適用の恐れを多分に含んでいるのだが、これは公安庁にとって痛し痒《かゆ》しの面もあったようだ。このころ公安庁の中堅幹部は、私の取材にこんな風に訴えている。

「団体規制法ではダメだ。究極的には破防法を改正しなければならない。でないと、このままでは当庁がオウム対策のための残務処理官庁に成り下がってしまう恐れがある」

現状の公安庁は、この幹部が口にした通りの状況になっているといってよい。オウムに危険性があるなどと真剣に考えている人など恐らく皆無に近いはずなのに、団体規制法に基づくオウムへの観察処分は更新が続けられ、五年ごとに見直すよう定められた同法そのものも存置の判断が下され続けている。そして本来は即刻廃止されるべき公安庁は細々と息をつないでいる。公安庁にとってオウムは、やはり〝天佑〟だったのだ。

『週刊金曜日』（二〇一〇年三月十日号）

この文中で青木は自らの実体験を例に挙げながら、公安庁職員のモラルや質はあまりに低いと断じている。僕にも覚えがある。『A2』撮影時期の一九九九年、埼玉県越谷《こしがや》市にあったオウム施設で、団体規制法施行後に初めて公安調査庁が実施した立ち入り検査を撮影したときのことだ。

施設内部で彼らの到着を待っていたオウム信者たちは、現れた三十名ほどの職員の服装に目を丸くした。なぜならこの日のために新調したらしい揃《そろ》いのウィンドブレーカーの背中には、「公安調査庁」と記されたロゴが大きく染め抜かれていたからだ。

暴力的な破壊活動をした（将来においてする可能性がある）団体の現状における危険性を調査することが業務である彼らに、自らのアイデンティティを誇示する揃いのユニフォームなど必要ない。どう考えても仕事に差し支える。つまりこの時期の彼らは、オウムの出現によって、ある意味で躁《そう》状態にあったというところだろう。

サリン事件が起きてからほぼ三カ月のあいだ、すべてのスポーツ紙の一面は連日オウムだった。野球もサッカーも姿を消した。まさしく狂奔状態という言葉がふさわしい。だからこそ事件から四年が経過した一九九九年、急激に上昇した水位がゆっくりと下がったその地肌に、剝《む》きだしの憎悪や嫌悪が現れた。

いったんは棄却されたはずの破防法が団体規制法と名称を変えて成立した一九九九年は、オウム信者の排斥と住民票の不受理を、多くの自治体が主張し始めた年でもある。またこの年の通常国会では、周辺事態安全確保法（有事ガイドライン）や通信傍受法、国旗国歌法に住民基本台帳法など、この後にその解釈をめぐって大きな問題となった法案がすべてあっさりと可決され、憲法改定を目的とする憲法調査会設置も決定されている。

自治体の対応の変化や一連の法制化には、そのダイナミズムにおいて明らかな共通項がある。危機意識が刺激されたからこそ集団としてのまとまりや結束を希求し、さらには力強い何ものかにしっかりと管理や統治をしてもらいたいとの社会の思いが、強く反映されているということだ。つまりオウムによる後遺症が顕在化した。

だからこそこの時期に、僕は『Ａ２』を撮ることを決意した。

テレビ・ドキュメンタリーとして始まった『A』は、結局は自主制作映画となった。なぜなら撮影途中のこの作品と僕自身が、テレビという領域から排除されたからだ。でもこの時期の僕は、この作品がテレビ業界関係者から「危険な作品」と見なされたその理由を、明確に実感できていなかった。でも今ならわかる。なぜなら『A』を観《み》た多くの観客の感想を、これまでに何度も聞いてきたからだ。

ほとんどの観客は『A』の感想を、「オウムの信者があれほどに普通だとは思いもしなかった」とまずは述べる。言い換えれば、ほとんどの日本人はメディアによって、「オウムの信者は普通ではない」と刷り込まれていたということになる。

テレビを筆頭とする当時のマスメディアが、オウムを語る際に使ったレトリックは、結局のところ以下の二つに収斂《しゅうれん》する。

①狂暴凶悪な殺人集団
②麻原に洗脳されて正常な感情や判断能力を失ったロボットのような不気味な集団

この二つのレトリックに共通することは、オウム信者が普通ではない（自分たちとは違う存在である）ことを、視聴者や読者に対して強く担保してくれるということだ。

それはこの社会の願望である。なぜなら、もしも彼らが普通であることを認めるならば、あれほどに凶悪な事件を起こした彼ら「加害側」と自分たち「被害側」との境界線が不明瞭になる。それは困る。あれほどに凶悪な事件を起こした彼らは、邪悪で狂暴な存在であるはずだ。いや邪悪で狂暴であるべきだ。

社会のこの願望にマスメディアは抗《あらが》わない。その事情は少しだけわかる。もしも当時、オウム信者は普通であるなどとマスメディアでアナウンスしたならば、間違いなく視聴率や部数は激減しただろうし、抗議も殺到していたはずだ。スポンサーから苦情だって来るかもしれない。

だからメディアはくりかえし、いかにオウムが異常な（普通ではない）存在であるかを強調した。それも日本の戦後において、他に比べるものがないほどに圧倒的な量と時間を費やしながら。

この帰結としてテレビ受像機の向こう側の悪の純度が上昇する。同時にこちら側の善の純度も上がる。つまり善悪二元化だ。

要因はそれだけではない。サリン事件は不特定多数を標的としたテロとして認知されている。言い換えればこの国の誰もが、そのときにその場にいれば、被害者になる可能性があったということになる。だからこそ大規模な被害者意識が、圧倒的なメディアの報道によって、国全体で共有化された。

二〇〇〇年十月。『A2』の撮影が終盤を迎えていたこの時期、僕は茨城県三和町《さんわまち》（現在は古河市《こが》）のオウム施設でカメラを回していた。施設前に集合して退去を要求する地域住民たちは、応対に出た荒木浩と施設に居住する三人の出家信者に、「本当におまえたちに危険性がないというのなら、麻原彰晃の写真をこの場で踏んでみろ」と詰め寄った。

「写真を踏むことと私たちの危険性に関係があるのですか」

周囲をぎっしりと包囲する群集に視線を送りながら、写真を踏めと言った年配の男性に、荒木は少しだけ高揚した口調で質問した。あきれたように男性は即答する。

「大ありだよ」

「どう関係があるのですか」

「踏めるのか踏めないのかどっちだ」

「……私は誰の写真も踏めません」

荒木のこの言葉に、群集から驚きと怒りの声があがる。「やっぱりこいつらは何も変わっていない」と嘆息する人もいれば、「とにかく早くここから出て行け」と怒鳴る人もいる。

最後に全員で「オウム真理教出て行け！」とのシュプレヒコールをくりかえしてから、住民たちはぞろぞろと帰途につく。ゲートがゆっくり内側から閉められる。雨はいつのまにかあがっていた。四人の信者は無言で顔を見合わせてから、とぼとぼ施設へと戻ってゆく。

結果的にはこのショットが、『Ａ２』のラストシーンとなった。もちろん現実はこの後も続いている。施設に戻った荒木は、少しだけ激昂《げっこう》した自分を振り返ったのか、「まだまだ修行が足りませんね」と小声で冗談めかしてつぶやいてから、明らかに気落ちした様子でぼんやりと放心していた。何事もなかったかのように修行に戻る信者もいたし、台所に行って大鍋の中のカレー（この時期、彼らの食事はほぼ毎食肉抜きのカレーだった）を皿に入れ、無言で食事を始める者もいた。

組織的な統制や団体行動が徹底して苦手な集団であることは、彼らについて僕が断言できる数少ない要素のうちのひとつだ。「本部のファクスが公安に盗聴されていたことが判明したので明日から番号を変える」との本部からの告知を、同じファクスで各支部に送信している場に出くわしたことがある。盗聴されているはずのその電話番号で送信する用紙には、新しい電話番号も記載されていた。さすがに何人かの信者たちは、「これ、何か変じゃないかな」と首をひねっていた。

何か変じゃないかなとは思いながらも、それ以上の思考はしない。良く言えば純朴で悪く言えばお粗末。これが彼らの本質だ。そして実のところこの思考方式は、この社会の側にも濃密に存在している。その意味では、お粗末であるが普通でもある。

断言するけれど大多数の信者は（拘置所にいる元幹部信者も含めて）優しい。善良で純粋だ。邪悪や狂暴という言葉からは、最も縁遠いところにいる人たちだ。だからこそこの社会は、彼らの排除や断罪を叫ぶだけではなく、なぜこれほどに善良で優しい人たちがこれほどに狂暴で凶悪な事件を起こしたのかを、考えるべきだった。

三和町の施設では洗面所のシンクの横に、ハガキ大の麻原の写真が貼られていた。レンズを近づけてその写真を接写していたら、傍らにいた一人の男性信者が腕組みをしながら、「ブロマイドみたいなものなんですけどねえ」とつぶやいた。通りかかった女性信者が、笑いながらも「ブロマイドとは違うでしょう」と小声でたしなめる。「ブロマイドはまずいか。まあでも、同じようなものですよ」

団体規制法成立後、施設内からは一斉に消えたはずの麻原の写真だが、この時点ではまだ至るところに残っていた。ただし作為的に残していたわけではない。いかにも彼らしいが、単純に杜撰さの結果なのだ。だから僕が撮影していても誰も気にしない。メディアへの施設開放などの際に目ざとく写真を見つけた記者から、「今もまだ麻原を崇拝しているのか」などと厳しく詰問され、そのたびに信者たちはうろたえていた。要するに学習能力が希薄だ。そのうえ先の展望にあまり関心がない。これは信者全般の傾向だ。

麻原彰晃の顔写真を踏むか踏まないかと二者択一を迫る住民に、「私は誰の写真も踏めません」と荒木浩は回答した。高揚する二元化に対抗する意味では、最上の回答だと僕は思う。でも同時に、彼らが今も麻原に帰依《きえ》しているか否かが安全度を測定する最大の焦点になるという住民たちの不安も、心情としては理解できる。

カメラを回しながら僕は考える。そしてファインダーに写る荒木浩も、広い道場の隅でじっと静止しながら、畳の目を見つめ続けている。

この日の撮影はここで終わった。それからいろいろあった。この日以降に撮影した要素は、本来なら『A3』として映像作品になるはずだった。アレフと名を変えたオウムは、出所した上祐史浩《じょうゆうふみひろ》の復帰後に二つに分裂し、荒木はそのひとつにとどまっている。つい先日、死刑制度をテーマにしたシンポジウムのパネラーとして呼ばれた僕は、観客として会場にいた荒木浩と久しぶりに再会した。かつてよりさらに痩せて寡黙になっていたけれど、とりあえずは元気そうだった。

でもおそらく彼は今も、時おり畳の目を見つめ続けているはずだ。そして僕もまた、撮影が終わってから数年が過ぎた今も、ずっと考え続けている。オウムによってこの社会はどう変わったのか。その変化は適正なのか。もしも適正でないのなら、今から軌道を修正することは可能なのか。そしてそのためには、何をどうすればよいのかを。

5 弁護

（二〇〇五年六月号）

地下鉄を赤坂で降りて地上への階段を上がれば、周囲の景色が一変している。理由は明らかだ。旧TBS社屋が、景観からすっぽりと消えている。

テレビ・ディレクター時代、番組制作会社が多い赤坂は、僕にとって馴染《なじ》みの深い街だった。オンエアが近づけば毎日のように編集室やカプセルホテルに泊まり込み、週のうち半分も自宅に帰れない日々が続いていた。基本的にはフリーランスのポジションだから、各テレビ局の仕事はいろいろやった。最もよく仕事をしたのは、『A』をテレビ・ドキュメンタリーとして放送する予定だった（そしてその制作中止を決定した）局であるフジテレビだ。TBSでは『ニュース23』の仕事が多かった。「下山《しもやま》事件」を取材するために『報道特集』のスタッフルームに通っていた時期もある。

日曜夜八時から放送されていた『どうぶつ奇想天外！』（二〇〇九年に終了）の撮影で、シベリアの辺境の町に三週間ほど滞在したことがある。このときの番組サブタイトルは「まるごとマンモス！」。レナ川のほとりにテントを張って二頭のマンモスの骨を発掘することに成功したが、予期せぬ事態が起きて初冬のツンドラで遭難状態になり、食料も尽きて寒さでクルー全員が衰弱し、最終的には一〇〇キロほど離れた軍事基地から派遣された装甲車で救出された。スタッフ全員無事ではあったけれど、当時のロシアはホテル宿泊や飛行機予約などすべてヴァウチャーという前払いシステムのため、このすべてを買い直さねばならず、番組制作会社にとっては大赤字の仕事となった。

……もしも地下鉄サリン事件が起きていなければ、あるいはオウム真理教という宗教組織が存在していなければ、いやそもそも麻原彰晃が生まれていなければ、僕は今もフリーランスのディレクターとして、テレビの仕事を続けていたはずだ。あるいはディレクターとしてはそろそろ賞味期限切れの年齢だから、どこかの番組制作会社と契約してプロデューサーにでもなっているかもしれないし、まったく別の仕事をしていたかもしれない。

少しだけ感傷に耽《ふけ》りながら、六階建ての小さなビルの五階、「港合同法律事務所」と記されたプレートが貼られた扉を開ける。通された会議室でテーブルの上に筆記用具やテープレコーダーを並べる僕に、のそのそと奥の部屋から現れた安田好弘《やすだよしひろ》は、「何だか本格的だなあ」と目を丸くする。

「だって『月刊ＰＬＡＹＢＯＹ』の取材ですよ。活字になって出版されるんだから当たり前。本格的じゃなくて本格なんです」

「まあとにかくインタビューは早めに終えて、キョウドウにお好み焼きを食べに行こう」

「キョウドウ?　小田急線の経堂?」

「そう。うまいお好み焼き屋がある。びっくりするよ。あまりうまくて」

「でもここから経堂まで、電車で三十分以上はかかりますよ」

「それだけの価値があるお好み焼きなんだよ。とにかくインタビューは早めに切り上げよう」

　途中からビールを飲み始めることになるだろうとは思っていたが、わざわざ経堂まで行ってお好み焼きとは予想していなかった。壁の時計に視線を送る。経堂に行く時間を入れて終電の時間から逆算すれば、長くても一時間と少しでインタビューを終えなくてはならない。安田の対面の椅子に腰を下ろした僕は、これ見よがしに吐息をつきながら、レコーダーのスイッチを入れた。でも安田は僕の吐息など耳に入らないかのように（実際に聞こえていないのだろう）、「とにかくあのお好み焼きを食べたら、もう他ではちょっと食べられないよ」とか何とかしゃべっている。

　一九九八年十二月六日、住宅金融債権管理機構（後のＲＣＣ）の告発を受けた警視庁捜査二課は、麻原彰晃の主任弁護人として一審弁護団を牽引《けんいん》していた安田好弘を逮捕した。容疑は強制執行妨害。住宅金融債権管理機構からの債権回収を逃れる方法を顧問先企業に指示していたとの疑いだ。多くのメディアは「麻原主任弁護人を逮捕」と大きく報じ、「人権派弁護士にもうひとつの仮面」と見出しをつけた週刊誌もある。

告発した住宅金融債権管理機構の社長である中坊公平《なかぼうこうへい》は、「私の依頼人は国民」と公言することで「平成の鬼平《おにへい》」などと呼称され、当時のマスメディアや国民からは圧倒的な支持を受けていて、安田逮捕の翌年七月には、小渕《おぶち》内閣に設置された司法制度改革審議会（裁判員制度導入もここから始まった）の委員に選出されている。

司法制度改革審議会の委員に選出された翌年、中坊は小渕内閣の特別顧問に就任した。さらに大阪府警本部長の諮問委員や京都府警の「警察署等のあり方を考える懇話会」委員、毎日新聞の「開かれた新聞」委員など、数々の要職を兼務する。しかし二〇〇〇年十二月、中坊は突然、RCCの社長を辞任すると発表し、さらに詐欺容疑で東京地検特捜部に告訴されたことで、大阪弁護士会に退会届と弁護士の登録取消届を提出して受理された。

マスメディアと国民から中坊が圧倒的な支持を受けていたこの頃は、注目度が高い刑事事件を担当する弁護士の多くが、極悪な犯罪者を擁護する存在として一部のメディアと国民から強く批判され始めた時期でもある。特に麻原法廷の主任弁護人として、また死刑廃止運動のリーダーとして、そして弁護士は在野にあるべきとして公権力への接近に明確な疑義を示していた安田の存在は、公権力と足並みを揃《そろ》えつつあった中坊にとって、きわめて目障りであったことは容易に想像がつく。

中坊を批判することは、この誌面の趣旨ではない。ここで言いたいことは彼の栄枯盛衰が、とても示唆的であることだ。確かにかつての彼は、社会的弱者の代弁者として、その職務をまっとうしていた時期があった。しかしマスメディアや国民に「絶対的な正義」として祭りあげられた中坊は、その帰結として自らの意に沿わない存在を「悪」と規定しながら弾圧と排除に努め、権力の階段を駆け上がりながら最後には自滅した。

正義と悪。善意と悪意。この対立構造はメビウスの輪のように捩《ね》じれながら連鎖する。そしていつも紙一重だ。その意味では常に均衡しているとの見方もできる。でもならば、ここでもう一度僕は、その例外的な存在に思いを馳《は》せねばならない。

麻原彰晃という圧倒的な質量だ。

この絶対的な悪のイメージに拮抗《きっこう》するだけの善が見つからない。だからこそバランスを失った世相は、この質量の消滅を意識下で願う。でもエネルギー保存の法則が示すように、質量は簡単には消滅しない。もしも無理に消滅させるのなら、そのときは質量に光速の二乗をかけた巨大なエネルギーが発生する。

……もちろんこれは比喩だ。実際にエネルギーが発生するはずはないし、何よりも麻原が実際にそれほどの質量を保持していたとは思えない。あくまでも仮想の質量だ。でもこの仮想によって、現実が侵食されている。この社会は明らかに変容しつつある。

強制執行妨害の疑いで逮捕された安田は、九カ月半もの期間にわたって拘禁され続けた。この間に地裁は三度にわたって保釈を許可したが、その都度、検察が抗告して保釈は取り消されるという事態がくりかえされた。

こうして主任弁護人が不在のまま、麻原の裁判は続けられた。逮捕翌年の三月、裁判の長期欠席が理由となって、安田は国選弁護人から解任された。結果として検察は、最も厄介な存在である安田を法廷から排除することができた。

安田が逮捕されてから五年後の二〇〇三年、麻原は検察によって死刑を求刑される。そして同年のクリスマスイブ、安田は一審で無罪判決を勝ち取った。検察の主張をほぼ全面的に否定した川口政明《かわぐちまさあき》裁判長は判決言い渡しの際に、「検察官の態度はアンフェアで強引」として強い批判を加え、「起訴されて五年。裁判長が交代して長引き、迷惑をかけた」と安田に謝罪し、最後には「今度法廷でお会いするときは今日と違う形でお会いしたい」と語っている（しかし二〇〇八年の控訴審判決では罰金五十万円の逆転有罪が言い渡され、二〇一一年に最高裁は検察側と被告側双方の上告を棄却する決定をしたため、二審判決が確定した）。

「……刑事訴訟法がね、この十一月に大きく変わるんだよ」

レコーダーのスイッチを入れる僕の指先を見つめながら、経堂のお好み焼き屋の話とはがらりと調子を落とした声で、安田は低くつぶやいた。

「近代司法の重要な原理である無罪推定や検察の立証責任などの概念は、今やもうお題目に等しい。まあこれまでもその動きはあったけれど、かなり露骨になってきた。検察と弁護人とは、とにかく力関係に最初から圧倒的な差があるわけで、だってあっちは国家だからね、だからこそ僕らにとって戦術は重要だった。でももう、それもできなくなる。例えば戦術として法廷をボイコットすれば、別の弁護人が選任されてしまう」

「麻原に接見した須田賢裁判長は、『話の内容を理解していると思われる』という不思議なフレーズを使いながら、弁護団が要求する精神鑑定を却下しました。あれについてはどう思いますか」

「控訴手続きについて麻原に説明するために接見したと彼らは主張しているけれど、弁護人はこのことを知らされていない。つまり弁護人が知らないうちに裁判官が被告に会っていた。かつてならとても考えられない。でももう、そんなことが当たり前になってきた」

「訴訟能力があるとの判断については？」

「須田裁判長は『あなたも控訴趣意書は出せますよ』と声をかけ、それに対して彼は、『フンフン』と言ってうなずいた。だから言っていることを理解しているという結論になって、弁護団の鑑定申請は却下された。でもね、彼はもうずいぶん前から、誰に会っても『フンフン』なんだよ」

「安田さんに対してでも？」

「同じだよ。要するに体の振動。コミュニケーションなんかじゃない」

「動物園の動物だって声をかければ反応する。それに近いということですか」

「それ以下だよ。つまり彼には、他者が存在することの意識すらない」

ここまでのやりとりはまあ予想どおり。安田に訊《き》かなくても書けることだ。だから僕は質問を変えた。

「人権派の人たちも、麻原彰晃のこの問題については、なぜかなかなか発言してくれないですよね」

「人権派って？」

「いろいろ。例えば市民団体とか」

「あの人たちはね、基本的には、良い人とかかわいそうな人の人権じゃないとダメなの」

「……悪くて憎らしい人の人権はダメなのかな」

「ダメだねえ」

そう言って複雑な微笑を片頬に浮かべながら、安田はお茶をすする。そういえば以前、人権擁護を目的とする市民団体に所属している友人が、「オウムへの団体規制法適用に反対しようと提案したら、オウムは特別だからと誰も同意してくれなかった」と苦笑していたことを思い出した。

オウムは特別であり、異例であり、例外である。十七の事件で起訴された麻原の裁判は（裁判の迅速化を理由に検察は途中四つの事件を取り下げた。これもとても異例だ）、初公判から八年かけて一審判決に辿《たど》り着いた。この時間経過についてほぼすべてのメディアは、なぜこれほどに判決まで時間がかかるのかと弁護団を批判した。引き延ばし戦術を駆使したという論法だ。でも死刑判決の基準とされてきた永山則夫《ながやまのりお》裁判（事件数は四件で被害者数は四人）は、一審判決まで十年かかっている。これに比べて麻原法廷は、十三事件で被害者数二十七人の裁判で八年の審理期間だ。被害者や起訴された事件の数を考えれば、長いどころか異例なほどに短い。ところが多くの人は、麻原法廷をとても長い裁判だったと思い込んでいる。つまり前提がいつのまにか変わっている。

麻原の一審判決翌日の新聞には、こんな記事も掲載されていた。

小泉首相は27日夜、オウム真理教元代表・松本智津夫（麻原彰晃）被告に対する死刑判決について「あれだけの大犯罪ですからね。死刑は当然ですね。もっと早く裁判が終わっていればいいんですけどね。被害者はやりきれない思いでしょうね。悔しい思いよく分かります」と語った。（中略）歴代首相は、三権分立の原則から確定前の判決について評価を述べるのは避けるのが通例で、こうした発言は異例。

朝日新聞（二〇〇四年二月二十八日）

こうした事例は他にいくらでもある。異例として認識されないまま慣例化された異例も多い。こうしてオウムや麻原によって整合化された数多くの異例は、遅効性の毒のようにじわじわと、そして無自覚に、この社会を内側から変えてきた。

國松《くにまつ》警察庁長官狙撃事件が時効を迎えた二〇一〇年三月三十日、警視庁公安部は記者会見で、「実行犯はオウム真理教の信者グループである」と断定し、該当する信者の名前をイニシャルで発表した。さすがにこのときは、ほとんどのメディアが「きわめて異例」として警視庁を強く批判した。オウムの犯行であると公式に断定できるだけの証拠があるのなら、逮捕すればよいだけの話だ。それだけの証拠を獲得できなかったから、この事件は時効を迎えたのだ。その（根拠のない）臆測を捜査機関が記者会見で公表するということは、無罪推定原則が公式に崩壊しているということを示している。

もう一度書く。オウムは多くの異例を慣例にした。例外を前提にした。だからこそオウムによって危機意識を煽《あお》られた日本社会は、特に「罪と罰をめぐる意識と座標軸」を、それまでとは大きく変えた。

二〇〇三年四月二十四日、検察は論告求刑において麻原に死刑を求刑した。毎日新聞の朝刊記事（四月二十五日）を引用する。

〈オウム裁判〉松本被告に死刑求刑　東京地検「史上最も凶悪」

オウム真理教（アーレフに改称）の松本智津夫（麻原彰晃）被告（48）に対し、東京地検は24日、東京地裁（小川正持裁判長）で開かれた第２５４回公判で、死刑を求刑した。論告で検察側は「これほどの凶悪重大犯罪を繰り返し、悲惨な結果をもたらした者はなく、わが国の犯罪史上最も凶悪な犯罪者というしかない」と指摘した。オウム事件での死刑求刑は13人目。10月30、31日に弁護側が最終弁論を行って結審し、判決は来年初めにも言い渡される見通し。

松本被告が指示したとされる地下鉄サリンなど13事件では、計27人が死亡した。90年代の日本を揺るがしたオウム真理教の「教祖」の裁判は、初公判からちょうど7年で大きな節目を迎えた。

検察側は論告で、「松本被告は自分への帰依と絶対的服従を弟子に求め、衆院選敗北（90年2月）を機に、社会全体を激しく憎悪し、無差別大量殺りくに突き進んだ」と、生物兵器や化学兵器の開発など、教団が進めた武装化の経過を詳述。さらに具体的な言葉を挙げて、各事件の実行を弟子たちに指示した首謀者と断定した。

また、松本被告の情状について「今日に至るまで、自己の非を認めるどころか、弟子に責任転嫁するなど見苦しい態度を取り続け、全く反省、悔悟の情は認められない」と厳しく非難した。

一連の事件の動機としては「異常なまでに強烈な権勢欲と支配欲を満足させるだけのために、各犯行の指示が出された」と指摘した。死者数が27人に上ることにも触れ、「組織犯罪の中でも組織性、計画性は群を抜き、日本の治安を根幹から揺るがした責任は極めて重大だ」と述べた。

個別事件では、地下鉄、松本両サリン事件について「わが国犯罪史上、例を見ない凶悪な無差別大量殺りくテロで、宗教性などみじんも認められない」と非難した。坂本堤弁護士一家殺害事件では「いたいけな幼児（長男龍彦ちゃん）を含め、家族もろとも殺害した冷酷非情、卑劣極まりない犯行だ」と指弾した。

検察のこの主張に対して弁護側は、起訴された十三の事件すべての背景に「弟子の暴走」が働いているとして、被告の全面無罪を主張した。

「史上最も凶悪」VS.「全面無罪」。ありえないほどに相反している。結果としては弁護団の構築した弟子の暴走論は、麻原無罪という無理を通すための世迷《よま》いごととして社会からは激しい反発を受け、裁判所からは判決で一蹴された。つまり「史上最も凶悪」が勝利した。

確かに「弟子の暴走」だけを事件のメカニズムとする弁護側の主張には、僕も全面的な同意はできない。でもどちらかを選べと言われたなら、オウム事件は「史上最も凶悪」で「組織的、計画的な凶悪犯罪」であり、麻原は「異常なまでに強烈な権勢欲と支配欲を満足させるだけのために」、「冷酷無情、卑劣極まりない犯行」を指揮したとの断定よりも、「背景には弟子の暴走が働いていた」との記述のほうが、はるかにリアリティがある。

ナチスにおけるヒトラーや大日本帝国における昭和天皇、クメール・ルージュにおけるポル・ポトや文革における毛沢東などを例に挙げるまでもなく、組織共同体が取り返しのつかない大きな過ちを犯すとき、実のところ暴走の駆動力は、中枢にいるカリスマではなく、周辺に分散されている場合が多い。つまり「(中枢は)こうしたいはずだ」とか「こう望んでいる」などと考える周辺の忖度《そんたく》だ。ところが側近たちにしてみれば、暴走の要因は自分たちの意思ではなく忖度の集約なのだから、自分もその駆動力のひとつであるとの実感は薄い。こうして戦争や虐殺は起きる。そして起きた理由がわからなくなる。

「弟子の暴走」を事件のメカニズムとした弁護側の最終弁論が法廷で行われる三カ月前

の二〇〇三年七月、麻原法廷によって喚起された「現況の刑事裁判は時間がかかり過ぎる」との世相を追い風にして、刑事裁判の審理を二年以内に終了させることを目的とする法律が成立した。いわゆる「裁判迅速化法」だ。でも現実には、それまでも刑事裁判の九九・六%は、二年以内に審理は終了している。これを超える裁判には、(麻原法廷のように事件が複雑多岐であるとか冤罪《えんざい》の疑いがあるなど)時間がかかるだけの理由があった。ところが裁判迅速化法は、そんな例外を今後は認めないとする法律だ。仮に冤罪の可能性を被告や弁護団が主張したとしても、二年で審理は打ち切りなのだ。

いずれにせよ厳罰化も含めて、オウム事件をきっかけにこの国の刑事司法が、劇的に変わりつつあることは間違いない。安田はその中心にいる。身をもって周囲の変質を感じているはずだ。でも今日のインタビューの趣旨は、刑事司法の現状や未来についてではない。レコーダーのカセットを入れ替えてスイッチを押してから、僕は安田に訊いた。

「事件以降の彼にいちばん長い時間会っているのは、たぶん安田さんですよね」

「身柄パクられてから?　ならば確かに僕がいちばん会った回数は多いと思うけれど」

「接見はトータルで何回くらい?」

「何回かなあ……」

「二十回や三十回じゃないでしょう?」

「百回くらいは会っているかな」

「ということは、単純に一回三十分として……」

「一回三十分じゃないよ。四、五時間は話す」

「そうか。弁護人は長く話せるのか。ということは、数百時間は彼と話しているわけですよね」

「そういうことになるね」

「いちばん最初に会ったのはいつですか」

「一九九五年の十一月の十日くらいかな。拘置所ではなくて留置場。国選（弁護人）の依頼を弁護士会から受けて、まずは本人に会ってみようと思ってね」

「そのときの会話は？」

「正確には覚えてない。でもね、とても滑らかで、スムーズな感じだった。来ることはわかっていたんですと、彼は僕に言うわけ。予知とかそんな話じゃないよ。情報があったということ。最初の印象はね、とにかく普通だったよ。洒脱《しゃだつ》でもあったよね。冗談はよく言うし」

「当時、取り調べの際に刑事に、『石原裕次郎に似ていますね』っておべんちゃらを言ったって報道があったけれど」

「おべんちゃら？　違うと思うよ。そんな人じゃないなあ。本当にそう言ったのなら、むしろ刑事をからかったんじゃないかな」

「そうかなあ」

「だって彼、(目が)見えてないんだから」

「……でも、本当に見えてないと安田さんは断言できるのですか。実は見えていると主張するメディアやジャーナリストは少なくないですよ」

「まったく見えていない。まあ正確に言えば、身体の調子がよいときに意識を集中させると、少しだけ光を感じる程度かな。それも片方だけ。もう一方は全然見えない」

安田のこの確信は、警視庁の接見室で麻原と対話しているとき、突然二十秒くらい停電したときの体験などが根拠になっている。部屋の明かりが急に消えて完全な暗闇になったその瞬間も、麻原はまったく気づかない様子で、滔々《とうとう》としゃべり続けていたという。

「……あなた、朝日(新聞)に書いたよね。麻原はオムツしてるって」

「朝日にはオムツとは書いてない。失禁しているらしいって書いたけれど」

「ああそう。その後わかったんだけど、彼は実際にオムツしていたわけ。ただね、いわゆる統合失調症とは少し違うようなんだよ」

「拘禁障害の可能性は?」

「どうかなあ。断定はできないけれど、器質性の脳疾患や薬物のフラッシュバックの可能性は否定できない。兆候はやっぱりあった。井上嘉浩被告に対する反対尋問。あのときから意思の疎通ができなくなった。あれからもう八年が経《た》っている。症状が進んだとしてもおかしくはない」

一九九六年九月、検察側証人として出廷した井上は、リムジン車中で麻原がサリンの製造と散布を故・村井秀夫幹部らに命じたと証言した。麻原の共謀共同正犯を強く担保するこの証言が、その場にいた多くの信者から否定されていることは前述した。井上のこの証言に対して弁護団が反対尋問を展開しようとした矢先、被告である麻原は「井上証人は偉大な成就者で、彼に反対尋問などは許されない」と発言した。主任弁護人である安田からすれば、被告にとって正念場のこの局面で、反対尋問の放棄などできるわけがない。しかし麻原の挙動に不安を感じ、審議打ち切りをその場で求めたが、裁判長は認めなかった。結局は麻原の意向を無視して法廷は進み、閉廷間際には裁判長の制止を振りきって、マスメディアでも大きく報道された言葉が麻原の口から飛び出した。

「井上証人、私の精神異常と思うだろうな。すまないが、飛んでみてくれ」

この奇天烈《きてれつ》な発言には伏線がある。この数カ月前に安田が麻原に、法廷での空中浮揚を提案していたのだ。しかし結局は実現しなかった。

「安田さんは本当にできると思ったんですか」

「そのための努力はやってもいいと思ったよ。できなかったらできなかったで次を考えればいい。彼は過去に（空中浮揚を）やったと言う。ならば弁護人としては、できるのならそれをやろうじゃないですかと彼を励ましてね。空中浮揚でもしないかぎり、今のこの司法の状況では絶対に勝てない裁判なんだから」

情景を想像する。いきなり宙に浮く被告人。呆然《ぼうぜん》と見上げる裁判官や検察官。大あわてで傍聴席から外へ飛び出す記者やジャーナリストたち。……でももちろん、被告人が空中浮揚したからといって、裁判が有利に進むはずはない。ただしもし浮いたなら、「日本を征服するという野望を抱いた俗物詐欺師」なる認識は、確かにかなり変わるだろう。

「……安田さんの提案に対して、麻原はどう言ったのですか」

「やってみますって。だから留置場や拘置所の中でずいぶん頑張ったようです。部屋の隅に毛布を丸めて立てて、その前で五体投地《ごたいとうち》みたいなこととかね。とにかく彼は、本気で浮くと思っていたから」

「でも、できなかった」

「彼はこう言ったよ。修行してエネルギーが溜《た》まっても、看守に体を触られて抜けてしまう。そのくりかえしだったようだ。だからすごく怒っていた。悩んでいたし苦しんでいた。それは事実」

「確認するけれど、安田さんは麻原彰晃の超能力を信じていたのですか」

「それはまた別の論議。一回ね、接見のときに何月何日に東京で大地震が起こるから逃げてくれと言われてね。僕はそんなの信用しない。だからそれは彼にはっきりと言った。逃げませんって」

「で、実際に地震はあったんですか」

「なかった」

「それについて麻原は?」

「私は一生懸命に地震を起こさないようにと闘ったんだって」

「詭弁《きべん》ですね。それだけを聞けば」

「うん。でもね、彼は本気で僕たちを助けようと思ったわけで、それは真剣だったよ。だからさ、空中浮揚だってこれほど真剣に頑張っているんだから、もしかしたらできるかもと思ったよ」

うなずきながら思う。ここにこの人の真骨頂がある。徹底してリアルなのだ。だからこそ空中浮揚も、被告人が言うのだからゼロコンマ一%でも可能性があるならばと法廷戦略の一要素として採用する。ところが接見時の予言には、まったく興味を示さない。なぜなら法廷に関係がないからだ。

「井上を証人として呼んだ九六年九月の法廷以降に、麻原彰晃との対話はありましたか」

「成立しなかったね。何ていうのかな。会話がどうしても擦れ違うというか、……僕との信頼関係が崩れてしまったことは事実だと思う」

「拘置所で向精神薬を大量に投与されたという可能性は？」

「ありえなくはない。強烈に反抗的な人であることは確かだから。納得しないと絶対に命令に従わない。看守としては扱いづらかっただろうね。だからその可能性もある。でも正確なところは僕にもわからない」

「……その頃に精神鑑定を申請しようと弁護団は考えなかったんですか」

「考えたよ。でもね、僕はすべきじゃないと主張したし、今もそう思っている」

「なぜですか」

「詐病《さびょう》だと認定されたらもうおしまいだよ。もしそうなったら、もう闘いようがない。鑑定をやるならば、時期を待つべきと僕は思っていた」

「でもその構想は崩れた」

「うん、（自分が）パクられてね」

「……パクられてなかったら、どうなってたかな」

　僕のこの（半分は）独り言に、安田は「まだ一審は続いてるかもしれないですね」と答えた。腕の時計は午後九時を過ぎている。経堂にお好み焼きを食べに行くのなら、そろそろインタビューを終わらせなければならない。卓の上のレコーダーに手を伸ばしかけたとき、「結局ね、検察庁や裁判所、それに警察は、地下鉄サリン事件で恐怖したんだよね」と安田がぼそりと言う。

「恐怖した？」

「彼らはこれまでの人生で、誰かに殴られたり襲われたりしたことなどほとんどないキャリアたちだからね。自分たちを狙って毒ガスを撒《ま》いたという事実に、激しく恐怖したんだと思う」

「そうかなあ」

首を傾《かし》げる僕に安田が言う。

「だってさ、あれから裁判所は、傍聴者の所持品検査を始めたんだよ」

「前はなかったんですか」

「ほとんどない。当たり前になったのはサリン以降だよ。もう今は玄関も封鎖だからね。よほど怯《おび》えたんだろうと思うけれど」

最後にこれだけは訊いておこう。僕はレコーダーを再び卓の上に置く。

「……麻原彰晃って、一言にするとどんな人ですか」

「一言では無理です。僕だってまだ彼を理解しきれていない。でもね、少なくとも世間が思い込んでいるような人ではない。……やっぱり、真面目《まじめ》に宗教を信じた人だと思う」

「現在、安田さんの彼に対しての心情は？」

「一審の弁護人をやっていた頃と変わってないよ」

「というと？」

「何としても救いたい」

言ってから安田はしばらく無言だった。じっとテーブルの上の一点を見つめるその厳しい表情を眺めながら、「全身弁護人」というフレーズが頭に浮かぶ。

麻原は宗教に対してどれほどの造詣があったのか、あるいは多くの信者たちが言うような超能力を実際に持っていたのか、そんな興味や関心を、安田はほとんど持ち合わせていない。ただし法廷で使える材料ならば、徹底的に駆使する。興味や関心を持ち合わせていないからこそ、普通ならば忌避されるような手法や素材を躊躇《ちゅうちょ》せずに使う。法に触れないかぎりは、あらゆる手を使う。

被告人を助ける。安田の意識にあるのはその一義だけだ。他の要素はほとんどない。その意味では時代遅れの人なのかもしれない。でも弁護人の本質はここにあるはずだ。時代など本当は関係ない。

やがて安田は顔を上げた。その口もとには微《かす》かな笑みが浮かんでいる。

「もういいかな」

「はい」

「じゃあ行こう。とにかくそこらのお好み焼きとはモノが違うんだよ」

そう言いながら安田は立ち上がった。

6 故郷

（二〇〇五年七月号）

車から降りたけれど初めての土地だ。方向がよくわからない。まごまごしていたら運転席から降りてきた木下希世《きのしたきよ》さんが、「ここです」と道の左側を指差した。家と家のあいだに、ぽっかりと更地《さらち》ができている。

通路に面した間口は六メートルくらいだが、奥行きはかなり長く、全体の面積として二〇〇坪は優にあるだろう。雑草が生い茂るその一角に、布地が裂けスプリングが露出したベッドや原形をほとんどとどめていない簞笥《たんす》などが打ち捨てられて、雨風に晒《さら》されている。

その傍らで、僕はしばらく立ち尽くしていた。簞笥の破片には、十数年前に子供たちのあいだで大人気だったテレビアニメ『ビックリマン』のシールが、ぺたぺたと何枚か貼ってある。誰の子供だろう。年代を考えれば、サリン事件が起きる前からここに両親と同居していたという長兄の子供たちかもしれない。その子供たちは、今はどこにいるのだろう。どこで何をしているのだろう。

熊本県八代市高植本町《たかうえほんまち》。かつての名称は金剛村《こんごうそん》。周囲を見渡せば、日本のどこにでもある田園地帯だ。一九五五年三月二日。麻原彰晃はこの場所で松本智津夫として生誕した。僕が生まれる一年とちょっと前だ。

場所の記憶ってきっとある。長くテレビでドキュメンタリーを作ってきたから、僕はたぶん、標準よりは少しだけ多く、いろんな場所に行ってきた。そのうえで思う。その地に立つだけで、ざわざわと胸の裡《うち》で何かが感応する瞬間がたまにある。おそらくはその土地の記憶に、何かが呼応するのだろう。

でもこの細長い更地には、そんな記憶はまったくない。土地は乾いている。あるいは忘却されている。ならば掘り起こすことはない。重ねてゆけばよい。土地はそんな記憶と忘却とをくりかえす。幾層にも堆積する。その上に新しい営みが生まれ、また消えてゆく。

ただしこの細長い更地は、乾いてはいるけれど堆積はされていない。何となく剝《む》きだしなのだ。だから不安になる。新しい営みが重なる日はいつになるのだろう。

かつて『A』を撮っていた頃、解体直前や直後のサティアンをロケのために訪ね歩いた。時期としては地下鉄サリン事件の翌年から二年後にかけて、日本中に散らばったサティアンから信者たちが退去を命じられ、流浪が始まる頃だ。どこに行っても瓦礫《がれき》の山だった。施設には子供たちも多かったから、名前を書いた歯ブラシや教科書、玩具なども、ずいぶん捨てられていた。

瓦礫は怖い。そして少しだけいとおしくて切ない。鼻の奥がつんとする。カメラを抱えながらあの頃の僕は、何を思い、何を願いながら、走り回っていたのだろう。もうずいぶん遠い昔のような気がする。愛用のカメラはケースに入れたまま、すっかり埃《ほこり》を被《かぶ》っている。考えたら『A2』以降、もう何年も手を触れていない。

僕は周囲を見渡した。日差しはいつのまにか少しだけ傾いている。車の横で希世さんが、何となく不安げな表情で僕を眺めていた。

戦後に朝鮮半島から引き揚げてきた麻原の父親は、今は更地となっているこの地に移り住み、畳職人の仕事を続けながら五男二女の子供を授かっている。智津夫（麻原）は四男。母親も入れて九人の大家族だ。家計は相当に苦しかったようだ。畳職人だけでは生活できず、自給自足のための三反の畑を近所から借りていたという。

五人の兄弟のうち、長男と智津夫、そして五男は、先天的に目に障害があった。長男は学齢期に達するとほぼ同時に、熊本市内にある全寮制の熊本盲学校に入学した。智津夫は家から歩いて数分の金剛小学校にいったんは入学したが、二年生のときに、兄と同じ熊本盲学校に転校した。この段階で右目の視力は一・〇だったけれど、左目はほとんど見えていなかった。

「智津夫君は継ぎはぎの洋服を着て、着替えにも困ったの。遠足や授業参観の時はみんながきれいな格好をするから、どうしようかって寮母と相談してね。息子のお下がりをそっと差し入れた」

熊本市郊外でひっそりと老後を暮らす元女性教師（七八）は、遠い記憶をたどるようにじっと目を閉じた。「『ご両親から送ってきたよ。よかったね、智津夫君』。そう言って…」。三十四年を経ても七歳の記憶は脳裏にある。「いつもと違う服を着たら大喜びだった。うれしそうな顔は忘れられない」

『裁かれる教祖』共同通信社社会部編

隣接する家の玄関口に立った僕は、どなたかいらっしゃいますか、と奥に声をかけた。

引き戸を開けたのは、怪訝《けげん》そうな表情の四十代くらいの女性だった。

「隣の家について、お話をお聞きしたいのですが」

「隣って松本さんの家？」

「はい」

「マスコミの人？」

「……そうです」

「マスコミの人にはあまり話さないようにと言われているんです」

「警察から？」

「いえ、主人から。とにかく一時は凄《すご》かったんだから」

凄かったんだからの語尾が少しだけ跳ね上がった。完全な拒絶ではない。僕は訊《き》く。

「お隣、いつ壊しちゃったんですか」

「いつかしら、事件後しばらくしてからよ」

「畳屋さんですよね」

「それはずいぶん前。事件の頃はね、ご長男が鍼灸《しんきゅう》の店を出していたのよ」

以下に彼女の話を要約する。松本家の長男はかなりのやり手で、自宅を改装して開いた鍼灸院は相当に繁盛して、遠方からも評判を聞きつけて多くの客が来ていたという。しかし地下鉄サリン事件の発生と同時に、松本家のささやかな幸福は無残に瓦解する。鍼灸院を閉めた長男は、妻子を連れて家を出た。残された年老いた両親は、しばらくひっそりと声を潜めるようにして暮らしていたが、やがて家からいなくなった。住む人がいなくなった家は熊本市内の不動産屋の手に渡り、家は跡形もなく取り壊された。しかし買い手がつかないらしく、土地はずっと更地のままだという。

「……松本智津夫さんの子供時代の話を聞きたいのですが」

「あたしはわからないわよ。ここに嫁にくる前の話だもの」

「どなたか当時のことがわかる方は？」

「いるけれど話さないわよ。あたしももう、これ以上はしゃべれないわ」

そう言ってから彼女は、ふと踵《きびす》を返すと、早足で家の奥へと歩き去っていく。そういえば彼女は標準語だった。他の土地から嫁いできたのだろう。玄関の扉を開け放したまま家の奥に消えた彼女は、それっきり玄関口に現れない。ずいぶん無用心で唐突な幕切れだ。

あきらめきれずに僕は、周囲の家を一軒ずつ訪ねる。門前払いの家もあったけれど、少しだけならと話を聞かせてくれた家もある。隣の家にいた年配の主婦は、「子供が多かったからどれが四男坊だったかは正確にはわからないわねえ」と首をひねる。その斜《はす》向《む》かいの家の前に立っていた年配の男性は、松本家の長兄が義眼を取り外した瞬間を目撃したときのことを話してくれた。それはそれで興味深い話ではあったけれど、でも訊きたいことは麻原についてだ。

「えーと、……四男坊……智津夫さんについてはどうでした？」

訊こうとしながら思わず口ごもってしまった理由は、彼の呼称に自信がないからだ。彼が生まれ育ったこの地では、少なくとも麻原彰晃という呼称を口にすることに違和感がある。尊師やグルは論外として、松本智津夫という本名も、場所や状況によっては発音しづらいことがある。「被告」や「被告人」は便利な言葉だが、会話の中で使うことには抵抗がある。

呼称を一定にできないその理由のひとつは、彼に対しての僕らのイメージが、まだ何も定まっていないからだろう。もちろん僕自身も、そのイメージを定められない一人だ。

口ごもりながらの僕の質問に、年配の男性は「細かな子はいっぱいおったけどねえ、どれが四男かようわからん。小学校のグラウンドでよく野球をやっちょった」と首をひねる。

「野球ですか？　長男も一緒に？」

「長男もおった」

「目が不自由なのに？」

「目は不自由でも生活はそう変わらん。長男と四男と、もう一人も確か不自由じゃった。あんたたちはすぐに実は目が見えていたとかなんとかテレビでやるが、見えんでも歩いたり走ったりはできよる。あれは実際に目が見えん人をバカにしているごたるね」

少しだけ気色ばみかけた男性に、僕は「ご両親のその後はわかりますか」と話題を変える。

「わからんよ。良か人たちじゃった。悪いことなど何もしとらん。でも昼も家から出てこんようになって、いつのまにか他所《よそ》に移ってしもうた」

両親については、近隣の誰もが「良か人たちだった」と口を揃《そろ》える。社交辞令の気配はない。物静かで真面目《まじめ》で優しい人たちだったと言うその調子の裏に、二人をこの地に住めなくしたのはあんたたちマスコミじゃないかとの抗議の意が、微《かす》かに透けて見えるような気がした。

結果として、麻原彰晃の子供時代を知る人はほとんどいない。それはそうだ。すでに半世紀近く前だ。しかも彼がこの地にいたのは、小学二年生に進級するまでと期間も短い。その時代を語れる人は年齢的にも限られる。

連載二回目に書いたけれど、麻原の出生地についてのテレビや新聞、雑誌などの報道は（書籍も含めて）意外に少ない。もちろん「意外に」だ。住民たちがマスコミと聞けば条件反射で玄関口を閉めたくなるほどに、事件後には多数のテレビの取材クルーや新聞、雑誌の記者たちが、この地に集まっていたことは確かだ。だから記事は少なくはない。これが普通の事件なら、報道としては充分に妥当な量だ。

しかしとにかく、オウムがらみの報道は（資料を読みながらあらためて実感したが）、突出して圧倒的な物量だ。一九九五年三月二十日からほぼ数カ月にわたり、新聞の一面にオウムが載らない日は皆無だった。週刊誌や月刊誌などは一年近くのあいだ、毎号のようにオウム関連がメインの特集記事だった。号外や臨時増刊も数えきれないほどだ。

さらにこうしてチェックできるのは、新聞や刊行物に限られることも忘れてはならない。テレビはチェックできない。電波は宙に消える。想像するだけでも凄《すさ》まじい濃度だ。

気象観測衛星から見下ろせば視界が曇るほどに、当時の日本列島にはオウムの活字と電波が飽和していたはずだ。だからその意味では、あくまでも相対的にだが、麻原彰晃の出生や故郷の記事は意外なほどに少ない。

その理由のひとつを僕は知っている。当時の僕はテレビ・ディレクターだった。ベルト（月～金の同じ時間帯で放送する番組のこと）でオウムだけの特番が、各局でオンエアされていた頃だ。とにかく右も左も上も下もオウムだったこの頃、スタッフ・ルームでよく小声で交わされる会話があった。

①麻原は在日二世らしい
②麻原が生まれた地域は被差別部落らしい
③麻原の家族は水俣病の被害者らしい

少なくとも僕の周囲では、この三つの噂《うわさ》すべてが適合しないまでも、ひとつくらいは当てはまるだろうと誰もが思っていた。そして同時にこの三つは（特にテレビにおいては）決して大きな声では言えないことだった。ただし①については例外がある。例えば『週刊現代』（一九九五年五月二十七日号）に掲載された「麻原オウム真理教と統一教会を結ぶ点と線」では、栗本慎一郎《くりもとしんいちろう》衆院議員（当時）が、麻原の父親は在日朝鮮人であると主張している。でも①に比べれば②と③は難しい。より濃密なタブーに触れかける。だからこそ彼の故郷への取材には、何となくの抑制が働いたという可能性はあったと思う。

ただし、メディアがまったく触れなかったわけではない。事件直後は他のメディアと一線を画した記事を掲載し続けた『宝島30』（一九九五年十二月号）は、「麻原彰晃とオウムの犯罪には、誰も触れない大きな謎がある」と題された記事を掲載して、この時期のメディアの裏事情について以下のように記述している。

麻原の魅力のもうひとつの源泉であるルサンチマン＝被差別体験については、これまでマスコミ関係者の間で執拗《しつよう》に囁《ささや》かれてはいたものの、表だって報じられることの一切なかったある噂（裏情報）がある。

「麻原は在日朝鮮人と被差別部落出身者の間に生まれた子供で、自分自身は目が見えない障害者である。この三重の差別が、麻原をして、自分には世界に復讐《ふくしゅう》する権利があると思わしめたのだ」

（中略）ワイドショーの製作スタッフを含め、テレビ関係者でこの裏情報を知らない者はおそらくいない。オウム事件にかかわる新聞記者や雑誌記者だってみんな知っているだろう。そして彼らは、この裏情報を事実として、それもタブーに触れるため公然とは語らない。

在日と被差別部落の情報の出所はきわめて不確かだ。『宝島30』にしても同じ号で作家の中島渉《なかじまわたる》がこの噂について検証するルポを寄稿しており、「『エセ同和』『エセ朝鮮人』であった可能性がきわめて高い」と結論づけている（ただし、エセという言葉は、本人がこれを騙《かた》ったときに使う。少なくとも麻原本人は、自らを被差別部落出身とか在日朝鮮人などとは騙っていない）。

『麻原彰晃の誕生』（文春新書）を書いた高山文彦は、地元の郷土史家や古老などに取材して麻原の父親が生まれた場所なども特定しながら（全羅北道益山郡春浦面）、「いずれにしても松本家は朝鮮半島の出自ではなく、朝鮮から引き上げてきた日本人である」と明言している。実際に在日や被差別部落については、確かな出典はほとんどない。こうした噂の常だけど、ほとんどが伝聞なのだ。ところが水俣病についてだけは、噂の確かな出典がある。この仮説を最初に唱え始めた人がいる。

八代の駅を出てから、広大な人工のイグサ畑の中を通り、二時間ののちに松本智津夫の生家の前に来ていた。赤い屋根。ピンクと青のツートンカラーの壁。付近の家とは一線を画して派手なのは鍼灸院《しんきゅういん》を営んでいるせいかもしれない。看板に『中国漢方薬局・内臓・肩こり・むちうち・腰痛センター・松本鍼灸院』とある。長兄が営む鍼灸院である。ここに麻原がその初期に就いた職業の原点がある。農村という土地柄、七人兄弟の長兄である満弘氏（以下、敬称略）は家族の重鎮《じゅうちん》として名実ともに兄弟や一家を差配していた。人望が厚く、この地方では名治療師として知られている。家屋の倉庫には何千冊という医療に関する書籍、膨大な量の貴重な漢方薬があると伝え聞く。麻原はこの兄の教えを受けたのである。麻原をまだ目の見えるうちから盲学校に入れたのも、いずれ目が見えなくなるときのために手に職をつけさせようという満弘の配慮だった。

「そこはもうやってはおらんよ。最近はとんとお客さんがこなくなったもんで休業しなさったんじゃろう。満弘さんももう八代にはおられんようで」

体を診《み》てもらうべくドアをノックしていると通りがかりの婦人が近づいてきて秘密事でも話すように小声でそう言った。

「世紀末航海録」第五回　藤原新也『週刊プレイボーイ』（一九九五年八月十五日号）

麻原の長兄に会うことをあきらめた藤原は、その足で不知火海《しらぬいかい》に行く。防波堤の上で横になっていたとき、通りかかった地元の老人から、「この海の魚介物には昔は水銀が入っておった」との一言を聞く。

そしてふとあることに思いが到ったとき頭が熱を帯びた。熱が全身に広がって行く。私は防波堤の上に飛び起きて、バッグを急いでまさぐった。空港で買った地図を取り出す。まじまじと眺める。やはりそうだ、と思った。なぜこれに気づかなかったのかと思った。八代のすぐそばにあのメチル水銀公害の水俣があるではないか。（中略）
かりに水俣の怨念の亡霊のごとく立ち上がったひとりの宗教者がまるで報復のように化学物質によって国家機能を止めようと夢想したとするなら、つまり水俣病である麻原彰晃が、この国全体にサリン噴霧を試みようとしたとするなら、歴史はめくるめく因果の応報というべきか、あたかもこの歴史的循環はまるで麻原の唱えるカルマ落としのごとくである。

この原稿が『週刊プレイボーイ』に掲載された直後、藤原は連載を休載する。一回置いた次の号の冒頭で、「のっぴきならない個人的理由から」と休載の理由を説明しているが、休載前の原稿では、国策会社であるチッソは雅子妃との関連で皇室とも深い関係があることに触れながら（彼女の母方の祖父である江頭豊《えがしらゆたか》は、水俣病問題が発覚したときのチッソ株式会社の社長を務めていた）、麻原彰晃が抱いていたとされる天皇家に対するルサンチマンを傍証する仮説を展開していたために、記事に対する抗議があったのではと（僕も含めて）多くの人が推測した。

ここまでを整理する。麻原の父親は朝鮮半島からの引き揚げ者であり、在日云々《うんぬん》は根拠のないデマと推定できる。八代には確かに被差別部落は存在するが、高植本町はこれには該当しない。つまりこの二つの噂はほぼ否定できる。

さらに水俣病についても、少なくとも麻原の生家近隣では、一人残らずこの噂を否定した。一笑に付されるという感じだった。「地図をよう見んしゃい。水俣とこことは離れておる」と怒ったように言った人もいる。水俣と八代との直線距離は三〇キロ。不知火海における有機水銀の汚染地域からは確かに外れている。しかし（これは藤原も指摘しているが）回遊魚は、三〇キロくらいの距離なら自在に往復する。その意味では微妙な地域でもある。

「世紀末航海録」連載終了後、『宝島30』（一九九六年三月号）で藤原は、「麻原と水俣病についてもういちど語ろう」と題されたインタビューに応じている。

宝島　「しかし、ほとんどの人が麻原こそ凶悪犯罪の首謀者であると考えている状況下で『麻原＝水俣病』説を展開するということは、『水俣病の人間はそういうことをするのか』という誤解を世間一般に生みかねない、そういう危惧はお持ちではありませんでしたか」

藤原　「それは短絡でしょ。その論法に巻き込まれていったら、何も書けなくなります」（中略）
宝島　「すると麻原彰晃という人物は日本近代が生み出した被差別者であり、だからこそ、そのルサンチマンによって引き起こされた彼の犯罪には文明論的なものがあるという立場になるわけですか」
藤原　「立場というより、その可能性を捨ててはいけないということです」（後略）

オウムの危険性を煽《あお》るばかりの他のメディアとは一線を画していた当時の『宝島30』にして、このときの藤原に対しては詰問調になる。つまり正義をまとっている。ここには当時（そして以降）、メディアと社会とがオウムによって嵌《はま》り込んだ隘《あい》路《ろ》の深さが、くっきりと示されている。仮に麻原が水俣病だからといって、「水俣病の人間はそういうことをするのか」などと思う人はまずいない。麻原の視力に先天的な異常があったからといって、「目が不自由な人は犯罪を起こしやすい」などとは誰も発想しない。もしもいるならばバカと言えばよい。その演繹《えんえき》は明らかに間違っている。

個別の人格や環境に、これらの要素や因子が影響を与えることは確かだ。だからこそ事件や現象を解明する際には、あらゆる要素や因子を（その可能性も含めて）考察することは重要だ。ならばなぜ麻原と水俣病との関連は、その可能性を口にすることすら憚《はばか》られるほどにタブー視されたのか。

結論から書く。被害者への過剰な配慮だ。二〇〇四年四月の段階で、それまでに県が水俣病と認定してチッソが補償金を支払った患者総数は二二六五人。そのうち一四五六人がすでに命を失っている。

二〇一〇年五月一日、水俣市で開かれた犠牲者慰霊式に歴代総理として初めて出席した鳩山《はとやま》首相は、被害者や遺族たちへの謝罪の言葉を述べた。また同日に政府は国などを相手取って係争中の未認定患者たちへの一時金を支給する和解案を提示し、新たな申請者の受け付けも開始した。申請者は三万人を超えると予想されるが、朝日新聞（五月二日付）には、「自分が水俣病と気づいていない『潜在患者』の数はわかっておらず」との記述もある。

水俣の患者たちは、これ以上ないほどに苛酷な状況に置かれていた。特に初期の頃は、行政もチッソもその責任を回避し、患者たちは伝染病じゃないかとの差別とも闘わねばならなかった。

ただしその被害者への配慮が、（藤原が言及したように皇室というもうひとつのタブーと抵触しながら）萎縮や封殺に繋《つな》がるのならば、これに従属するつもりは僕にもない。なぜなら地下鉄サリン事件以降、主語を被害者に置き換えることで自由にものが言えなくなるこの傾向は、北朝鮮拉致問題などでさらに加速して、結果としてこの国の現状とこれからの方向に、とても歪《いびつ》で大きな影響を与えているからだ。

地下鉄サリン事件の大きな特徴は、不特定多数を標的にした無差別殺戮《さつりく》であるということだ。被害者にすれば因果も必然もない。一九九五年三月二十日の朝、もしも東京の地下鉄に乗車していたならば、誰もが被害に遭う可能性があった。だからこそ怒濤《どとう》のような報道を媒介にしながら、まるでパンデミック（世界的流行病）そのままに、被害者や遺族が抱く不安と恐怖、さらに憎悪や応報感情が、一気に日本中に広がった（その意味では、その後の厳罰化は当然の帰結だった）。

水俣病と麻原彰晃との関係は、今のところは証明されていない。僕自身は、地域や周辺住民たちの様子から、可能性としてはきわめて低いと考えている。でも低いからといって考察すべきではないとは思わない。可能性はあるのだ。もしも麻原が水俣病の未認定患者であるならば、それは裁判にだって影響する（続いていれば）。事件の概要や麻原の人間性へのパースペクティブに、新たな補助線を加えることができる。

麻原の生家があった高植本町を訪ねた後は、案内役をかって出てくれた希世さんの実家である勝明寺《しょうみょうじ》に向かった。浄土真宗本願寺派の熱心な門徒だった麻原の両親が通った寺だ。住職である木下慶心《けいしん》がメディアの取材に応じるのは、これが初めてと聞いている。

7 真宗

（二〇〇五年八月号）

前回の続きを書く前に、この一カ月で起きた二つのことを書き記さねばならない。ひとつは、二審弁護団の依頼により麻原彰晃に接見した元北里大学医学部精神科助教授の中島節夫《なかじまさだを》精神科医が、「脳の前頭葉から側頭葉にかけての領域が萎縮しており、アルツハイマーの末期と同様の症状に陥るピック病も含めて、器質性脳疾患の疑いが強い」と所見を表明したことがきっかけとなって、「麻原彰晃は正常な精神状態ではない可能性がある」との記事を、一部メディアが誌面に載せたことだ。

裁判所が認めた正式な鑑定ではない。だから効力はない。二〇〇四年十二月、東京高裁の須田賢裁判長は、二審弁護団による公判停止手続きの申し入れ後に自ら被告に接見し、東京拘置所長が麻原彰晃の様態についてまとめた「回答書」を参考資料としながら、「通常人のような相槌《あいづち》を打ち（こちらの）説明を理解しているように思われる」として、精神鑑定の必要性を訴える弁護団の申し立てを却下した。

このときに須田裁判長が参考資料にしたという東京拘置所長の回答書の内容が、二〇

○五年四月八日付の『週刊ポスト』で紹介されている。

●保護房で立ったり座ったりを繰り返している。「オレは神だ」「私はキリストだ」などというかと思えば、「絞首台に連れて行け」といったり、「オレは精神病だから精神病院に連れて行け」と繰り返す。

●ズボンの上からオムツを着用していた。職員が注意すると、その職員を足蹴にしたり、両手両足で扉を殴打した。

●運動の時間中、野球の投球フォームを繰り返し、「大リーグボール３号だ」と気勢を上げた。

須田裁判長にあらためてお訊《き》きしたい。これらの内容が、あなたが参考にしたという拘置所の回答書に実際に記載されているのなら、あなたが規定する正常な意識状態の基準とは、いったいどこにあるのだろう。もちろんこれらのエピソードだけを読めば、いかにもこれ見よがしの雰囲気が濃厚で、詐病《さびょう》の可能性は確かに否定できない。狂人の真似《まね》をして往来を走ればすなわち狂人なのだと言ったのは兼好《けんこう》法師だが、そこまでを主張する気はない。でもだからこそ、仮に詐病であればその作為を見破る可能性も含めて、精神鑑定の意義はあるのではないだろうか。

……顔や両まぶたがピクピクと痙攣《けいれん》しているのがわかりました。線維束性攣縮《れんしゅく》という非常に速い動きで続く痙攣、意識的には困難な動作です。これを見て私は、壊れかけた電池仕掛けの人形を連想しました。

中島精神科医のこんなコメントも、『週刊ポスト』誌面には掲載されている。これはまさしく二〇〇四年二月二十七日に、僕が法廷で見た麻原の挙動そのままだ。精神科医にしか判断できないことじゃない。病名や症状の医学的考察はできなくとも、普通なら誰もが、被告のこの状態は普通じゃないと気づくはずだ。線維束性攣縮というこの症状が、「遺族への高笑い」や「見苦しい居直り」などの語彙《ごい》に、あっさりと翻訳されてしまう今のこのメディア状況は、オウムによって大きく歪曲《わいきょく》したこの日本社会の内実をそのまま再現している。

私は親オウムでもないし、もちろん信者でもない。まったく厳正中立な立場から見て、前述したような精神鑑定が必要であると、現在でも確信しています。

中島精神科医のこのコメントを引用の最後に使ったのは、「麻原彰晃『糞尿《ふんにょう》タレ流し』

獄中の真実」とのタイトルが冠せられた『週刊文春』（二〇〇五年三月三十一日号）の記事だ。「親オウムでもない」とか「もちろん信者でもない」などと、言わずもがなのことを彼が補足せねばならないこの現状に、今の日本社会の傾斜が表れている。鑑定の必要性を中島精神科医の言葉をかりて訴えた『週刊ポスト』の記事の後段も、親オウムとの印象を読者に与えないための帳尻合わせのように、現在のアーレフ（現アレフ）の危険性と、かつてのオウム・ロシア支部が地下に潜りながら再び活性化していることなどを報じている。……執筆者にしてみれば、「帳尻合わせなど言いがかりだ」と怒るだろうか。だとしたら申し訳ない。でも僕はそう感じた。この記事にロシア支部の話がなぜ必要なのか（それもきわめて中途半端だ）、それがどうしてもわからない。

〈失禁、脱糞……奇行続出は「詐病」じゃなかった　接見医師が証言「麻原彰晃は脳に重大疾患アリ」〉

と見出しを打った『FRIDAY』（二〇〇五年四月八日号）は、以下のように記事を結んでいる。

控訴審を担当する東京高裁と東京高検は、松本被告の精神鑑定の必要性を頑《かたくな》に否定している。しかし、結果的にそれが裁判を遅らせて、被告の「思う壺《つぼ》」ということにもなりかねない。未曾有《みぞう》の事件の真相を解明するためにも、今こそ、徹底した鑑定と診断が必要なのではないか。

『週刊ポスト』や『週刊文春』と同様に、中島精神科医の所感を記事にした『FRIDAY』を、僕はまず大前提として評価する。でもこの結びの文章だけは（三回読み直したけれど）、意味がわかるようでわからない。なぜ鑑定をしないことが麻原の「思う壺」になるのだろう。鑑定をしないことで裁判の進行が遅れる可能性について言及するのなら、鑑定をすることで進行が遅れる可能性のほうが、どう考えても現実的だと思うのだけど。

たとえ精神が崩壊しようが麻原彰晃は稀代《きたい》の極悪人であり、オウムは史上最悪の殺戮《さつりく》集団である。

記事のどこかでこの「言わずもがな」を配置しないことには、どうにも収まりが悪い。挙動が普通ではないから鑑定をしよう。この単純な正論を、どうしてもストレートには口にできない。オウムと麻原が特別な存在であることは補足しておきたい。そんな意識が駆動してはいないだろうか。

いずれにせよ、これらの記事が幾つかの週刊誌に掲載されたのは、二〇〇七年三月下旬から四月上旬にかけてだ。それから現在の五月下旬まで一カ月近く経過しているが、裁判所は正式な鑑定を行おうとの姿勢を、現段階ではまったく示していない。

本文に入る前に書かねばならないもうひとつの要素は、前号で書いた麻原彰晃と水俣病との関わりについてだ。原稿を入稿して数日が過ぎた頃、藤原新也から『月刊PLAYBOY』編集部を経由して連絡があった。「あなたがそのことを書くのなら、ちゃんと話しておきたい」とのメッセージだった。

その後に藤原とは電話で話をした。僕の文章についての注文は一切なかった。藤原が僕に、「あなたには知っておいてほしいと思ったから」と伝えてきたのは一点だけ。休載した理由についてだ。確かに抗議や圧力はあった。でも休載の理由は抗議や圧力に屈したからではなく、(藤原にとって)取材の域を超えたプライベートな事情が介在していたからだ。これについて僕は書かない。いずれ藤原が自ら書くはずだ。

「うちの畳もね、昔からあの人が畳替えをしよったとですよ」

「あの人というのは?」

「松本さん」

「松本智津夫の父親ですね」

「はい」

麻原の生家を訪ねたあとに寄った勝明寺で僕を待っていた住職の木下慶心は、熱心な門徒でもあった麻原彰晃の父親の話から口火を切った。

「何しろ礼儀正しい人でした。それと同時に、はっきりものを言うとでもいうか、起承転結も含めてきちんと言う方でした。年齢的には自分の子供みたいな私に対しても、丁寧にものを言いよったのは印象に残っとります」

「単に腰が低いとかそういうことではなくて？」

「腰が低いだけじゃなく、元来が真面目《まじめ》な方だと思います。だから事件ではあれだけ騒がれましたけど、ご両親について地元で悪く言う人はおらんでしょう。でも外には出てこんようにはなりました。報恩講《ほうおんこう》というのがありまして、地域の門徒さんたちの集会ですけれど、これだけは来とりました。四面楚歌《しめんそか》だったやろうと思いますが、信心深いご夫婦でしたから。門徒の方々もみんな、何も言わずに普通に接しておりました。焼酎をみんなで飲んで、無言の慰めをしてというような感じで。オウムや麻原については、松本さんは何も言いません。サリン事件の少し前やと思いますが、お二人の長男の満弘さんが、ちらっと口にしたことは覚えとりますが」

「満弘さんは何て？」

「正確には覚えておりませんが、どうも弟は外道《げどう》をやっとるようだと。……それだけです。あとは何も言わん。だからね、逆に辛《つら》かったろうと思います。サリン事件後に、坊《ぼう》守《もり》（妻）がお母さんに、逮捕されてきつかったですねと言うたら、ワーッと泣いたと聞いております。どちらかというと、経済的にはあまり豊かではない家庭でした。でも実直に畳職人を続けて、何とか子供たちも大きくなって、長男も鍼灸《しんきゅう》で成功して立派な家を建ててもらって、二人にとっては世俗的な意味での幸せの絶頂にあったときに、まさしくあの事件が起きたわけです。辛かっただろうと思います。でも私は……」

そこまで言ってから木下は、何事かを思い出すかのように口を閉ざす。数秒の沈黙があった。僕は木下の次の言葉を待つ。聞きたいことはいくらでもあるけれど、今はこちらから質問しないほうがよいとの直感があったからだ。

伝統的な村落共同体にとって寺の住職は、あらゆる意味での顔役だ。まして麻原彰晃の両親は熱心な真宗門徒であるのだから、勝明寺を訪ねることは取材の基本だった。しかし今回熊本に来る前に、「あの住職は何もしゃべらないよ」とのアドバイスを、僕は数人のメディア関係者から聞いていた。門徒の個人的な情報を、不特定多数の好奇心に直結するメディア関係者に話さないことは当たり前だ。非難される筋合いなどない。でも本願寺派の本山の要職に就いている木下の場合、事情はそれだけではなかったようだ。門徒の家族から未曾有の犯罪者が現れたということで、その責任を負うべきではないかとの声が本山であがったとの説がある。

これについては、あくまでもメディア関係者から聞いた噂《うわさ》だ。真相はわからない。しかし事件直後から現在に至るまで、特にサリン事件直後には多かったメディアの取材依頼に、木下が一切応じていなかったことは事実だ。

ふと顔を上げれば、テーブルを挟んで対面に座っていた藤岡崇史《たかし》と目が合った。今回の取材は、熊本市内にある真行寺《しんぎょうじ》の若き住職である藤岡に負うところが大きい。初めて藤岡に会ったのは、この少し前に熊本で開催された浄土真宗本願寺派主催のシンポジウムに呼ばれたときだった。

僕と真宗との付き合いは、東京の築地本願寺から『A』の上映会をやりたいとの申し出を受けた二〇〇〇年から始まっている。この企画はさすがにいったんは流れたが（何しろ築地本願寺は、地下鉄サリン事件で多大の被害を出した日比谷線築地駅のすぐ傍《そば》に位置していて、サリン被害者が最も多く運ばれた聖路加《せいるか》病院からも徒歩で数分の距離だ）、熱心な僧侶たちの上層部への働きかけで、二年後に本願寺内のホールで上映は実現した。

上映後の質疑応答に呼ばれた僕は、その後の懇親会にも参加した。本願寺派も大谷派も含めて真宗の僧侶たちのほとんどは、剃髪《ていはつ》をしない。酒やタバコをたしなむ人は多いし、袈裟《けさ》も公式の場でないかぎりはさっさと脱いでしまう。若い僧侶には茶髪やピアスも時おりいる。型にとらわれないこのスタイルは、真宗の開祖である親鸞の影響が大きいのだろう。集会などの二次会は僧侶たちの集まりでありながら、一般の宴席で目にする光景とほとんど変わらない。

熊本で行われたシンポジウムのときも、終わったその夜の宴席は、やはり同じような光景だった。何杯めかのビールを飲みながら「近々麻原彰晃の生家周辺を取材するつもりでいる」と語った僕に藤岡は、「ならばあの一家の菩提寺《ぼだいじ》である勝明寺を訪ねましょう」と提案した。

地下鉄サリン事件が起きたとき、「本来は人を救うはずの宗教が人を殺《あや》めるなどとんでもない。このことからもオウムは宗教ではないことは明らかだ」と主張する識者や知識人は少なくなかった。この年に発売された週刊誌の対談でも司馬遼太郎が、

「僕は、オウムを宗教集団として見るよりも、まず犯罪集団として見なければいけないと思っています。とにかく史上稀《まれ》なる人殺し集団である」

と前置きしながら、

「これを憎まなければ日本は二十一世紀まで生き延びることはできません」

とまで言いきっている。

さらに司馬は、対談相手である立花隆から「日本史における『悪』の系譜を考えますと、麻原みたいな存在は他にいたんでしょうか」と訊かれ、

「いないでしょう」

と即答している。

「日本人には強烈な善人も少ないかわりに、強烈な悪人も少ない。それがわれわれの劣等感でもありました。ここにきて初めて、史上最悪の人間を持ったのかもしれませんね」

『週刊文春』（一九九五年八月十七・二十四日合併号）

あの時期はそれほどに、日本国民のほとんどが、オウムや麻原を「絶対的な悪」として認知していた。過去形ではない。今だって数量的にはそう見なす人のほうが圧倒的に多いはずだ。だからあらためて書く。「人を殺すならばそれは宗教ではない」とのレトリックはあまりに浅い。歴史の縦軸を見ても世界の横軸を見ても、信仰が戦争や虐殺と親和性が高いことは、小学生にだってわかるほどに自明なのだ。

ならばなぜ、人を救うはずの宗教が、血腥《ちなまぐさ》い殺戮と親和性が高いのか。

この命題の解答は、宗教の存在意義に起因する。地球上には分類されているだけで数百万種の生きものが生息しているが、宗教を持つ生きものは、霊長目ヒト科に属するホモ・サピエンス（つまり人）だけだ。人だけが持つある属性が、人智を超えた超越的なものを、人に求めさせる。

それは死の概念だ。

宗教の最大のレゾンデートルは、回避できない死への恐怖を緩和して、自らがいつかは必ず消えるという絶対矛盾を整合化することにある。世界に数多くある宗教のほぼすべてが、極楽浄土や天国と地獄、あるいは輪廻転生《りんねてんしょう》など、死後の世界を担保する教義を持つ理由はここにある。その意味で宗教は、知能の発達とともに死という概念を知ってしまった人類が、その不安と恐怖からの緊急避難として獲得した意識活動のシステムであるといえる。

しかしこのシステムには、生と死を等価に、あるいは時にはその価値を転換させる機能が、必然的に付随する。だからほとんどの宗教は（キリスト教やイスラム教、仏教などの世界宗教も含めて）、自殺を強く禁じている。強い信仰が死への垣根を引き下げてしまう可能性があるからだ。このときに軽視されるのは自分の命だけではない。他者の命も時には軽視される。

これが宗教の本質のひとつだ。イスラム教過激派による自爆テロが絶えない理由もここにある。命を軽視しかねないダイナミズムをその本源に持つからこそ、命をかけがえのないものとして讃えるというアンビバレンツを、宗教は常に内側に充塡《じゅうてん》させている。とても危険な概念であるけれど、命に限りがあることを知ってしまったホモ・サピエンスは、もう宗教を手放すことはできない。

だから人は身悶《みもだ》える。神への帰依《きえ》や愛や全知全能を讃えながら、世界平和を唱えながら、多くの人を殺し、そして殺される。ずっとその歴史をくりかえしている。

もちろんここで述べたことは、宗教の本質であると同時に、その属性のひとつだ。死への恐怖を軽減することだけが宗教の本質ではない。人は俗なる存在であるからこそ聖なるものを求めずにはいられない。不完全であるからこそ完全な存在を希求する。生と死についての哲学的思考も宗教の重要な本質だ。

僕がここで書きたいことは、「人を殺すならばそれは宗教ではない」的な浅慮で短絡的な解釈が、オウムという宗教集団が出現したことに対する対抗原理として、まるで不動の真理であるかのように、当時は既成の前提にされていたということだ。そしてとても多くの人が、この前提に疑問を持たなかったということだ。

「私は森さんと違《ちご》うて、なるべくこの問題は避けたいもんですから」

そうつぶやいてから、木下はちょっとだけ自嘲《じちょう》するように苦笑した。僕はあわてて言葉を繋《つな》ぐ。

「浄土真宗だけじゃなくて、当時は宗教全般が、オウムについては沈黙していました」

「誰だったかな。宗教関係の方、ちょっとオウムに味方するようなことを口にしたら、叩《たた》かれた人がおりましたよね」

「叩かれた人は何人かいました。別に味方をしたわけじゃないんですけどね。オウムは絶対悪であるとの前提に対して少しでも温度差があるような発言をすれば、その瞬間にバッシングされるという時代でした」

言いながら、まるで過去形のように話している自分に気づく。精神的にほぼ崩壊した（と僕は思う）麻原彰晃を、治療どころか精神鑑定することすら言い出せないこの日本社会の現状は、「人を殺すならばそれは宗教ではない」との前提に絶対的な無謬《むびゅうせい》性が付与されてしまった十二年前のあのときと、結局は何も変わっていないのだということを示している。

「……ただ私は、彼が小さい頃のわずかな印象と、その家の雰囲気を見ていまして……勘ですよ。何の根拠もなかです。でも何か、のせられたんじゃなかろうかなあという印象がありましたけどね」

「麻原が誰かにのせられたということですか」

「はい。のせられたというか、操られたというか、そんな気がしたんです」

そうつぶやいてから、木下はしばらく黙り込んだ。もちろん幼い頃の印象は、「のせられた」とか「操られた」との根拠にはなりえない。おそらくは実直で誠実な麻原の両親や兄弟たちの印象が、メディアが伝える極悪人「麻原彰晃」のイメージとどうしても合致できないのだろう。その意味では、凶悪事件を起こした犯人の近隣に暮らす人たちが、「あんなおとなしい人なのに」と驚くことと位相は近い。狂暴な人だけが事件を起こすわけではない。優しい人も人を殺す。親鸞が弟子の唯円《ゆいえん》に、「おまえは私の言うことは何でも信じるか」と念を押してから、「人を千人殺しなさい。そうすればおまえも往生できるよ」と突然命じる場面が、『歎異抄《たんにしょう》』には描かれている。驚いた唯円は、「そんなことはできません」と当然ながらこれを拒絶する。すかさず親鸞は「ならばなぜ私の言うことを信じるなどと言ったのか」と問い詰めた後に、こんな言葉を口にする。「これでわかっただろう。たった一人の人間でも殺すことができないのは、殺すべき縁がないからだ。善人だから殺さないのではない。また人を殺すつもりなどなくても、縁がもよおせば百人でも千人でも殺すことができるのだ」

つくづく信仰の本質は凄《すさ》まじい。親鸞のこの言葉における縁を正義や自衛意識に置き換えれば、まさしく戦争や虐殺を説明する論理になる。最も有名なフレーズ「善人なほもつて往生をとぐ、いわんや悪人をや」も含めて、善悪二分を絶えず無効化しながら信仰の危険性をこれほどに熟知していた親鸞を宗祖とする浄土真宗は、その後の歴史においては（本願寺派と大谷派に分かれながら）国家権力への接近を志向した時期を何度もくりかえした。第二次世界大戦時に浄土真宗本願寺派は、

> 罪悪人を膺懲《ようちょう》し、救済せんがためには、殺生も亦《また》、時にその方法として採用せらるべき
>
> 『仏教と戦争』本願寺計画課発行（昭和十二年八月）

と布告しながらこの戦争を聖戦と位置づけ、積極的に協力することを門徒に呼びかけた。もう一度このフレーズを熟読してほしい。罪悪人を救済するためには殺戮することも時には必要である。この論理はそのまま、一連のオウム犯罪における最重要な因子とされるポアの思想にぴたりと重複する。本願寺派だけではない。浄土真宗大谷派も強力に戦争を推進した。戦時下の門主であった大谷光照《おおたにこうしょう》は国家神道を肯定しながら戦時教学を推進し、親鸞の著述における皇室不敬的な箇所を削除して、戦争協力を名目に大量の戦時国債を購入した。

真宗だけではない。当時の仏教界におけるほとんどの宗派、さらには日本基督《キリスト》教団などのキリスト教各宗派も、やはり戦争を積極的に肯定した。一九四二年十一月二十六日、昭和天皇に拝謁した富田満《とみたみつる》日本基督教団統理は、「今日は大東亜戦争完遂のため、我国は総力を挙げてこれに邁進《まいしん》しているのでありますが、私共は特に宗教報国のために感奮興起して愈々《いよいよ》一致協力祖国のため、大東亜共栄圏建設を目指して、凡《あら》ゆる時難を克服して行かねばならないと思います」などと述べている。

つまり日本が戦争へ突き進んだあの時代、浄土真宗だけではなくほとんどの宗教諸派や教団は、この流れに自ら従属しながら、戦争を肯定して大いに協力した。

特に真宗教団は、戦争だけではなく被差別部落やハンセン病に対しても、「先祖の業や因縁（つまりカルマだ）」などを理由に時の為政者《いせいしゃ》の方針や国策を肯定し、差別構造に加担したという過去もある。

ただし、被差別地域に浄土真宗の寺が多い理由は、弱者を救うという理念が教えの根本にあったからだとの見方もできなくはない。また仏教全般についても、明治初期の廃《はい》仏毀釈《ぶつきしゃく》運動や国家神道からの圧力に翻弄されながら、国家に強く従属することで存亡の危機を乗り越えようとの意識が強化されたとの見方も可能だろう。その意味では、それなりに事情はある。

それなりに事情はあるけれど結果として、真宗教団は歴史的にとても多くの過ちを重ねてきた。それは消せない。総括するしかない。そして僕の知るかぎり、現在の真宗の僧侶たちは、この負の歴史から目を逸《そ》らさない。総括しようとしている。自己批判を厭《いと》わない。死刑制度や靖国問題にも正面から対峙《たいじ》するし、差別問題の講座なども積極的に主催する。少し自虐が過ぎるのではと思いたくなるくらいに激しく身悶え、反省し、自分たちにとって都合の悪い資料を探し出しては呈示する。

だからこそ過ちの経緯がよくわかる。もちろん親鸞がそこまで予見していたとは思えないが、でも結果として浄土真宗は今のこの国において、とても重要なメッセージを発し続ける教団になっている。

インタビュー終了後、どちらかといえば歓迎されない立場だったはずの僕は、木下家の夕食の席に当然のように招かれて、本場の馬刺しを堪能しながら地元の焼酎でだらしなく酩酊《めいてい》した。泊まるようにとも誘われたがさすがにそれは断り、礼を言いながら藤岡が運転する車の助手席に乗った。

「……木下さん、よく話してくれましたよね」

ハンドルを握りながらずっと無言だった藤岡が、熊本市内のホテルの前に車を横づけしながら、ぼそりと言った。松本家が勝明寺の門徒であることは、もちろんこの地区の住職たちはみな知っている。でも住職たちの集まりなどの席でもこの話題については、沈黙する木下に対して、誰も触れることができなかったという。

「ある程度の時間が過ぎたからかな」

僕は言った。夜風が焼酎で火照《ほて》った頬に心地よい。「それもあるかもしれないけれど……」と言ってから藤岡は、「でも本当は、誰かに話したかったのかもしれませんね」とつぶやいた。

8 記憶

（二〇〇五年九月号）

「あの頃はとてつもない数の新聞や週刊誌、テレビの方が、おいでになりました。お宅さまはあの頃は、ここにはいらっしゃらなかったのですか」

簡単な自己紹介を済ませたあとに、植田忠司《うえだただし》はそう言った。

「いいえ。植田さんにお会いするのは今日が初めてです」

そう答えながら、なぜ植田が、こんな話題でいきなり口火を切ったのかを、僕は考えていた。何となくではあるけれど、思い当たることはある。

この連載が始まる少し前の二〇〇四年八月、熊本日日新聞社などの取材のために熊本を訪れたとき、麻原彰晃の出身校である熊本県立盲学校の教諭だった石淵定次郎に話を聞いた。石淵によれば、事件直後からしばらくは、学校は朝から夜までメディアに包囲されていたという。校舎だけではない。メディアの監視は教師の自宅や生徒が起居する寮にまで及んだ。つまり教師と生徒にとっては、ほぼ二十四時間カメラの放列に凝視されているような状況だった。それも一週間や二週間ではない。数カ月も続いた。当然ながら授業どころではない。教育委員会と対策を協議した学校は、臨時の広報担当として石渕を指名した。テレビや新聞、雑誌など、ありとあらゆるメディアの窓口となった石渕は、自分の顔は露出しないことを条件に、すべての取材に応じていた。

しかし後日、テレビを見ていた家族が、「顔が映っているよ」と声をあげた。あれほどに約束したのにと思いながら学校に行けば、今度は同僚が、写真週刊誌に顔が大きく掲載されているよと教えてくれたという。

ここまでの記述でもう察している読者もいるかもしれないが、石渕は全盲だ。だから自分では確認できない。約束を守らないメディアの体質など今に始まったことではない。ただし通常ならハンディキャップのある人に対しては常日頃の行状への贖罪《しょくざい》のように発揮されるメディアの擬似的優しさすらも機能しなかったことを知って、このときの僕は少しだけ驚いた。

麻原の生家周辺に対しては、家族は犯罪とは無関係であるとの良識が多少は働いたことに加え、被差別部落や在日朝鮮人、さらには水俣病などの噂《うわさ》が輻輳《ふくそう》して、メディアにおける微妙なタブー的領域が形成され、取材のエア・ポケットのような状況に落ち込んだと僕は推測している。しかし犯罪報道における容疑者の出自《しゅつじ》や成育環境は、視聴者や読者が最も強い興味を示す要素のひとつであり、これを調べることはとりあえずの取材の基本でもある。だからこそ多少の萎縮が働いたその反動として、麻原の出身校である熊本県立盲学校に対しての取材攻勢は、通常にも増して常軌を逸したという可能性もある。

麻原が二年生と三年生のときのクラス担任であり、さらに麻原が所属していた柔道部の顧問でもあった植田忠司に対しても、当然ながらメディアの取材は集中した。「お宅さまはあの頃は、ここにはいらっしゃらなかったのですか」といきなり訊《たず》ねる植田の意識に、当時の記憶が微妙にフラッシュバックしていることは間違いないだろう。

明治四十四年、熊本市内坪井町一五八番地の民家を借りて校舎として、熊本県立盲学校（当時は私立盲亜技芸学校）は開校した。大正十五年、県立に移管されて熊本県立盲亜学校と改称し、昭和十二年にはヘレン・ケラーが来校するなど、歴史と伝統のある盲学校として知られている。創立から取材時のこの時点までの卒業者数は一五一三人。そのうちの一人が、麻原彰晃こと松本智津夫だ。

一九六一年四月、自宅から徒歩で一分の距離にある金剛小学校に、松本智津夫は新一年生としていったんは入学するが、すぐに熊本県立盲学校に転校した。このとき彼の左目は強度の弱視だが（ほとんど見えなかったとの説もある）右目の視力は一・〇近くあったらしく、無理をすれば普通の小学校に通うことはまだ可能だった。

この強引で唐突な盲学校への転校について多くのメディアは、経費が免除されるうえに就学奨励金などが支給されるという盲学校のシステムが背景にあったと報道した。幼少時に親のエゴで家庭から引き離され、その結果として歪《ゆが》んだ精神形成がなされたとの論旨だ。

メディアは納得できる理由を探す。ただしほとんどの場合、納得するその主体は自分たちではなく、情報を提供される視聴者や読者だ。つまりわかりやすさが何よりも優先される。

麻原が異常な人格を保持しているとの前提がまずはある。だからその理由を探す。その際にこの前提を補強する事実は強調されるし、この前提を打ち消すかのような事実は扱われない。もちろん僕だって例外ではない。取材した事実を（自分の視点で）再構成する。インタビューした際には、使うコメントと使わないコメントを（自分の視点で）選択している。だからこそ提示された記事やニュースには、取材した人の思想や感情や主張が滲《にじ》む。これは回避できない。完全に客観的な取材や報道などありえない。

事象や現象は限りなく多面的だ（イメージとしては巨大なミラーボールを想定してくれればいい）。どの視点に立つかによって見える面（光景）は無限に変わる。これら無限の視点のうちマスメディアは、市場原理に従いながら、最もわかりやすくて刺激的な視点を強調する。その意味ではウソではない。ウソではないけれどワンオブゼムだ。ところが見たり聞いたり読んだりする側は、与えられたこのワンオブゼムがすべてであるかのように思い込んでしまう。

当時の松本家の経済状態は楽ではなかった。それは事実だ。子供を盲学校に入れることで、確かに金銭的な負担は減っただろう。自分は親に捨てられたと麻原が時おり口にしていたことも事実だ。何よりも彼が親を恨んでいたとの設定は、その異常な性格や社会への憎悪を説明するうえで腑《ふ》に落ちる。

でも（これは後述するが）教祖になってからの麻原は、実のところ実家とよく行き来していた。両親をサティアンに呼んだこともあるし、弟子たちを引き連れて実家に里帰りしたことすらある。ならば親を恨み、そして憎んでいたとの設定は揺らぐ。さらに勝明寺の住職である木下慶心は、麻原の老いた両親が子供に対してはいかに情愛深い夫婦だったかを、いくつかのエピソードを交えながら話してくれた。その二人が金銭的な理由だけで、年端《としは》もゆかない我が子を自分たちから遠ざけたとは思えない。

兄弟の総数は五男二女。そのうち四男である麻原を含めて三人が盲学校に入学した松本家の家系に、何らかの遺伝的疾患があったという可能性は相当に高い。ならば幼少時から弱視だった四男がやがて全盲になることを、麻原の両親が予見していたという仮説も成立する（ただしこの仮説は水俣病説を否定する）。ならば今のうちに盲学校に通わせて手に職をつけさせようと考えることは、親心としては当たり前だとの見方もできる。

薄倖《はっこう》な生い立ちを麻原が演出したとの可能性もあるし、逆恨みしたとの見方も不可能ではない。

念を押すが、これらの見方もワンオブゼムだ。確かに両親は学校にほとんど来なかった。幼い頃の麻原は、昼休みはいつも校長室にいたという。校長は女性だった。事件後の彼女の証言から、母性に飢えていたとの推測はできる。

「『校長先生』と呼ぶので『どうしたの智津夫くん』と声を掛けると、もじもじして何も言わない。休み時間が終わるまで私のそばに立っていた」

『裁かれる教祖』共同通信社社会部編

「クラスは十名ぐらいですよ。女子は二、三名。松本くんについていえば、いわゆる普通の高校生で、ちょっと体格はいいほうでしたね、筋肉質の。性格的には、ちょっとばかり元気もんかなっていう感じですね。成績もよかったです。ハキハキものを言うほうだったですね」

十代後半の時期の麻原の担任だった植田忠司はそう言い終えてから、お茶を静かに口元に運ぶ。テーブルの上に置かれた小さなレコーダーのスイッチが入っていることを横目で確認してから、僕は少しだけ膝を乗りだした。

「元気もんというのは……」

「スポーツが好きで、声も大きいですしね。人とも積極的に話し合おうとするし、ともかく陰日なたのない、明るい活発な子じゃったということです」

　盲学校卒業後は熊本大学の医学部に進みたいと考えていた麻原は、何度か職員室にいる植田に相談に来たという。医学部を志望するその理由を訊ねる植田に、自分自身が目の治療を受けているからこそ病気で困っている人たちを救う仕事をしてみたいのだと麻原は説明した。額面どおりに捉えることもできるし、医師という特権階級をこの頃から志向していたとの見方もできる。どちらが正しいかは本人にしかわからないし、もしかしたら本人にだって濃度の差などわからないのかもしれない。しかし成績はともかく、左目がほとんど見えず右目も弱視で、さらに色弱でもあった麻原にとって、医学部への進学は相当に高いハードルだった。

「そう言って説得はしましたが、それでもやっぱり、先生どうにかならんのかっちゅう話は、それからもしょっちゅうしておりましたですね」

　高等科を卒業した麻原は、さらに二年間の職業課程の専攻科を修了して（この時点で二十歳になっている）、半年ほど東京で暮らしてから実家に戻り、しばらく長兄が経営する漢方薬店を手伝い、その後に連載二回目で書いた熊本市内の鍼灸院《しんきゅういん》でしばらく働き、再び実家に戻る。このときに小さな傷害事件を起こしている。それから再び上京して、渋谷の代々木ゼミナールに入学する。

　スタートと同時にうろうろと迷走しているかのような印象がある。まるで身悶《みもだ》えしながら地団太《じだんだ》を踏み続けているかのような軌跡だ。もしも自分はいずれ失明すると知っていたのなら、その焦燥と絶望の色は、相当に濃いものであっただろうと想像できる。

麻原が高等科を卒業する同年に他校へと転任した植田は、この十七年後である一九九〇年、熊本を舞台に波野村騒動が起きたとき、かつて医者になることを夢見ていた教え子が騒動の渦中にいることを知ることになる。

「本当にびっくりしましたね。教祖になっていたということも、その宗教団体がいろんな事件を引き起こしているということも、高校時代の松本くんの記憶からすれば、私にはとても信じられなかったですね」

「……盲学校時代の彼は、多少は見えていましたよね。それをいいことに全盲の生徒を従えて、暴君のように振る舞っていたという報道もありましたけれど？」

「そのへんは私には感じられなかったですね。先ほども言いましたが、そういう陰日なたのある人間とは、とても感じられなかったということです」

同じ言葉をくりかえす植田の声に、微《かす》かな苛立《いらだ》ちが滲んでいた。おそらくこれまで何人もの記者たちに、同じ質問をされてきたのだろう。

「確かに松本くんは見えちょるほうでした。しかし私が知っている範囲内では、遠足に行くときは見えない子の手を引いてやったりとか、よくそんなことをやっちょりました。柔道部でも下級生に対して、とても熱心に指導しておりました」

「当時の麻原が、生徒会長や寮長などの選挙に立候補しては、脅しや買収などの裏工作に励んでいたとのエピソードがあります。高校時代からすでに権力欲にとらわれていたことを示す傍証として、メディアではよく使われました」

「その話は記者さんからよく確認されました。しかし私の知る範囲では、彼は正々堂々と選挙に臨んでいたんじゃないかと思いますが」

「彼の目の疾患についてですが、具体的にどんな病名だったかは、先生はご記憶ですか」

「はっきりは覚えておりませんが、色素変性症じゃないですかね。年齢差や個人差が随分あるんですが、年をとるにつれて視力がどんどん弱ってきて失明するという病気です。視力障害者の中ではいちばん多い症状です。眼球の色素がどんどん変質するんです」

色素変性症の正式な名称は網膜色素変性症。網膜に異常な色素沈着が起こる症状だ。ある程度の遺伝要素があることは明らかになっているが、治療法は確立されていない。

「彼のお兄さんが義眼だったという話を地元で聞きましたけれど」

「義眼ですか？　ならば牛眼の可能性はありますね」

「ギュウガン？」

その禍々《まがまが》しい語感と響きに一瞬ぎょっとしたけれど、牛眼は先天性緑内障の別称だ。何らかの原因で眼圧が上昇し、視神経が圧迫されることで視野が狭くなり、重度の場合は激しい痛みを伴い、眼球を摘出せねばならない。

「松本くんの場合は、色素変性症はあっても牛眼はないと思います。ただしテレビに彼が映るたびに、あの瞼《まぶた》の閉じ具合からすると、病状はだいぶ進行したようだなと思いながら見ちょりました」

「彼はよく、声がする方向に顔を向けるそうなんです。それが見えている証拠だって言う人が多い。あと、法廷で普通にサインをしたとか」

「逆ですね。見えない人ほど、声のするほうに顔を向けるんですよ。一生懸命聞こうとしますから。サインは全盲の人だってできますよ」

植田の言葉にうなずきながら、少しだけ情けなくなった。そんな基本的なことをなぜこの男は調べてこないのだと思われても仕方がない。目の不自由な人はいくらでもいる。調べる気にさえなれば誰にでもわかることのはずだ。ところが麻原については、そんな最低限の取材や確認すらなされない。彼の悪辣《あくらつ》さを強調する情報ならば簡単に流布するが、これを否定したり一抹の懐疑を匂わせるような言説は、なかなか表面には表れない。つまり濾過《ろか》されてしまう。だからこそ考える。この場合の濾過のフィルターの材質は何だろうと。

「……私がいちばんマスコミに不信を感じた理由ですが、こういうふうに取材に来られた人はみな、記事ができたら送りますっておっしゃるんですが、実際に送ってきたのは、結局は一社だけでした。新聞も、雑誌も、ほとんど全部、取材に見えましたが、約束どおり送ってきたのは、後にも先にも一社だけです。約束って守るためにすると私は思うちょりましたが、記者さんという方たちは、どうも違うようですな」

黙ってうなずきながら、返す言葉のない僕は茶をすする。メディアを庇《かば》うつもりはないが、普通ならここまでひどくはない。要するに取材はしたけれど、かつての麻原を擁護するニュアンスが強い植田のコメントは、結局は「使えなかった」ということなのだろう。つまり濾過された。だから記事を送らなかった。おそらくはそんな事情だろう。不誠実に変わりはないけれど。

「最近はもう、メディアは来ませんか」

「しばらく見えませんでしたが、去年一社だけ見えました。松本くんの判決に合わせての取材だったようです。新聞社の方でしたが」

「記事は送ってきましたか」

「いや、送ってはこられませんでした」

「でも社名がわかっているなら、読むことはできますよね」

「胸が痛《いと》うなるけんですね。もう、なるべく見ません。何を言うても、よか記事にならんからですね。事件の頃は、テレビもよう見れませんでした。松本くんについては、普通の高校生、元気な高校生という思いしかないですからね。とにかく笑顔が印象に残る子でした」

「ご家族にお会いしたことはありますか」

「それも記者さんによく聞かれる質問ですが、お父さんとお会いしたことはなかです。保護者会には、一番上のお兄さんが来ておりました」

「……植田さんにとっては、やっぱり今も松本くんですか」

「そうですね。在学中は松本と呼び捨てにしちょりましたけど、卒業したら他の子もみんな、〝くん〟づけです」

時計を見れば、すでに二時間あまりが過ぎている。暇《いとま》を告げる僕に、植田は「お役に立ちましたでしょうか」とつぶやいた。掲載誌は絶対に送ります。そう言うと、少しだけ困ったように微笑《ほほえ》んだ。二時間で初めての笑みだったかもしれない。

9 拒否

（二〇〇五年十月号）

結果として麻原は大学進学をあきらめたが、学業を修了することはできた。少なくともここには不合理や不正義はない。しかし彼の子供たちは教育を受ける権利を、この社会から現在進行形で奪われ続けている。

二〇〇四年春、麻原の三女が、和光《わこう》大学に合格しながら入学を拒否されたことが朝日新聞などで報じられた。その少しあとに三女は、和光大学と（同時期に入学拒否を通達してきた）文教大学に対して、損害賠償を求める民事訴訟を提訴した。

二〇〇五年三月二十八日、原告である三女が出廷して、初めて自分の思いを言葉にした。この裁判における弁護士とのやりとりを、月刊誌『創』六月号から一部引用する。

――あなたが和光大学を志望した理由を聞かせてください。

きっかけは森達也さん（映画監督）が『A』という映画を和光大学で上映した時に、教授たちと話をしたら、もし合格したら入ってきたらいいよと言っていたというので、いい大学だなと思い、パンフレットを見たことでした。

唐突に僕の名前が出てきたその経緯を以下に記す。リベラルな教員たちが多いことでも知られる和光大学は、『A』や『A2』の学内上映会を、これまでに何度か企画している。上映会終了後の打ち上げの席で、通信制の高校に通っていた麻原の三女が「自分を受け入れてくれる大学などあるのだろうか」と悩んでいることを話した僕に、その場にいた教員たちは「ならばウチに来ればいい」と口を揃《そろ》えた。僕は教員たちのその言葉を彼女に伝えた。それが二〇〇三年だ。この前年に彼女は、すでに武蔵野《むさしの》大学から入学を拒絶されていた。

ここから事態が少しだけ複雑になる。ほぼ同じ時期に僕は、和光大から非常勤講師の誘いを受けていた。ところがその直後、和光大を受験して合格した三女のもとに入学拒否の知らせがあったとの情報を朝日新聞の記者から聞かされて、僕はすぐに教員たちに連絡をとった。事態の説明を彼らから聞いたあとに、講師の件は白紙にするつもりだった。

結論から書けば、彼らと二時間ほど話し合い、僕は講師を引き受けることにした。理由はいくつかあるが、大きくは彼女が麻原の三女であるからとの短絡的な条件反射で入学拒否をしたわけではないという言葉を信じたことと、今後は内部からこの問題を提起し続けるつもりであるという彼らの憤りと決意を確認できたからだ。

教員たちと別れての帰り道、三女はどんな思いでいるのだろうと考えた。『A2』撮影時の二〇〇〇年、彼女は間近に迫った高校入試の勉学に懸命だった。しかし入試直前、自宅の自室に侵入して実の弟を誘拐したとの奇妙な容疑（そう書かざるをえない）で、彼女は埼玉県警に逮捕された。

当時の僕は『A2』を撮影していた。事件発生から数日後に、カメラを手にして彼女の家に行った。一度も学校に通ったことがない彼女の勉強部屋には、名前の欄に架空のクラス名が記された学習帳や参考書が置かれていた。

結局はこの逮捕騒動で、その年の高校受験を三女は見送ることになった。その翌年、応募したすべての高校から入学を拒絶された彼女は、やむなく通信制を選択した。こんな調子では大学進学など夢物語だ。そんな彼女の苦悩を聞いていたからこそ、僕は和光大を彼女に勧め、そして彼女は、藁《わら》をもつかむ思いでこれにすがり、結果としてはあっさりと拒絶された。

補足するが、彼女が今も教団に対して影響力を保持しているかどうかはわからない。その可能性はあると思う。でもそれとこれとは位相が違う。裁判所ではこんなやりとりがあったようだ。

――あなたはアレフの信者だったのですか。

信者ではありません。

――教団との関係はどうなっていたのですか。（中略）

自分でもよくわかりません。

教員たちと会って事情を聞いてから数日後の夜、三女の入学拒否を最終的に決定した三橋修《みはしおさむ》学長（当時）に僕は面会した。講師の依頼を正式に引き受ける前に、三橋の思いも確認しておかねばならないと考えたからだ。代表作である『差別論ノート』（新泉社）をはじめ、『日本の社会科学と差別理論』（石田雄《たけし》共著・明石書店）など、日本の差別問題についての数々の著作がある三橋のプロフィールは、和光大のＨＰに、次のように記述されている。

研究活動のキーワードは「差別的な人間関係」「マイノリティ研究」。（中略）その目で見、かつ経験した差別という人間関係のあり方について考えることとなる。当初は社会心理学的な方法をもってアプローチしていたが、民俗学的・構造主義的なアプローチを導入して差別的関係に迫ったのが『差別論ノート』である。ここで展開した、差別は、差別する側が被差別者をつくるという考え方、及び差別的関係は差別者と被差別者の一対一の関係では解けないという考え方は、その後も全く変わっていない。

人は異例や例外を作る。そしてこの異例や例外は時として共同体内部で、普遍性を獲得しながら前提となる。そうなると人は、それがかつて異例であり例外であったことを忘れてしまう。差別問題はこうして起きる。「民俗学的・構造主義的なアプローチを導入して差別的関係に迫った」三橋は、日本社会が忌み嫌うオウム真理教教祖の娘に当事者として対峙《たいじ》して、そして自らが例外を作る（差別する）側に立たされた。

ただし事情はある。面会したときに三橋は僕に、「彼女をもしも入学させた場合、来年度以降の入学希望者が激減する可能性があるとの恐れをどうしても拭えなかった」と説明した。「苦渋の選択」との言葉も聞いた。

この恐れを一概に否定はできない。激減まではないとは思うけれど、今のこの社会なら、麻原の三女が通う大学になど子供を行かせられないと思う父兄は、確かに少なくないだろう。それでなくとも私学の経営は今とても苦しい。しかも少子化は加速している。多くの教員や職員たちが、自分たちの生活を守るためにネガティブな要素はできるだけ排除したいとの心情を抱くことは、ある程度は理解できる。

おそらく決断する際の三橋は、組織を守らねばならない学長と思想信条を表明する学者という二つの立場で、強烈なダブルバインド状態だったのだろうと僕は想像する。そのうえで同情はする。共感はしないけれど同情はする。

いずれにせよ、和光大が彼女を拒絶した理由は、入学希望者の減少という外在的な要因、つまり世間の反応が大きかったことは事実のようだ。麻原の娘などとんでもないと主体的に拒絶したわけではない（結果的には同じだけど）。

三女が入学を拒絶されたのは和光大だけではない。同年には文教大学が、さらにこの前年には武蔵野大学が、入学を一方的に取り消している。

出自によって入学を取り消す。これは明確な差別だ。しかしあらゆる差別問題に取り組むはずの部落解放同盟を含め、ほとんどの人権団体はこの事態に抗議しない。異を唱えない。声をあげない。反応しない。まるですっぽりとエア・ポケットに入っているかのように、明らかな異例が明らかな常態になっている。

オウムは特別である。オウムは例外である。暗黙の共通認識となったその意識が、不当逮捕や住民票不受理など警察や行政が行う数々の超法規的（あるいは違法な）措置を、この社会の内枠に増殖させた。つまり普遍化した。だからこそ今もこの社会は、現在進行形で変容しつつある。

要するに問題はここだけにあるわけじゃない。そこにもあるし、あそこにもある。そこら中にある。おそらく他のほとんどの大学は、「ウチに来なくてよかった」と胸を撫《な》で下ろしているはずだ。ならば和光大や文教大、武蔵野大だけを批判しても意味がない。

もちろん別の考え方もある。個別の問題に具体的に対処するからこそ、全体の問題が底上げされるという考え方だ。それは僕も考えた。しかしいずれにせよ、僕ごときが講師の誘いを断ったからといって問題の対処にはならない。あとはけじめというか心情レベルの話だ。僕を誘った教員たちが言ったように、内部から問題提起する方策もあるはずだ。むしろそのほうが意義はある。そう結論づけた僕は、三橋との面会後に、非常勤講師の依頼を正式に受諾した。

こんな経緯があってから三カ月後である六月十三日、二回目の口頭弁論に三橋は出廷した。その発言記録を読みながら、僕は今、唖然《あぜん》としている。一言にすれば、「それはないだろう」という感覚だ。

弁護士　入学拒否の理由は、原告の父親を問題にしたわけですか。

三橋　全くそうではありません。第1に本人がどういう立場であるのか。オウム真理教との関係ですね。第2に、そういう方をお迎えした場合、大学でどんな問題が起こるか、ということでした。

弁護士　具体的にどう判断をしたのですか？

三橋　原告はオウム真理教（正確にはアーレフというべきかもしれませんが）の正大《せいたい》師《し》でホーリーネームもお持ちだし、教団と深い関係にあると判断しました。それ以外に考えた点は、元オウム信者の方（これも元信者なのか現役の信者の方なのかよくわかりませんが）と一緒にお住まいだし、同じマンションの別の部屋にもいらっしゃること。もうひとつ、獄中にいるオウムの人たちと接見されていることなどですね。

弁護士　そういう原告が入学した場合、どういうことが生じると判断したのですか。

三橋　一つは周りの学生への影響、二つめにご本人への影響があると思いました。1番目は今の学生は自分探しを行うという特徴があります。私どもは原告が大学で積極的な布教活動を行うとは思いませんが、友人から何か悩みごとを相談された場合、教義に照らしたり、教団の誰かに相談するなりして、原告がその学生に影響を与える可能性があるのではないかと思いました。

『創』（二〇〇五年八月号）

ここまでを整理する。東京地裁六一一号法廷に出廷した三橋修前学長は、入学拒否をした理由について、

1　教団と深い関係にあること
2　元オウム信者と生活を共にしていること
3　獄中にいる元オウム信者と面会していること

の三つをポイントとして説明した。

1については、その事実関係は僕には判断できない。数年前に教団施設を出た彼女は、僕の知る範囲では、一度も施設には戻っていないはずだ。でも関係がまったくないとは断定できない。施設に戻らなくても接触はいくらでもできる。実際に彼女を慕う信者たちは今も数多い。家族も含めて、影響力は保持しているはずだ。しかし仮に、彼女が今も教団と深い関係があったとしても、それがなぜ入学を拒否する理由になるのだろう。たとえ現役の幹部信者であっても、正式な入学手続きを経たならば、大学側はこれを拒否することはできないはずだ。それは建て前に過ぎないともしも反論されたなら、大学学長という公職にある人が法廷の場で口にできないならば、それはもはや建前としても失効していると僕は言い返す。

日本国憲法第二六条には、「すべて国民は、法律の定めるところにより、その能力に応じて、ひとしく教育を受ける権利を有する」と明記されており、教育基本法第四条（教育の機会均等）は、「すべて国民は、ひとしく、その能力に応じた教育を受ける機会を与えられなければならず、人種、信条、性別、社会的身分、経済的地位又は門地によって、教育上差別されない」と謳《うた》っている。三女に対する入学拒否は、明らかに信条、社会的身分、門地（家柄）によって、教育を受ける機会を奪っている。三女が獄中にいる元オウム信者と面会していることを、法廷で三橋は入学拒否のひとつの理由にしたが、ならば今も月に二回は元オウム幹部たちに会うために東京拘置所に通っている僕は、和光大の非常勤講師を即刻辞めなくてはならなくなる。
さらに拒否の理由を三橋は、周囲の学生と本人への影響であると述べた。本人への影響については、右翼などがもしも大学に嫌がらせに来た場合、大学は彼女を充分に守れない可能性があるとの趣旨を述べている。

三女 私という人間を知りもしないで、どうして苦渋の選択ができたのですか。
三橋 ぼくにとっては本当に苦渋なんです。本当に申し訳ないというか。ただあなたをその時点で知っていれば違う選択をしたかどうか。(あなた自身に罪はなくとも)人間は社会的存在だということをわかっていただきたい。(中略)
三女 あなたの子供がもし同じ目にあったらどう思いますか。私だけでなく母も周りの人も皆悲しむんですよ。私だけじゃないんです。苦渋の選択とか言っていますが、母や姉、妹、弟がどんな思いをしたかまで考えてくれましたか(泣きながら訴える)。
三橋 個人としては考えましたが、組織としてはそこまで考えませんでした。
三女 母は自分の名前を書いたために取り消しになったと自分を責めて、もう二度と名前を出さないでほしいと言って泣いたんですよ。和光大学なら(差別に反対している大学だから)大丈夫だからというので親の名前を書いたのに、どうして考えてくださらなかったのですか。

三橋　そこまでは考えませんでした。

三女は最後に、「ありがとうございました」と三橋に言い、裁判官から「三女を受け入れた場合の影響について具体的に検討したか」と訊《たず》ねられた三橋は、「例えば四月五日に入学式が迫っていたわけですが、そこでどう原告を守るか。マスコミだけなら規制はできたでしょうが、他の人たちの場合、どう防ぐか難しいところはあったと思います」と答えている。入学希望者が激減することを恐れたとの理由は、ついに最後まで口にしなかった。

経営が苦しいことは、ほとんどの私学に共通している。今さら隠すことじゃない。それとも本音は明かすべきじゃないと考えたのか。すべての人に就学の権利はあるとの建前は口にしないで、さらに本音さえも明かさないのなら、それは「何も言っていない」ということになる。三女自身が法廷で明かしたように、彼女が和光大学を受験したその理由は、僕のアドバイスから始まっている。責任は僕にも大いにある。でも「入学希望者が激減する可能性があるとの恐れをどうしても拭えなかった」という言葉を聞いたからこそ、僕は非常勤講師の依頼を受諾した。

なぜならここには、共同体に帰属しなくては生きていけない個の苦悩がある。自らの思想と社会規範とのあいだの葛藤がある。差別問題研究の第一人者であるからこそ、法廷という公式の場で三橋が語るべきは、「人間は社会的存在だ」などではないはずだ。
かつて三女の入学を僕に勧めた教員の一人である上野俊哉《うえのとしや》（和光大学表現学部教授）は、『インパクション』一四三号（二〇〇四年九月号）でこの問題についての考察を、「トレランス〜和光大学『入学拒否』問題について」とのタイトルで寄稿している。

何の罪もない人間を、ただ未曾有の大量殺人に関与した教団代表の子供であるという理由だけで「平穏」を乱す存在と位置づける視線は、「近代」以前の発想であり、リベラルや実験性をうたってきた和光大学の理念に根本から反している。（中略）
しかし北朝鮮「拉致」やイラク「人質」事件への世間の対応を見ていると、全く同形の「同調圧力」がバイアスになっていることがわかる。当の発言者はとことん「善意」の人なので、さらに始末が悪い。反レーニン主義者でも「地獄への敷石＝善意」と連想してしまう。

驚くべきは、日の丸、君が代の強制に反対し、文部科学省の大学政策に日々、疑問を投げかける「良心的」な教職員集団がした決定がこれだ、という点である。こんな近代の原則にも徹しきれない人々が考えている「平和」や「学問」とは何だろう？
むしろここに恐怖を感じる。

この寄稿文で上野は、拒否の本音については、「来年の『入学募集』にどのくらいの打撃が生じ、どれほど『地域住民』を混乱させるか、という要因があったことは間違いない」と書いている。「三橋修は、ある意味でこの騒ぎの中で、当該の人物の次くらいにひどい目にあった者かもしれない」との記述のあとに上野は、「(学長という公的立場のしばりのため) 社会学者としての彼は自身の言葉を封じられていた。年度内に学長の任も解け、本人がそのことを書く日も近いだろう」とも書いている。

確かに、この問題をめぐっての教員会議の際には、多くの教員や職員たちが彼女の入学に反対したと聞いている。在学している学生の父兄や保護者からも(三女を)入学させないようにとの多数の声が寄せられていたとも聞いている。もしも三橋以外の誰かがこのときに学長の地位に就いていたとしても、おそらく最終的な判断は変わらなかっただろう。その意味では、三橋が不運であったことは確かだ。

でもそれは認めつつ、やはり教育者として、差別問題の研究者として、最高学府の長として、法廷における三橋の言葉は絶対に適正ではなかったという認識は譲れない。問題の背景に働いていた状況と自らの苦悩を表明して初めて、「人間は社会的存在だ」という言葉は意味を持つ。

だから今、これを読むあなたにも考えてほしい。三橋が口にした「苦渋の選択」の本当の意味を考えてほしい。かつてならありえないことが当たり前になる。かつてなら起こりえないことが現実になる。ちょうどこの時期には、日本各地の自治体によるオウム信者の住民票不受理宣言も始まっている。オウム信者流入が噂《うわさ》された千葉県我孫子《あびこ》市や柏市、流山《ながれやま》市や野田市などの市役所の正面玄関脇には、「人権は皆が持つもの守るもの」（我孫子市）や「ふれあいと対話がきずく明るい社会」（柏市）などの立て看板の横に、「オウム（アレフ）信者の転入届けは受理しない」と記述された真新しい看板が設置された。まるで質の悪いブラックジョークのようだが、これもまた明確な憲法違反だ。でも、誰も指摘しない。当然の措置として支持される。なぜならオウムは特別だからだ。

和光大学以外に文教大学からも教授会の決定事項として入学を拒否された三女は、東京地裁に地位保全の仮処分を求め、地裁はこれを認定し、大学側は「司法判断を尊重する」とこれに従った。つまり彼女は大学生になることができた。元気に通学しているとの情報もあるが、彼女のその心中まではわからない。少なくとも文教大学では、三橋が法廷で述べたような混乱状況にはなっていない。

いつものように綾瀬駅で降りる。そしてこの日の天気もいつものように、重苦しい曇り空だ。東京拘置所までは徒歩で十五分。急げば十分。高さ五メートルほどのコンクリート塀が片側にそびえる綾瀬川沿いの道を歩きながら、この塀はまるで、異界とこの世界とを隔てる境界線のようだとつくづく思う。

犯罪者とは何だろう。ルールを犯した人だ。ルールとは何だろう。共同体の規範だ。共同体とは何だろう。人が生きるために必要な組織体だ。

……学校を卒業してからの僕自身は、幸か不幸か会社や組織とは、あまり濃密な関係を作らずにこれまでを過ごしてきた。でももちろん、まったく無縁でいられるわけじゃない。人は共同体に帰属せねば生きていけない。逆に言えば、共同体への帰属意識がこれほどに強いからこそ、文明は発達し、伝播《でんぱ》され、人はこれほどに繁栄できた。

いずれにしても、本当の意味での極悪人の定義は、「人を多く殺した人」ではなく、「帰属する共同体の規範により強く背いた人」なのだ。一九九六年の『A』撮影時、幹部がほとんど逮捕されたオウムで急遽《きゅうきょ》代表代行になっていた村岡達子《むらおかたつこ》は、「人を殺したら罰せられる。でも戦争で大量の人を殺したら褒《ほ》められる。当たり前のことと普通は思うのかもしれないけれど、でも子供の頃からずっと、大人になってもまだ、この疑問が頭から離れなかった」と僕に言った。「なぜオウムに入信したのか」との問いに対する答えだった。一呼吸置いてから彼女は、「でも尊師は、私のこの疑問に答えてくれたんです」と微笑《ほほえ》んだ。ファインダーを覗《のぞ》きながら、僕は訊《き》いた。

「麻原は何と答えたんですか」

返事はない。じっと僕を見つめながら村岡は、静かに微笑み続けている。もしも重ねて訊けば、「森さんにうまく伝えられる自信がないんです」と彼女は答えるだろう。

この時期、「うまく伝えられる自信がない」との彼らの言葉を、僕は何度も聞いている。撮影を続けながら、あなたにとって麻原彰晃とは何ものなのかと、信者たちに必ず訊ね続けた時期がある。ある程度までは答えてくれる。しかしある程度だ。ある段階で必ずのように信者たちは口ごもる。何かを隠しているとかごまかそうとしているとかではなく、語彙《ごい》を失っていることは明らかだった。麻原についての質問を続けていると、まるで臨界点のようにその瞬間が必ずあった。

「これ以上は言葉では説明できないんです。森さんも体験してもらえればわかるはずです」

「体験って?」

「尊師にお会いになれば」

「だって、もう会えませんよ」

この言葉に対しての信者たちの反応は様々だったけれど、「(二度と拘置所から出てこられないのだから)会えない」という言葉の意味が一瞬だけ理解できないような表情のあとに、ああそういえばそうでした、と言わんばかりに微笑む信者が多かった。実際に会うか会わないかは深刻な問題ではないらしいと気づいたのはこの頃だ。末端に至るまでほとんどの信者が、事件前には麻原と何かしらの接点があった。作品の重要な被写体である荒木浩もそれは同様だ。

役職は広報副部長だが、荒木にはホーリーネームがない。つまりまったくの末端信者だ。それでも麻原彰晃については、彼も接点を持っている。もっともその接点（思い出）は、通路で擦れ違ったときに声をかけられたとか、せいぜいがそのレベルだ。ところがこのささやかな思い出に、荒木も含めてほとんどの信者たちは充足していた。その理由が僕にはわからない。だから質問はいつも言葉尻が宙に溶ける。このくりかえしだった。

尊師の車のメンテナンスも僕が担当していました。そういうときに直接話をうかがうことがありましたが、いろいろと示唆的なことを言ってくれるんです。それを聞いていると、この人はほんとに僕のために、僕の成長のために一生懸命考えていてくれるんだなと、そういうことがひしひしと伝わってくるんですよ。

『約束された場所で』村上春樹「寺畑多聞のインタビュー」

拘置所受付窓口に置かれている面会受付用紙に、自分の名前や住所、そして早川紀代秀の名前を書いていたら、すぐ隣から声がした。

「早川ってオウムの早川かあ」

顔を上げれば、口許《くちもと》に薄い髭《ひげ》をたくわえた若い男が、じっと僕を見つめていた。明らかに堅気《かたぎ》じゃない。肘の下まで捲《まく》り上げたジャージーの袖からは、刺青《いれずみ》の端が覗いている。兄貴分か親分の宅下げと差し入れに来て、ついでに面会をする若い衆というところだろう。

見つめ合ったのは数秒だ。普通なら「ガンつけるのか」とか凄《すご》まれるところだが、このときは彼のほうから視線を外した。その瞬間の表情は何となく弱々しかった。そういえば『A』撮影時、初めて訪ねた都内の施設で、「昨日はヤクザがたくさん来ていたのだけど急にいなくなっちゃいました」と、出迎えた信者が言ったことがある。

「なぜヤクザがいたのですか」

「不動産屋さんから頼まれたようです」

ああなるほどと僕はうなずいた。珍しい話ではない。地下鉄サリン事件以降、オウムと賃貸契約を結んでいた不動産屋や大家のほとんどは、物件からの速やかな退去を要求した。でも居住する信者が多い場合には、当然ながら新しい物件は簡単には見つからない。オウムと知りながら契約する大家はまずいないし、かといってこれを隠して契約してもし発覚したら、メディアに大きく報道される。何よりも法的には、彼らを施設から追い出す正当な権利を、不動産屋や大家は持っていない。

とはいえそのままにしておいては、地域住民から自分たちが責められる。そこで信者たちを強制的に退去させるために、不動産屋や大家はいろいろな手を使う。ヤクザを使っての嫌がらせは、他の施設でもよく使われていた。

「でもなぜ急にいなくなったのだろう」

「私たちがオウムであることを、ここに来たヤクザの人たちは知らなかったようです」

信者は言った。

「来てすぐに、おまえら、もしかしてオウムなのかって訊かれたので、そうですよって答えたら、急に帰っちゃいました。不思議ですね」

「サリンを噴霧されたらかなわないと思ったんでしょうね」

そう言う僕に、信者は真顔で言った。

「ここにはないですよ」


所持品をロッカーに入れてボディチェックを済ませてから、長い回廊を歩き、エレベーターに乗って六階で降りる。面会室に現れた早川の印象を一口にすれば、小さな商店の気のよいオヤジだ。にこにこと微笑みながら、「いやあ森さん。いつもチョコレートありがとうございます」と律儀に頭を下げた。

10 手紙

（二〇〇五年十一月号）


「お口に合いましたか」

透明なアクリル板越しに頭を下げる早川に僕は言った。顔を上げた早川はにこにこと微笑《ほほえ》みながら、何度か小さくうなずいた。

「甘いものには眼がないんですわ」

……書けるのはここまでだ。会話の内容を他言してはいけないとするその理由は不明だし、まったく納得していないけれど、面会は今後も続けたいので仕方がない。だからこの日に早川から聞いたエピソードを、要約しながら以下に記す。実のところ、これもぎりぎりではあるけれど。

施設建設のための土地取得をワークとして命じられていた早川は、土地や不動産を探すために、泊まり込みの出張をする機会が多かった。

そのときも地方都市への出張だった。不動産屋との契約も順調に終わり、帰りがけに駅前の蕎麦《そば》屋に入った早川は、天ぷら蕎麦を注文した。本来なら破戒とされる行為だ。

ワークが首尾よくいったことと一人で遠出していることなどで、精神的に多少の高揚と弛緩《しかん》があったのだろう。

蕎麦を食べ終えてから早川は、麻原に報告するために電話をかけた（携帯電話が普及する前だから公衆電話だ）。受話器を手にした麻原は、「ティローパ（早川のホーリーネーム）、今、蕎麦を食べただろ」といきなり言った。

早川が苦笑交じりに話してくれたこのエピソードについて、額面どおりに受け取るつもりはもちろんない。早川が蕎麦好きであることを知っていた麻原が、そろそろ気が緩む頃だろうなどと推理して、試しに「蕎麦を食べただろ」と口にしたとの解釈が、いちばん無理はない。外れる可能性は高いけれど、そのときには「冗談だよ、そうか、食べてないか」などと一笑すれば済む話だ。そんな記憶はすぐに薄れるが、もしも的中したのなら、それはまた麻原の神話を強化する有効な材料となる。

……そんな推測を書きながら、僕は自分に往生際の悪さも感じている。なぜならどうにも説明できない現象を、僕自身はかつて（そして今も）何度も目撃しているからだ。だから水準よりはこの領域に免疫はあるつもりだけれど、でもやはり、どうしても腰が落ち着かない。肯定派になれない。

『A』を発表した一九九八年の翌年、テレビに一時だけ復帰した僕は、三人の超能力者を被写体にしたドキュメンタリー『職業欄はエスパー』をフジテレビで発表し、そのメイキングとでも言うべきノンフィクションも上梓《じょうし》した（『職業欄はエスパー』角川文庫）。スプーン曲げやダウジング、予知や透視など、三人の超能力者は、それぞれ得意とするジャンルが微妙に違う。撮り始めたときのドキュメンタリーのテーマはその真贋《しんがん》を暴くことではなく、超能力を持っている（もしくは持っていると思い込んでいる）彼らの、日常の悲喜劇を描くことにあった。

撮り始める前の僕は、彼らの能力については、どちらかといえば懐疑的なスタンスだったと思う。そして実際に彼らを撮影しながら、どうにも胡散臭《うさんくさ》いとしかいえない体験もしたが、これは説明がつかないという体験もほぼ同量にあった。

説明がつかないその理由は、いわゆる古典物理学に反するからだ。ただしマクロを記述する相対論やミクロを記述する量子論など現代物理学の分野では、すでに古典物理学が失効していることは自明だ。時間の進み方が絶対ではなく観測者によって決まる特殊相対性理論や、重力とは時空の歪《ひず》みであることを証明した一般相対性理論は、ニュートン力学的な世界観を一変させた。さらに二十世紀の科学史における最重要人物の一人である数学者ジョン・フォン・ノイマンは、量子力学における波動関数の収縮が、観測という人間の行為によって引き起こされると主張した。

もちろん量子力学は、素粒子の運動というきわめてミクロな世界を記述するために生まれた理論だが、「シュレーディンガーの猫」のパラドックスが示すように、ミクロで証明されることが現実世界で絶対に起きないとは断言できない。むしろ起きて不思議はないと考えるべきであることをコペンハーゲン解釈は示している。つまり量子力学的な解釈を思いきり演繹《えんえき》すれば、意識が物理的作用をもたらすことに非合理性はほとんどない。

念のため補足するが、すべてを肯定するつもりはない。超常現象や超能力として喧伝《けんでん》されることのほとんどはトリックや錯覚、あるいはプラシーボ（偽薬効果＝思い込み）の類と考えて間違いはない。

でもほとんどがトリックや思い込みであるということと、すべてはトリックや思い込みでしかないということは同義じゃない。

スプーンを曲げたり折ったりすることについては、トリックはいくらでもある。きりがないほどに。『職業欄はエスパー』撮影後も、被写体の一人である清田益章《きよたますあき》のスプーン折りや捩《ね》じりは何度も目撃した。まるで火に炙《あぶ》られたイカのように捩じれてゆくスプーンの片端を持っていたこともある。時間にすれば三十秒ほどで、スプーンはほぼ九十度捩じれる。つまり肉眼でその動きがわかる。超能力はすべてトリックであると公言するマジシャンと一緒にこの瞬間を見たこともある。感想を訊《き》けば、「トリックではできない。やばいもの見ちゃったなあ」との答えが返ってきた。

明治時代、千里眼（透視）能力があるとして評判となっていた御船千鶴子《みふねちづこ》は、東京帝国大学の教授たちの前でこれを実証したが、後にメディアからトリックの可能性があるなどと批判され、二十四歳の若さで自殺した（メディアからの批判と自殺との因果関係は不明）。同時期に念写の公開実験に挑んだ長尾郁子《ながおいくこ》は、密閉した箱に乾板を入れ忘れるという立ち会い人の信じがたい不手際のために実験が中止となり、「私を試そうとしたのですか」とその場で号泣したが、後日にメディアからトリックが暴かれたと正反対の報道をされて、一カ月後に急死する。

御船と長尾を見出《みいだ》した東京帝国大学の福来友吉《ふくらいともきち》博士が最も期待した超能力者は、三人目の高橋貞子《たかはしさだこ》だった。しかし彼女の場合は、その公開実験に東大の教授たちが申し合わせたようにすべて欠席し、その直後に福来は東大を追われている。

中世ヨーロッパの魔女狩りや、数々の奇跡を示すイエスへの迫害なども含めて、映画『リング』のストーリーのベースとなった千里眼騒動の経緯は、不可思議な現象や不条理な能力に対して多くの人が、強い嫌悪や憎悪のような感情を滾《たぎ》らせる場合があることを示している。

その感覚は、おそらく僕にもある。特に麻原については、こんな話を聞くたびに、どうしても否定したくなる。

『A』には二つのヴァリエーションが存在する。オリジナルの『A』に加えて、海外向けに再編集した『A～インターナショナル・ヴァージョン』だ。この二つは微妙に編集が違う。その再編集版を公開した一九九八年、劇場となった東京のBOX東中野（現在はポレポレ東中野）で、上映後にトークショーが開催された。このときのゲストは新右翼の一水会《いっすいかい》代表（現在は最高顧問）の鈴木邦男《すずきくにお》と、劇作家の山崎哲《やまざきてつ》だ。会場との質疑応答の時間になったとき、客席に座る一人の若い女性が、おずおずと手を挙げた。

「私はオウム信者ではありません。でも、ある体験を経て、この数年、ずっと悩み続けていることがあります。今日はちょうどいい機会なので、思いきって質問します」

そう口火を切ってからの彼女の話を要約する。オウムが大量の候補者を擁立した一九九〇年の衆院選当時、彼女は杉並区の阿佐谷で、母親と二人で暮らしていた。

ある日の朝、妙に元気がない母親に彼女は「具合でも悪いのか」と声をかけ、これに対して母親は、「具合は悪くないけれど、あの麻原彰晃の夢を見た」と顔をしかめながら答えたという。この頃のオウムは阿佐ケ谷駅前で、毎日のように選挙運動を繰り広げていた。そして彼女の母親はとにかくオウムが大嫌いで、気持ちが悪い人たちだといつも言っていたという。

その日の午後、母親は駅前の東急ストアに一人で買い物に出かけたが、二十分もしないうちに戻ってきた。その顔色は真っ青で、まるで何かに怯《おび》えているかのようだった。何かあったのかと訊《たず》ねる彼女には何も答えず、母親は寝室で布団を被《かぶ》り寝込んでしまった。

何が起きたかを母親が語ったのは、翌日になってからだった。母親が東急ストアに行ったとき、駅前にはいつものようにオウムの街宣車がとまっており、麻原彰晃本人が街頭演説をやっていた。その脇を早足で通り過ぎようとしたときにちょうど演説が終わり、母親と擦れ違う瞬間に麻原は、彼女の耳元に小声で囁《ささや》いた。

「おや、昨夜、夢で会いましたね」

会場はざわついた。半分近くは参ったなあというように失笑している。横を見れば鈴木と山崎も、腕を組んで困惑しながら複雑な表情だ。

「このときに強いショックを受けた母親は、それからしばらくは寝たり起きたりで、今も体調は完璧じゃありません。これはいったいどういうことなのでしょう」

これは僕らには答えられないよと鈴木と山崎からマイクを手渡されたが、もちろん僕にも答えられるはずがない。たまたま会場に来ていたオウム信者がマイクを手にしたが、「時々やってしまうんです。ご迷惑をおかけして申し訳ない」などと言ったものだから、会場はいよいよ収拾がつかなくなった。

トークショーが終わってから、僕は彼女を呼び止めて少しだけ話をした。オウムのサクラじゃないかと言う人がいたからだ。話した印象から言えば、彼女の話に虚偽や誇張はない。そもそもオウム信者全般の傾向だが、彼らはとにかくウソが下手だ。サクラをつかうなどといった戦略性も希薄だ。これは確信として言える。彼女は間違いなく一般人だ。

ならば彼女の母親が遭遇したこの体験は、どう説明がつくのだろう。想定できるのは三つ。

1　人と擦れ違うときに麻原は頻繁に、「昨夜、夢で会いましたね」を口にする。もちろんそのほとんどは外れるが、たまたま直前に彼の夢を見ていた人は驚嘆する。

2　麻原彰晃の洩《も》らした意味不明のつぶやきを、彼女が「昨夜、夢で会いましたね」と聞き違えた。

3　既成の科学では説明できず、また常人には理解できない能力が、麻原彰晃には確かにあった。

3はとりあえず除外する。1は現実的に考えれば、適当なことばかり言っているとの評判が広まるというリスクに対して、たまたま当たるリターンの確率があまりに小さい。彼女の母親が納得するかどうかは別にして、やはり2と考えるのが妥当だろう。絵空事でもならば、3の可能性はまったくないのだろうか。絵空事として除外すべきことなのだろうか。

元オウムの広報局長で自治省次官だった早坂武禮《はやさかたけのり》は、その著書『オウムはなぜ暴走したか。』（ぶんか社）で、十人の信徒が一斉に決意表明を麻原の前で述べたとき、「右から二番目でぶつぶつ言っていた者、教学システムの目標は一課ではなく、せめて二課はクリアしなさい」といきなり言われ、「どうせ聞こえるわけがない」と口の中で適当なことを言っていたその信者は真っ青になって立ち尽くしていたというエピソードを記述している。

こうした事例は数多い。サリン事件直後、大泉実成《おおいずみみつなり》が現役の女性信者に、「麻原彰晃をどう考えるか」と訊いたとき、女性信者はこう答えたという。

「あるイニシエーションでパンを五つ食べるように言われたんです。ところがあまりにマズイので三つしか食べなかったんです。それは五百人くらいがいる会場で行なわれたんですが、尊師は私のところに来て『まんじゅうちゃんと食えよ』とおっしゃったんです。どうしてわかったのか、と驚きました」

「オウムという悪夢」『別冊宝島二二九号』

『A』に登場する一人の信者は、麻原が湖畔で説法を始めたとき、鳥や湖の魚たちが大量に寄ってきて麻原を取り囲む場面を目撃したと僕に語った。でもこのとき僕は、「パンでも投げていたんじゃないですか」と返答した。実際にそう思ったし、それは今も変わらない。信仰を持つ人たちには教祖の奇跡は過大に見える。だからこそイエスは水をワインに変え、ブッダは湖面の水位を上昇させた。「まんじゅうちゃんと食えよ」と麻原が言ったというこの話も、それほどに不味《まず》いのなら、彼女だけではなくほとんどの信者が食べ残していたと推測できる（だいたいパン五つは多すぎる）。

説法会が終わって人がまばらになったころ、麻原が遠くからじっとわたしを見つめていると思ったそのとき、麻原を起点として発された光のエネルギーが、一〇メートルほど離れたわたしの頭頂へと流れ込み、それと同時に身体が温かくなり、気の流れが通る感覚が起こったと感じ、涙が流れ、即座に「グルと弟子は離れていてもつながっている」と思い、つながっていることに安心感を覚えるというものでした。

『二十歳からの20年間』宗形真紀子《むなかたまきこ》（三五館）

麻原の呪縛から脱したことを公表し、現在は「ひかりの輪」に所属する宗形は、かつての自分のこの体験を、「強く『麻原に救われたい』と願っていたからこそ、弱視のためにつねに定まらない麻原の視線が自分のほうに向けられていると思い込んでしまったのだろう」と分析している。

『さよなら、サイレント・ネイビー』（集英社）を書いた伊東乾《いとうけん》も、失明状態の麻原の視線は信者たちにとっても不可視であるということに着眼し、だからこそ信者たちの過剰な思いがより強く促進されたのではと推測している。

麻原のこうした能力をめぐる逸話は他にも多い。だからもう一度書く。トリックや思い込みはいくらでもある。ほとんどかもしれない。でもだからといって、すべてがトリックや思い込みであるとの断言はできない。合理的な説明ができない現象は確かにある。ただし空中浮揚などはありえない（と僕は思う）。仮にあるとしても、もっと控えめで微弱な能力だ。

二十世紀初頭のヨーロッパでは、タリウム元素を発見したウィリアム・クルックス、コナン・ドイルやジークムント・フロイトなど、多くの知識人や科学者たちがオカルトや超能力に興味を持ち、降霊術なども頻繁に行われていた。これらのトリックを精力的に暴き続けたのは、奇術師ハリー・フーディーニだった。ところが自称霊媒師たちのトリックを次々に暴きながらフーディーニは、亡き母親との交信を望み続け、さらには霊界から交信を試みるとの遺言を妻に残して死んでいる。

でもその死後、遂《つい》に一度たりとも、妻に霊界からの交信はなかったという。

もう一度書く。すべてを否定するつもりはない。何らかの能力が麻原にはあったのかもしれない。でもそれは大したことではない。何らかの（第六感的な）感覚を保持する人はいくらでもいる。本質はここにはない。でもひとつの要素ではある。

面会を終えて数日後、僕は早川に手紙を書いた。麻原について、一連の事件が起きた経緯について、中心の駆動力（つまり麻原だ）が希薄だったからこそ周囲（これは側近たち）が分厚くなったのではとの僕の仮説について、早川の感想を訊いた。

決して珍しい構造ではない。組織の不祥事などと言われる事件には、この「負のメカニズム」が働いていた場合が多い。その究極が戦争だ。領土や資源などの獲得は、実のところ後づけの理由である場合が多い。ほとんどの戦争は（特に二十世紀以降）、「やらねばやられる」との自衛意識から始まる。だからこそ戦争が終わった後に、人は焼け野原で空を仰ぐ。なぜこんな悲惨でバカげたことになってしまったのかと自問するが、答えられる人など誰もいない。かつてのこの国の戦争も例外ではない。視点によっては自衛戦争であり、そして侵略戦争でもある。どちらかひとつではない。そしてこんな場合には、得てして側近が頑張る。中心の意向を過剰に忖度《そんたく》する。組織の一員として一人称主語を失っているから、摩擦が働かない。つまり暴走する。

僕のこの問いかけに対する早川の返事について触れる予定で、ここまで原稿を書き進めてきたのだが、今回はその紙幅がない。正確に書けば、今月号にどうしても書かねばならないことが、もうひとつ増えてしまった。

この連載は、毎月二十日が締め切りだ。もちろん多少の前後はあるが、毎月僕は二十日に向けて、取材やインタビューをこなし、誌面の構成を考える。ところがなぜか麻原彰晃の周辺では、この二十日前後を狙いすましたように、頻繁に大きな出来事が起きる。

八月十九日、東京高裁はそれまでの姿勢を一転し、麻原彰晃の精神鑑定を実施することを決定した。面会した精神科医にメディアで発言させるという弁護団の作戦が、おそらく功を奏したのだろう。しかし弁護団が求めていた公判手続きの停止と八月末に迫っている控訴趣意書の提出期限の再延長については、裁判所は却下した。

ならば鑑定の結果によって、二つの事態が予測されることになる。

鑑定によって被告に「訴訟能力なし」と判断されれば、当然ながら公判は停止する。これはひとつ目の事態。

そしてもしも被告に「訴訟能力あり」との結果が出た場合には、弁護側から控訴趣意書が提出されていないことを理由に、高裁は控訴を棄却することができる。つまり一審の死刑判決が、この瞬間に確定する。これが二つ目の事態だ。

局面はいきなりピークを迎えようとしている。言動に異常があるなどのレベルではなく、正常な外界認知や意識活動すらない可能性がある被告に対して、通常ならば鑑定の結果は「訴訟能力なし」以外にはありえない。しかしあらゆる例外や異例が当たり前のように凝縮する麻原法廷に、そんな常識が果たして通用するのだろうか。これまでの東京高裁の言動を振り返れば、ありえない結論を出す可能性はきわめて高い。

ただし、もしも訴訟能力があると裁判所が判断した場合においても、弁護側が趣意書を独自に（被告人の意思を確認しないまま）作成しさえすれば、一審判決確定という最悪の事態は免れることになる。司法における適正手続きからは明らかに逸脱するが、一審だけで判決が確定するという事態に比べればまだマシだ。
……書きながら吐息が洩《も》れる。なぜこんな事態になってしまったのだろう。なぜこんなばかばかしいレベルになってしまったのだろう。

文庫本『A』の感想については、撮影の過程で、契約会社の上司とぶつかるあたりなどは、思わず「ガンバレ」とエールを送りたくなりました。それにしても放送関連会社の森さんへの対応を知れば知るほど、今の日本ではもはや、会社ベースでは優秀な作品を作り得なくなっているようで、とても残念に思われます。映画『A』における「オウムをとりまく世間もまたオウム同様に思考停止している」との森さんの視点は、文庫本『A』においても、オウムをドキュメントの対象とすることへの世間や放送関連会社の反応などに、とても明確に表れているような気がします。

僕の手紙への早川の返信は、こんな書き出しで始まった。書き写すのが照れくさくなるような賞賛だけれど、これ以降の文章で、僕と彼とのあいだに大きな乖離《かいり》があることが明らかになる。

11 暴走

（二〇〇五年十二月号）

早川紀代秀からの手紙は、Ｂ５サイズのシンプルな便箋で十九枚。黒のボールペンで書かれた几帳面《きちょうめん》な文字が、そのすべての便箋にびっしりと書き込まれていた。

その前の手紙で、僕はオウムの犯罪の根底には、「中心が希薄になったがゆえに周囲が分厚くなり、帰属する構成員のほとんどが過剰な忖度《そんたく》を重ねながら自覚しないままに暴走する組織共同体の負のメカニズムが働いたのでは？」と早川に質問した。これに対して早川は、「麻原被告が世間で言われているような〝俗物で野望にとりつかれた卑小な男〟とは私も思っていません」とまずは返答した。

私は、麻原被告は、ヨーガ行者としてはかなりの程度に達した人であると思っていますし、彼が犯行を指示したのは、すべて宗教的動機からであったと思います。

ただし森さんの言われる、組織共同体のメカニズム（中心が強権を持っていないために、周囲が中心に強権が働いていると思い込んだこと）による暴走という現象は、ナチスや日本の天皇制についてはどうか知りませんが、ことオウムに関しては、まったく当てはまらないと思います。


早川からの返事をもらう少し前、岡崎一明の面会に行った僕は、「早川さん、ちょっと困っているようだよ」と教えられた。

「困っているって？」

「森さん、事件の実相は側近の暴走、みたいなことを手紙に書いたでしょう？」

「うん」

「それはね、やっぱり、少し違う」

面会でのやりとりは原則として書けない。このあたりが限界だろう。もちろん岡崎と早川が拘置所で会話ができるはずはないのだから、彼らも手紙のやりとりで情報を交換している。いずれ書くつもりではいるが、地下鉄サリン事件で死刑判決を受けている林泰男と広瀬健一も、僕のこの「組織共同体の暴走原理」には、一様に違和感を表明した。

早川の文面に戻る。


　麻原被告が強権を持っていなかったということはありません。オウムにおける麻原被告は、グルでありブッダであり、ただ一人、本当の智慧《ちえ》を持っている方として、修行方法はもとより、教団運営や弟子のワークの細かい部分にまで直接、具体的に指示命令を下していました。

密教におけるグルは、そうでないと務まりません。

弟子はグルから言われたことを行って、初めて修行になるのであり、修行をして解脱・悟りに達しようとして出家をしているわけですから、自分の行うべきことを具体的にグル麻原に指示をしてもらわない限り、何もできないのです。

確かに、グルの意思からハズれたことをしてしまうこともありますが、そんな場合は、こっぴどく怒られますし、「魔境」というレッテルを張られたり、ひどいときにはステージを下げられたりします。

もし何度もグルの意思からズレたりすると、まず側近としての位置はなくなります。側近であるためには、常にグルの意思からズレないことが第一条件なのです。

サマナ（出家信者=引用者註）たちも、グル麻原の意思とズレたことを言ったり指示したりする人には、たとえ正大師や正悟師といえども従いません。側近や正大師、正悟師の指示に従うのは、ひとえに、彼らはグルの意思をハズしていないという前提があるからなのです。

つまりトラの威を借るキツネです。麻原被告はただ一人トラであり、弟子は一番弟子であっても、キツネなのです。

これは普通の近代的組織では見られない構造です。オウムは宗教団体であり、その信仰はグル麻原への信仰であり、グルからの具体的な指導を求めて、サマナは出家しているということを見落とさないでください。

日常的なささいなことに対しても、常にグルの意思に反していないか気をつけている側近たちが、殺害という大悪業となるようなことを、グルの意思を確認もせずに慮《おもんぱか》って行うということはありえません。もし万が一、そのようなことが行われたならば、その側近は、即グルより罰を受け、たぶん長期間（何年間）もの独房入りをくらうのが、最も軽い対応でしょう。もちろん側近からは外されます。

村井がずっと側近ナンバーワンでいられたのは、彼は専門的なことでもなんでも、事細かに麻原被告に、いちいちお伺いをして事にあたるからでした。例えばサリンプラントで、タンク内のコーキングがうまくいかない場合どうしたらよいかというようなことも、グル麻原の指示を受けて、その通りに実行していました。

ですから村井は失敗しても、それはグル麻原からやれと言われたやり方で行って失敗していますから、その責任をとらされたことがないのです。また村井は、事細かにグル麻原の指示を得ているということを他のサマナ達は知っていますから、彼の言うことはグルの言うこととして、従うのにやぶさかでないわけです。

もしも村井が、グル麻原の意思に反したことを思い込みで行ったり、サマナにさせたりしていたならば、その信用は、グルに対してはもちろんサマナの間においても、著しく落ちることとなります。このことは村井に限らず、側近、幹部、すべてに言えることなのです。

今の麻原被告からは想像できないかもしれませんが、彼は宗教的なことはもちろん、世俗的なワーク（例えば私の場合は建設であるとか）についても、的確な指導のできる人で、また具体的に細かいことまで、的確な指導をしていました。

ただしグル麻原のこのような側面は、実際に直接の指示を受けていた側近幹部でなければ実感できないことであり、その側近幹部のほとんどは、現在はグル麻原と同様に獄中にあるか、または村井のように死亡していますので、裁判の場以外では、このようなことはあまり外に出ないと思います。また、グルを守るという意味からも、「側近暴走説」に肩入れする元側近もいますので、この点は見誤ってほしくない点です。

何よりも、ポアできるのはグル麻原以外にはおらず、オウムの殺人事件はすべて「ポアによる救済」として行われているのですから、グル麻原の意に反して行われるということはありえないのです。弟子にとっても人殺しになることは非常にいやなことですから、慮っただけで行う人はいないと思います。

グルから言われて、弟子の義務としてグルの指示に従うしかないという気持ちで行われたものが、オウム事件として明らかになっているものです。

ちなみに、私が関与した田口《たぐち》事件（一九八九年二月、脱会を試みた田口修二《しゅうじ》さんを絞殺した事件＝引用者註）、坂本弁護士一家事件に関して言えば、麻原被告の意思を直接何度も確認しており、殺害方法も具体的に指示された上で行っています。そして犯行後は「よくやった」とねぎらいの言葉をもらっています。もちろん殺害した方々の魂をポアする（高い世界へ導く）ということも、麻原被告は試みています。これが、弟子が思い込んで行ったことといえるでしょうか。

「あのすばらしいグルが、あんな大それたことをされるはずがない。あれは側近のバカものどもがグルをそういう方向に引っぱっていったからだ」という思いは、犯罪を直接指示されなかった弟子であれば、誰しも思いたくなることです。もし本当にそうであれば、私にとっても自分のグルの宗教性を評価するうえで、ひとつの救いとなるものです。しかし事実はそうではないのです。

確かに村井は、側近中の側近として、常にグルの言うことに対しては「ＹＥＳ」と言い、できもしないことでも「ＹＥＳ」と言い続けてきたことに対する（サマナからの）不満や批判を、かなり早い時期から受けていました。他でもない私も、その批判者の一人でした。しかし村井の態度は、心の状態が現象化するとの教義に従えば、グルの言うことをすべて肯定することによって否定的な心の動きを封じるという意味があるため、弟子としては正しい態度であることを認めてもいました。

村井に限らず側近は、私も含めて大なり小なり、YESマンORウーマンであることを免れません。グルへの絶対的帰依《きえ》をめざした密教のグルと弟子の関係の宿命です。しかしこれは、側近の暴走とは違います。まるっきり反対の現象です。もし側近の暴走を許すほどグルに強権がなかったならば、私は逆に、オウムによる殺害事件は起こっていなかったと思います。側近が責められるべきは、暴走してでも事件を止め得なかった点にこそあると思います。


長々と引用した。書き写しながら「中略」できるところを探したが、結局は見つからなかった。接見時もそうだが、自らが犯した罪の深さについて、今さらの言い訳や自己弁護を早川は一切しない。面会や手紙のやりとりを続けている岡崎一明や林泰男、広瀬健一にも、これは共通している。

グルは絶対的な独裁者であり、あらゆることを決定していた。だからこそ側近の暴走などありえないと早川は主張している。その言葉にウソはない。自らの死刑を覚悟している早川が、今さらウソを言う必要もない。あらゆることを麻原は決めていたと早川は感じていた。そして今も感じている。

しかし、最大時は出家・在家信者合わせて一万五千人の大所帯の組織で、「修行方法はもとより、教団運営や弟子のワークの細かい部分にまで直接、具体的に」あらゆることをひとりの人間が決定するなど、現実には不可能だ。サリンプラントのコーキングのやり方など、専門外の麻原が的確な指示をできたとは思えない。

側近たちは彼がすべてを管理していると思い込む。自分たちはすべてを管理されていると思い込む。その瞬間に、一人称単数の主語を失った過剰な忖度が駆動する。

その意味では僕は、自説を大きく曲げるつもりはない。ただし微調整はしなければならない。一審弁護団が使った「側近の暴走」という言葉の解釈が、もしも「麻原彰晃の意図とは別に、側近たちが勝手に〝良かれ〟と思い込み、麻原の知らぬあいだに様々な事件を起こした」とのことであるならば、早川が言うように、やはりそれは違うのだろう。麻原は知っていた。あるいは容認した。肯定した。追随した。その程度の加担は間違いなくあった。

とても微妙だ。でも微妙だからこそ重要なのだ。安易に四捨五入してはならない。

マクドナルド店舗における椅子は座り心地が悪い。だから誰も長居はしない。でも席を立つほとんどの人は、自分の自由意思で店を出たと思い込んでいる。長居をしたいという自分の自由意思が店によって侵害されたと思う人はいない。アメリカの社会学者であるジョージ・リッツアは、その著書『マクドナルド化する社会』でこんな事例を挙げながら、人の自由意思の危うさに警鐘を鳴らす。

二〇〇四年、僕はナチスドイツの負の遺産であるアウシュヴィッツやザクセンハウゼンなどの収容所跡を訪れた。特に印象深かったのは、ユダヤ人への最終計画（ホロコースト）が立案され、同時に決定されたとされるヴァンゼー会議におけるエピソードだ。

一九四二年一月二十日、ドイツのヴァンゼーに、ナチスの国家保安本部長官ラインハルト・ハイドリヒを議長として、各省官僚やSS（親衛隊＝Schutzstaffel）の次官クラス十四人が集まった会議が開催された。ヨーロッパに居住するユダヤ人を東方へ移送して殺戮《さつりく》（ハイドリヒ・メモには、「最終的解決」との言葉が使われている）する計画を討議したとされるヴァンゼー会議だ。

ところが、ナチスにおける最重要事項を決めるはずのこの会議に、なぜかヒトラーは出席していない。ゲーリング、ヘス、ヒムラーやゲッベルスなどの側近も誰一人いない。つまりナチスの最大の蛮行であるホロコーストは、（ヒトラーを含めて）中枢不在の場で、最終的に決定されたということになる。

ヴァンゼー会議はヒトラーの指示のもとに開催されたのだとの説もあるが、これを証明する文書は発見されていないし、そもそも「最終的解決」を意味するヒトラーの文書も今に至るまで見つかっていない。敗戦国ドイツを裁くニュルンベルク裁判で連合国側は必死にその証拠を探したが、結局は発見できなかった。

だからといってヒトラーがホロコーストに関与していないなどと主張するつもりは

（もちろん）ない。ヒトラーの意向は、間接的にせよ確かに働いている。ナチスが権力を掌握する前に書かれた『マイン・カンプ（我が闘争）』でヒトラーはすでに、ユダヤ人の脅威について触れている。第二次世界大戦が始まった一九三九年九月一日にはドイツ国議会で、「ユダヤ民族がヨーロッパのアーリア民族の絶滅戦争を企てるなら、絶滅させられるのはアーリア民族ではなくユダヤ民族である」と演説している（ただしこの場合の「絶滅（Ausrottung der arischen Völker）」は、ドイツ語によく見受けられる過剰な比喩であり、「ユダヤ人による経済的な支配に対して、ドイツは市民権停止や財産・権利の剝奪などで応じる」と考えるほうが一般的だとの説もある）。

ユダヤ民族を根絶しなければやがてゲルマン民族は滅ぶとの過剰な自衛意識は、ナチスだけでなくドイツ国民のほとんどが共有していた。そしてアンチ・セミティズム（反ユダヤ主義）は、ドイツだけではなくヨーロッパ全土に広く蔓延《まんえん》していた。だからこそ西側世界はホロコーストの実相が明らかになったとき、自分たちもユダヤ人を迫害してきたとの後ろめたさで萎縮して、イスラエル建国とパレスチナ迫害を結果として追認した。ホロコーストによって膨大な被害者遺族の国となったイスラエルは、刺激された危機意識とシオニズムとを融合させながら、周辺諸国との衝突をくりかえした。こうしてイスラエルとアラブ諸国とのあいだに幾たびかの中東戦争が起こり、イスラエルを支援するアメリカに対してのテロ攻撃（九・一一）が起こり、イラク戦争が勃発した。つまりホロコーストは終わっていない。捩《ね》じれながら現在に連鎖している。

歴史学者のラウル・ヒルバーグは、そもそも完成されたユダヤ人絶滅計画など存在していなかったと主張している。特定の機関や特定の予算など存在しないまま、軍や官僚などいくつかの権力機構が刺激や抑制を相互に作用し続けた帰結として、最悪の惨劇が始まったとする説だ。


全作業を担った官庁はなかった。ある特定の機関が特定の措置の実行過程における指導的役割を果たしたとしても、全過程を方向づけ調整した機関は存在しなかった。絶滅のエンジンは、まとまりのない、分岐した、とりわけ分散的な機構であった。

『ヨーロッパ・ユダヤ人の絶滅　上巻』ラウル・ヒルバーグ（柏書房）

ヴァンゼー会議のコーディネーターとして出席していたSSのアドルフ・アイヒマンは、後にユダヤ人移送の最高責任者となって、ホロコーストに大きく関与した。敗戦後はアルゼンチンに逃亡したがモサド（イスラエルの特殊工作機関）により逮捕され、裁判を経て絞首刑となった（事実上の死刑廃止国であるイスラエルでは、最初で最後の死刑執行だ）。その法廷の様子が、ドキュメンタリー映画『スペシャリスト』で明らかにされた。長い逃亡生活のあいだ、最後のナチス高官として悪鬼のように語られてきたアイヒマンは、少しだけ貧相で実直そうな中間管理職の官吏そのままの雰囲気で、「自分は指示に従っただけだ」とくりかえすばかりだった。

言い逃れや詭弁《きべん》を弄していつもりはないのだろう。アイヒマンにとっては実際に、指示や命令に従っただけという感覚なのだ。ならばその指示は誰が出したのか。

ヴァンゼー会議の議長は国家保安本部長官であるラインハルト・ハイドリヒが務め、彼の指示によってアドルフ・アイヒマンはプロトコール（議事録）を作成した。そのハイドリヒはヴァンゼー会議から四カ月後に暗殺されたが、もしも彼がニュルンベルク裁判の被告席に座っていたのなら、「ユダヤ人問題の最終的解決」を自分に命じた上官として、国家元帥でヒトラーの後継者に一時は指名されていたヘルマン・ゲーリングの名前を挙げるだろう。そしてそのゲーリングはニュルンベルク裁判で、有名な以下の陳述を残している。

「もちろん一般の国民は戦争を望みません。ソ連でも、イギリスでも、アメリカでも、そしてその点ではドイツでも同じです。政策を決めるのはその国の指導者です。そして国民は常に指導者の言いなりになるように仕向けられます。難しいことではない。われわれは他国から攻撃されかかっているのだと危機を煽《あお》り、平和主義者に対しては、愛国心が欠けていると非難すればよいのです。そして国を更なる危険に曝《さら》す。このやり方はどんな国でも有効です」
一九四六年八月三十一日のニュルンベルク国際軍事法廷（NMT）最終陳述より

ゲーリングが仄《ほの》めかした指導者とは、もちろんヒトラーその人だ。ならばもしもニュルンベルク法廷の被告席にヒトラーが立ったのなら、彼は何と抗弁したのだろう。何を反省したのだろう。どれほどにホロコーストの実態について把握していたのだろう。でもこの設問は意味を為《な》さない。本当はユダヤ人を嫌っていなかったとかホロコースト計画を主導していなかったなどの噂《うわさ》もあるヒトラーの内面を想像することはできても、実際にはわからない。

なぜなら彼は法廷に立たなかった。

一九四五年四月三十日、ベルリン陥落を目前にしたアドルフ・ヒトラーは、愛犬ブロンディをまずは毒殺し、この前日に結婚式を挙げたばかりのエヴァ・ブラウンを射殺してから自害した。

こうして謎は謎のまま残される。ヒトラー不在のままナチスを総括せざるをえなかった戦後ドイツは、ナチスとヒトラーを絶対的な悪に設定する反ナチ法に、国家としてのアイデンティティを投影した。つまりナチス的なものを徹底的に排除して封殺した。ドイツでは伝統的な名前だったアドルフは現在に至るまでほとんど使われなくなり、ヒトラーの著作『マイン・カンプ』の出版はバイエルン州政府によって禁止され、公共の場所でハーケンクロイツの図柄を描くだけで逮捕されるという問答無用の状況が、戦後ずっと続いている（つい最近では、携帯の着信音にヒトラーの演説を使っていた男性が逮捕されている）。ある意味では仕方がない。戦後ドイツとしては、こうでもしないことには国際社会に受け入れられないとの思いがあったのだろう。

なぜあれほどに残虐なことができたのか。その回答を戦後ドイツは、ヒトラーが不在のままで模索するしかなかった。法廷で得られる証言の多くが「自分は指示に従っただけ」ならば、その指示の中枢にあった意思や思想や信条を確かめねばならない。彼らが何をどう間違え、何がどう食い違ったのかを知らねばならない。

そうでなければ進めない。

だからこそ麻原に語らせねばならない。事件の背景には何があったのか。どんな言葉で弟子たちに犯罪を命じたのか。そのときはどんな思いでいたのか。語る言葉を彼が持ち合わせていない可能性ももちろんある。それはそれでよい。それを知るだけでも、現状からすれば大きな進展だ。

ヒトラーは自殺した。だから戦後世界は、彼の言葉がないままにナチスを解析せねばならなかった。麻原は不在ではない。法廷で語らせることができる。ところが今、まさしくその法廷（裁判所）が、彼の言葉を封じようとしている。彼を放置してさらに壊そうとしている。でもこの国の多くの人は、これを異常なこととして捉えない。

「これまでの接見の回数は合計で一四五回。今も週に二回から三回は拘置所に通っています。ただし初めて接見に行ったのは去年の四月五日ですが、実際に会えたのは、それからおよそ三カ月後の七月です。それまでの四十回近くは、ずっと接見を拒否されていました」

「麻原が自分の意思で拒否したということですか」

「それはわからない。まあ個人的には、彼にはもうそんな意思などないとは思いますよ。でも正確にはわからない。確かな事実としては、通いだしてから三十七回目か三十八回目、東京拘置所に行って、どうせまたいつものように会えないだろうなと思いながら申請したら、いきなり〝どうぞ〟って。それで接見室に行ったら、彼がいた。……いたというか、現れたという感覚のほうが強いですね。まさしく僕の目の前に現れた」

松井武《まついたけし》弁護士は、そこまで言ってから短く息を継いだ。日時は九月三日。二審を開始するために必要な控訴趣意書の締め切り日は、この三日前（つまり八月末日）に過ぎている。しかし松井と松下明夫《まつしたあきお》の二人で構成される二審弁護団は、今も控訴趣意書を提出していない。締め切り直前に、裁判所が期限を再延長することに応じたからだ。とりあえず最悪の事態は回避できた。でも鑑定の結果として訴訟能力があると診断されれば、事態はまた急激に進展するだろう。

「初めて会ったときの麻原はどんな様子でした？」

押し黙っていた松井は、ゆっくりと顔を上げた。

「……驚いたのだけれど、車椅子なんです。職員が当たり前のように押してきた」

12 鑑定

（二〇〇六年一月号）


二〇〇四年二月の判決公判の際には、麻原は確かに自力で歩いていた。被告席に座りながらの挙動はとても異様だったけれど、でも少なくとも歩行には何の問題もなかったはずだ。

松井が初めて麻原に会ったのは二〇〇四年七月。つまりたった五カ月で、五十歳という壮年期の男が、普通の歩行から車椅子生活となっていたということになる。しかもこの間に事故に遭ったわけでもないし、怪我《けが》をしたわけでもない。

仮にそんなハプニングがあったとして弁護人に知らされていないのなら、それはそれで大問題だ。だからこそ松井にとって、車椅子に座る依頼人の姿は、強い衝撃だったようだ。

「車椅子に座りながら、麻原はどんな様子でした？」

「……ずっと足をさすっていました。それとやっぱり、目が気になるのか、目をこすったり、頭を掻《か》いたり、で、時おり、『ン、ン』っていう例の声というか音というか、そんな呻《うめ》きを洩《も》らします」

「松井さんに何か言いましたか」

「何も。『ン、ン』だけ」

「たまにニヤッて笑うでしょ?」

「そう、笑うというか……」

　言いかけて松井は口ごもる。その理由は僕にもわかる。たぶん僕だって口ごもる。なぜなら、時おり麻原が浮かべるあの表情を形容する言葉が、どうしても見つからない。少なくとも何らかの刺激に反応しての表情ではないし、脈絡もまったくない。表情は僕らの「笑い」に確かに似ているけれど、内実が僕らの「笑い」とはまったく違う。……いや、彼のこの表情には、そもそも「内実」がない。

「だからね、『足はどうしたんですか』とか、『食事はどうですか』とか、『麻原さんって呼んでいいですか。それとも松本さんですか』とか、そんなことから質問を始めたのだけど、反応はまったくない。相変わらず足をさすったり、頭を掻いたり。でもやっと会えたのだから、『控訴審を始めるためには、控訴趣意書が必要なんです』って説明した。『それを書くためには、麻原さんの判決への意向や不服などを、自分は聞かなければいけないんだ』って。でもやっぱり反応はない。下を向いたり足をさすったり、それから突然、『シシシッ』というか、そんな息づかいを発して笑っているような表情になって、また足をさすって頭を掻いて、……接見が始まったのは午前十一時少し前ですね。午後零時十分頃に休憩して、それから午後は、一時半前から、二時五十分までやった。だからこの日は二時間以上、控訴趣意書が必要なんだって説明し続けました」

「それが一回目の接見ですね」

「そうです。それからこれまで（九月三日時点）で接見した回数は、……えーと何回かな百十回は超えていますね。手帳を見れば正確にわかるけれど……」

「そのあいだ、ずっと状態は変わりませんか」

「変わらない。ずっと同じ。反応はまったくない。裁判所にすれば弁護団のやり方が稚拙だってことになるんでしょうけれど。ただね、須田（裁判長）さんは一回だけ拘置所に行って、それで『ウン、ウン』ってうなずくのを見たから、こちらの言っていることはわかっていると判断したと説明していますよね。ならばね、百十回とは言わないけれど、せめて一週間でいいから通いなさいって僕は言いたい。一回の『ウン、ウン』で、いったい何がわかるんですか」

「そもそもどうして二審弁護団は二人しかいないんですか」

　僕のこの質問に、激昂《げっこう》しかけていた松井は、少しだけしょんぼりと肩を落とす。たった二人の弁護団。しかも主任弁護人である松下明夫は仙台在住。接見も含めて実質的に奔走しているのは、ほとんど松井一人なのだ。

「松下は私の司法修習生時代の同期なんです。こいつしかいないだろうなって感じで、手伝ってくれないかと頼んだんです」

「仙台の方にわざわざお願いしなきゃならないほど、人材がいないということですか」

「もちろん優秀な弁護士はたくさんいますよ。ただ私、森さんも知っているように、人付き合いがあまり良くないので、……しかも事件が事件ですからね。声をかけても、考えさせてくれと答える方が多かったです」

「で、結局は断られる」

「……まあ、そういうことですね」

言いながら松井は肩を落とす。「人付き合いがあまり良くないので」との松井の言葉に、僕は初めて松井と会ったときのことを思い出していた。

松井には悪いけれど、少なくとも謙遜の言葉ではないと僕も思う。確かにそのとおりだ。松井は人付き合いが悪い。そう断言できるだけの根拠が僕にはある。

『A2』の撮影が終盤を迎えていた二〇〇〇年一月、茨城県旭村に居住していた麻原の長男が自宅から拉致されたとの事件が大きく報道されたことは、この連載の第三回で書いた。このときに容疑者として指名手配されて出頭した次女と三女の弁護人（家裁送致後は付添人）が松井武だった。事件についての説明を求めた僕に、「この事件は警察とメディアによって捏造《ねつぞう》されたものであること」と、「取り調べの際に二人が非人道的な扱いを受けていること」を、松井は強い口調で説明した。そのときの僕の印象を直截《ちょくさい》に書けば、「正しいが剛直すぎる弁護士」だった。

次に松井に会ったのは、編集を終えた『A2』を公開する直前だった。被写体となった麻原家族の代理人として現れた松井と僕は、彼らの肖像権をめぐって激しくやり合った。そのときの松井の印象は僕にとって、まさしく「人権原理主義者」だった。

原理主義だから融通は利かない。妥協や譲歩も一切ない。僕自身は性格的にはきわめて弱くてだらしないが、それなのにというか、だからこそというか、作品については一点の妥協もしたくない。肖像権を尊重するばかりではドキュメンタリーなど作れない。つまり原理主義対原理主義。だからこのときは、互いにいつも喧嘩腰《けんかごし》になっていた。

ただし（僕はともかく松井について言えば）誰かの権利を代行する立場なのだから、妥協のなさはある意味で当然だ。原理主義でなければ困る。そのための弁護人だ。でも松井のこの「剛直な正しさ」が、現実や周囲との摩擦を常に引き起こしているであろうことは推察できる。

もちろん麻原の弁護団がたった二人しかいない理由は、松井が剛直で正し過ぎるからだけではない。他にも理由と背景がある。むしろこちらのほうが本線だ。

つい先日、都内某所で開催されたシンポジウムに、僕はパネラーの一人として呼ばれた。ジャーナリストの田原総一朗《たはらそういちろう》も一緒だった。「最近のあなたは思想的に転向したのではないか」と会場から質問されて、田原はやや気色ばみながら、「僕は変わっていない。でも確かに周囲は変わった。自分の周りだけでも、多くのリベラルだったはずの人が、なぜか九五年から九六年にかけて次々に保守派になった」と発言した。

田原がどこまで意識的だったかは確認していないが、「九五年から九六年にかけて」なるフレーズは、分節点がオウムであることを示している。地下鉄サリン事件を契機として高揚した危機管理意識と被害者意識は、この社会の集団化と管理統制されることへの希求を促進し、結果としては疑似右傾化と保守化に結びついた。

逮捕された直後の麻原は、自らの弁護人としてまずは遠藤誠《えんどうまこと》の名を挙げた。しかし遠藤は、麻原のこの依頼を断った。この数年後に遠藤とラジオ番組で話したとき、「なぜ断ったのか」との僕の質問に遠藤は、「麻原が無罪であると確信できなかった」と返答した。説明するまでもないけれど、弁護人の仕事は被告人の人権を守ることであり、無罪を獲得することではない。人権派弁護士の象徴的存在として、永山則夫や平沢貞通、さらには奥崎謙三《おくざきけんぞう》や山口組などの弁護も引き受けてきた遠藤ですら、そうやって自己正当化しなければならなくなるほどに、麻原の存在は異例だったということだろう（遠藤は仏教徒だったから、オウム関連の弁護を引き受けなかったとの説もある。ただし遠藤は僕にはそう説明はしなかった）。

結局は国選として起用された一審における十二人の弁護団は、裁判をいたずらに長引かせているとしてメディアや社会から激しいバッシングを受けた。これについては前述したけれど、これだけの罪状と起訴件数で一審判決まで八年は、長いどころか異例なくらいに短い。ところが批判は期間に対してだけにとどまらず、そもそもあんな極悪人をなぜ弁護するのかとまで高揚し、遂《つい》には主任弁護人である安田好弘が逮捕されるという異例の展開となった。

……異例だらけ。他の語彙《ごい》がほしい。でも浮かばない。いずれにせよ、十二人でスタートした麻原法廷の弁護団は、二審ではたった二人だけになった。もちろん数が多ければいいというものでもない。でも十三にも及ぶ事件（しかもそのほとんどは殺人事件だ）を裁くこの法廷で弁護人二人だけの体制は、やはり相当に無理があるはずだ。

「次女と三女も父親に面会していますよね。松井さんはそのとき同席したんですか」

僕は訊《き》いた。松井は静かに首を横に振る。

「いや、同席しませんでした」

「なぜですか」

「考えたんです。もしかしたら彼も、目の前にいるのが自分の娘だけならば、これまでとは違う反応をするかもしれないって。最後の期待です。もしも本当に彼が精神障害を装っているのなら、これまでとは違う反応をするかもしれない。だから二人だけで面会してもらいました。でもダメでした」

「そのときの麻原はどんな様子だったのですか」

「面会を終えた次女と三女は、『目の前にいる自分たちの存在をお父さんは認識していない』と言っていました」

「見えないから？」

「何度話しかけても反応はない。相変わらず『ン、ン』だったようです」

　そこまで言ってから松井は顔を上げる。

「……被告人が今、オムツをしていることを、森さんは知っていますよね」

「噂《うわさ》では何度も聞いています。一審の際にも午前と午後の法廷でズボンが頻繁に替わっていたとかは、複数の司法記者から聞きました」

「噂じゃなくて事実です。拘置所が検察庁に送った文書には、被告人にオムツを着用させていることが、しっかりと明記されています。ジャージーの股間はいつも不自然に膨らんでいるし、ときどきゴムの下にオムツの端が見えますよ」

「拘置所が検察に送ったその文書に、オムツ着用の理由は書かれているのかな。もちろん着用の理由ではなく、彼がそうなってしまった理由です」

「それが書かれていない。当たり前のようにオムツ着用とだけ書かれている。でもね森さん、彼は僕よりひとつ下、松下とは同じ歳です」

「僕よりはひとつ上です」

「まさしく壮年です。それがいきなり車椅子で、しかもオムツをしていて、その理由はわからないって、これは普通のことですか。これを異常と感じないならば、いったい何が異常なんですか」

言いながら自分の言葉に刺激されたかのように、松井は少しだけ声が大きくなって早口になる。つまり激昂する。以前の彼ならば、この高揚をしばらくは持続するはずだ。でも今の松井はこの激昂が続かない。「これを異常と感じないならば、いったい何が異常なんですか」と強い調子で言い放ってから数秒後には、椅子に腰を下ろしたまま、松井はしょんぼりと肩を落としていた。そんな様子を眺めながら、まるでどこかに微小な穴が開いた風船のようだと僕は思う。

精神鑑定を実施しようとしない裁判所に業を煮やした弁護団（松井と松下）は、北里大学医学部精神科助教授（当時）の中島節夫に、麻原との面会を依頼した。三十分の面会後に中島は、「脳の前頭葉から側頭葉にかけての領域が萎縮して、アルツハイマーの末期と同様の症状に陥るピック病も含めて、器質性脳疾患の疑いが強い」との所見を表明した。

さらに今年六月二十七日、弁護団はもう一人の精神科医に麻原への面会を依頼した。中島助教授と同様に「被告には訴訟能力がない」との所見を公表しながら、「器質性脳疾患の可能性は低いが、重度の拘禁反応によって昏迷《こんめい》状態にある」と診断した二人目の精神科医は、「早急に適切な場所で精神医学的治療が加えられるべきである」と結論づけた。

ただしこれらは正式な鑑定ではない。三十分間という制限で、しかも透明なアクリル板越しだ。でも二人目のこの医師は、今すぐ治療を行えば、少なくとも弁護人と意思疎通ができる程度には回復する可能性があると主張した。

公判手続停止申立書と控訴趣意書提出期限延期（取消し）申立書を作成した弁護団は、治療によって状態が改善する可能性があるとの診断結果を添付した意見書と併せて、裁判所に提出した。しかし裁判所からの回答はない。

ところが八月十九日、事態が一転する。意見書に対しての回答をしないまま裁判所は、刑事訴訟法に基づいた正式な鑑定をするといきなり発表した。

「今後の手続き進行について」とのタイトルが冠されたその書式で裁判所は、被告には訴訟能力がないと主張する弁護人に対して、「当裁判所は、あらためて事実を取り調べて検討した結果、被告人が訴訟能力を有するとの判断は揺るがないので、公判手続き停止の職権は発動しない」と述べながら、「本件が一審で死刑を言い渡された重大案件であることにも思いを致し、慎重を期して、近く事実取り調べの規定（刑事訴訟法四三条3項）に基づき、鑑定の形式により精神医学の専門家から被告人の訴訟能力の有無について意見を徴することを考えている」と結んでいる。

　要するに、「被告人が訴訟能力を有するとの判断は揺るがない」としながらも、念には念を入れて鑑定だけはして、その意見を聞くとの内容だ。ところが高裁は、鑑定の際に弁護団が立ち会うことを許さない。松井が嘆息する。

「裁判所は、被告人が訴訟能力を有するとの判断は揺るがないと言いきっています。でも鑑定はやると言う。判断が揺るがないのなら鑑定する理由はない。まったく一貫していない。訴訟能力を有するとの判断は揺るがないと言ってから鑑定を依頼するのだから、鑑定する精神科医に対して明らかにバイアスをかけている。ならば今後の展開は明らかだと僕は思う。御用学者を使った形だけの鑑定です」

「……普通ならこんな場合、弁護人は鑑定に立ち会いますよね」

「当たり前です。弁護人なのだから」

　立ち会わせないとの裁判所のこの決定に対して危機感を抱いた松井は、鑑定の結果がどうであれ、鑑定人を法廷に呼んでの鑑定人尋問を要求した。つまりどんな観点で鑑定を進め、どんな結果が出たのかの詳細を、きちんと公表してほしいとの要求だ。しかしこれについても、裁判所からの回答はいまだにない。おそらくこれからもないだろう。要するに、どんな形で、どんな鑑定を進めたか、それら一切について裁判所は、公開する意思はないということになる。

これらの経緯を受けて、弁護団は結局、定められた期日までに控訴趣意書を提出しなかった。これについて松井は僕に、「裁判の当事者である麻原さんと意思の疎通ができないのに趣意書など作れるわけがない」と説明した。これに対し東京高裁は、「弁護人の基本的な責務を放棄するもの」として激しく批判した。

「裁判所が回答すら出してこないこの状況で控訴趣意書を提出したら、裁判所は検察庁に対して答弁書を要求し、次に第一回公判期日はいつにするかとか、とにかく手続きが進みます。ところが私たちは被告と一切の意思の疎通ができない。つまり私たちは彼を、丸裸で法廷に出すことになる」

「でも、確かに手続きは進むだろうけれど、同時に鑑定もすると裁判所は言っているわけですよね。もしも鑑定人が御用学者でなければ、いくらなんでも訴訟能力はないと診断するはずです。ならばその手続きが止まることも、想定できなくはないと思いますが」

「裁判所は『鑑定』とは言ってないんですよ。鑑定人の意見を徴すると書いてある」

「……つまり鑑定人が仮に訴訟能力がないと言っても、公判停止にはならないということですか」

「これは（訴訟能力がないとの鑑定が出たときのための）保険かもしれないですね。まあでも、僕らには今のところ、そこまではわからない。裁判所があとは勝手に判断する。だからこのままでは、どっちにせよ審理は進む。ところが我々は被告と意思疎通ができない。つまり弁護人の機能を果たせない。被告も自分で自分を防御できない。それは法治国家の裁判ですか。法廷で裁判長が、『じゃあ被告人は何も言うことはないんですね』とか、『これが最後の機会ですよ』って言ったとしても、彼はおそらく『ン、ン』ですよ。そこで裁判は終わり。で、判決期日は来年の二月とか三月だから、期間はちょうど二年前後。須田裁判長が判決の目標としていた時期とぴったりです。弁護人は何もできない。死刑になるのを見守るだけです。治療によって回復するという可能性を医者が言っているのだから、治してからでも遅くないだろうと私たちは主張しているわけです。彼が少しでも意思疎通ができるようになったら、あらためて控訴趣意書を作成し、それから裁判を始めましょうと。先の話じゃない。医者の見立てでは、数カ月で劇的に回復する可能性があるわけですから。でもこんな当たり前のことが受け入れてもらえない」

少し間が空いた。一審の弁護団も裁判の後半では、被告との意思の疎通はまったくできなくなっていた。その結果、法廷は死刑というあらかじめ決められたゴールに進むためのセレモニーに成り下がった。その轍《てつ》は踏みたくないと松井が必死に格闘していることは僕にもわかる。

「……やっぱり不思議です。裁判所はなぜこれほどに、目の前の現実から目を背けるのか。法廷は真実を探すためにあるのではないかなどと青臭いことを言うつもりはないけれど……」

「裁判員制度とか迅速化とか、現在法務省と最高裁が進めようとしている司法改革に、この裁判は大きな影響を与えます。これだけ大きな事件の二審がもしも二年以内に終わったなら、迅速化の大きな前例となりますよね。逆に言えば、この裁判が長引けば、法務省や最高裁にとっては、せっかく裁判迅速化法を成立させたのに、都合の悪い前例になるわけです。つまり裁判員制度導入のための地均《じなら》しです。これからの刑事司法は否認なんかできないですよ。無罪推定原則も消えますね。日程は裁判所と検察の主導で決められる。弁護人がこれに抵抗して辞任すれば、さっさと国選（弁護人）が入る。国民も迅速化を望んでいますから、メディアもこの流れに異を唱えない。……この国の刑事司法は、これを機会に大きく変わります」

言ってから松井は吐息をつく。

「弁護団は三人目の鑑定をこれから依頼するつもりです。一度ね、ＡＦＰ通信に取材されて、彼はもう別の世界に行ってしまっているって言ったら、それが文字どおり、アナザーワールドって書かれてしまって。そういうオカルト的な意味で言ったわけじゃないのだけど、……でも時おり、接見しながらそう思いますよ。『ン、ン』のうなずきもね、全然とんでもない方向にしているんです。まるでそこに誰かいるみたいなね。でも『別の世界に行ってしまっている』という言い方は日本のプレスに対してもよくしてしまうけれど、彼らは絶対に書かないね。質問もね、彼が正常だとの前提からの質問ばかりです。だからプレスにも今の彼の状態を見せるために、接見禁止を全面解除するように裁判所に言ったら、検察は『組織的な犯罪だからダメだ』とか何とかって。意味がわかんないよね。だって明らかな憲法違反なのに。せめてメディアにだけでも面会を許可してほしい。見せたいんですよ、私、見てほしいんですよ、今の彼の状態を」

「……でも松井さん、メディアは少なくとも、法廷における彼の挙動は、ずっと目撃していますよ」

僕の言葉に松井は黙り込んだ。少なくとも僕の知る司法記者の多くは、「もう完全に壊れていますね」などと今の麻原についての感想を述べた。

でも必ず囁《ささや》くような小声だ。

ある意味で仕方がない。それは印象なのだから。だからこそ鑑定をする意味がある。もちろん「あれは死刑逃れの詐病《さびょう》だ」的な断定をしている人も少なくない。そのほとんどは、ジャーナリストや識者など声の大きい人たちだ。彼らからすれば「森は自分の目を疑うべきだ」ということになるのだろう。

松井に会ったのはこの九月三日。その九日後の十二日、麻原彰晃の精神鑑定は始まった。共同通信の配信記事を引用する。

精神科医の尋問を実施

松本被告の精神鑑定で高裁

オウム真理教松本智津夫被告（50）＝教祖名麻原彰晃、1審死刑＝の控訴審開始前に行われる精神鑑定について、東京高裁（須田賢裁判長）は12日、既に内諾を得ていた精神科医の鑑定人尋問を先週中に実施したと発表した。（中略）一連の精神鑑定の結果が出るまで約2カ月かかる見通し。高裁は鑑定結果を受け、松本被告の訴訟能力の有無を判断する。通常の公判では、鑑定人尋問には弁護人も立ち会い、尋問することができる。しかし、高裁は8月19日、刑事訴訟法の手続きに基づき職権により精神鑑定を実施すると弁護団に通知したため、鑑定尋問の際、弁護団は立ち会うことができなかった。

そして十月三日、弁護団は三人目の精神科医が麻原と面会したことを発表した。以下は時事通信の配信記事だ。

弁護側依頼の医師が面会
接見で失禁も――オウム松本被告

オウム真理教元代表松本智津夫（麻原彰晃）被告（50）の控訴審手続きで、弁護側が新たに依頼した精神科医が3日までに、同被告と面会した。（中略）弁護側は11月

10日までに医師の意見書を東京高裁（須田賢裁判長）に提出するとしている。また、松本被告は9月26日、弁護人1人が接見した際、失禁したという。弁護人が接見中の失禁に気付いたのは初めてという。

拘置所にいる麻原について、僕は「あること」を知っている。多くの拘置所関係者も知っている。でも面会時に彼が頻繁に行うというその「あること」が何であるかは、今はこの誌面には書けない。書けない理由も書けない。

読者に対して、こんな書き方はとても非礼で非常識であることは承知している。でも「知っている」としか今は書けない。もう少し時が経《た》てば書けるかもしれない。だから須田賢裁判長に訊きたい。あなたはこの連載を読んでいるのだろうか。読んでいるのなら、たぶん「あのことか」と察しがつくはずだ。あなたはこれを知ってなお、麻原被告には訴訟能力があると断定するつもりなのだろうか。ならば僕は断言する。あなたのほうが普通じゃない。

いずれにせよ、この号が店頭に並ぶ頃に前後して、鑑定の結果は明らかになっているはずだ。

13 信仰

（二〇〇六年二月号）

西荻窪《にしおぎくぼ》で電車を降りる。改札のすぐ脇で松尾信幸《まつおのぶゆき》は、自転車に跨《また》がりながらにこにこと手を振っている。歩きながら僕は軽く手を挙げる。松尾のすぐ隣には、この連載の担当編集者である松政治仁《まつまさはるひと》と佐藤信夫が立っている。もちろん二人とも、自分の横にいる男がオウム信者であることには気づいていない。

「この人、オウム信者だよ」

そう言って二人に松尾を紹介する。少しだけあわてた表情で松尾が自転車から降りて、三人はその場で、ぺこぺことお辞儀をしながら名刺を交換し始めた。傍《はた》から眺めているぶんには、実にのどかで日本的な光景だ。

一九九九年九月二十九日、読売新聞夕刊一面に「**オウム幹部ら二人逮捕**」の大見出しが掲載された。次の小見出しは「**女性信者監禁容疑　長野木曽福島　教団施設など捜索**」。

本文を引用する。

オウム真理教の幹部らが、長野県木曽福島町の教団施設に女性信者を監禁していたとして、警視庁と長野県警の合同捜査本部は二十九日朝、同町新開の教団施設「蓮華《れんげ》」など二か所を監禁容疑で家宅捜索するとともに、施設責任者の幹部と元幹部信者の二人を同容疑で逮捕した。さらに施設内の個室に閉じ込められていた八人を発見、そのうち三十歳代の男性信者一人を保護した。「蓮華」は教団信者らから「刑務所」と呼ばれており、同本部では、信者確保のために手段を選ばない教団の体質は変わっていないとして、違法行為の摘発を強める方針だ。（関連記事18・19面）

記事はこの後も続いている。関連記事も含めて、まさしく大事件の扱いだ。ちなみにこの日の夕刊で読売の記事の見出しは「**陰惨《オウムの刑務所》**」「**体質変わらぬオウム警戒**」などと記されている。読売だけではない。朝日や毎日新聞もこの事件を大きく伝え、毎日の夕刊には「**まるでサティアン　密室のリンチほうふつ**」の見出しが掲載されている。その一部を引用する。

逮捕されたのは同施設責任者の郡谷昌弘容疑者（30）と、元幹部の医師で同施設内にある医療相談室元責任者の霜鳥隆二容疑者（37）。調べでは、昨年3月下旬ころ、

「ここから出してください」と訴えて鏡の破片で首を切ろうとするなどした女性信者に対し、「修行」と称し、両手両足を粘着テープで縛り、水を張った浴槽に上半身をあおむけにして入れて失神させ、4月3日まで施設の独房などに監禁した疑い。（中略）監禁されたため、同年12月に逃走。昨年1月には施設に戻ったが4月3日には再び逃走し、近所の住民に保護されていた。

記事にあるように長野県警と警視庁は、家宅捜索の際に施設内で衰弱していた信者を発見して、これを保護したと発表した。この夜のテレビニュースでは、救急車に乗せられる信者の激しく震える足先が映しだされ、地下鉄サリン事件直後に行われた上九一色村施設への強制捜索を思い出しますねなどと発言したコメンテーターもいた。このときは同時に、「オウムが再びテロを計画していたことを示す重要書類が発見された」と一部のメディアが大きく報道したが、今に至るまでその続報はない。

逮捕された二人の幹部信者は、その後に取り調べを受けて、結局は十月二十日に釈放されている。要するに不起訴だ。検挙できるほどの違法性や悪質性はなかったということだ。

ところが例によって、逮捕は大きく報じられても不起訴の記事の扱いは小さい。場合によっては報道すらされない。今に始まったことではない。報道とは基本的にそういう属性を持っている。でもオウムの場合は、明らかにその振幅が突出して激しかった。

記事をよく読めばわかることだが、逃走してはまた戻ることをくりかえしていた女性信者が、最後に逃亡して近くの住民に保護されたとされるのは、一九九八年の四月だ。つまりこの時点から一年半も前の出来事だ。

なぜ一年半が過ぎてから家宅捜索が実施されたのか。あるいは事件から一年半が過ぎてから、事件化せねばならなかったのか。そしてなぜメディアは、その程度の疑問すら持たないのか。

その後の経緯だけを書こう。事件を大きく報じた一般紙やスポーツ紙の紙面は、オウムに対しての「無差別大量殺人行為を行った団体の規制に関する法律」(団体規制法)成立を宿願とする公安調査庁によってコピーされ、最新の資料として裁判所に提出された。破防法の団体への適用を目論《もくろ》んだときと同じ手法だ。ただし今回は棄却されなかった。「オウムの暴力体質は変わっていない」とする公安調査庁の主張は、この事件を大きく伝える報道によって補強され、事件からほぼ二カ月後の十二月三日、団体規制法は成立した。

この時期に『A2』を撮影していた僕は、事件から一カ月が過ぎる頃、カメラを手に木曽福島(現・木曽町)の施設を訪ねた。施設内を案内したのは、監禁容疑で逮捕されて不起訴で釈放された当人である郡谷昌弘と、松尾信幸と名乗るもう一人の男性信者だった。

郡谷が女性信者に暴行を加えたとされる風呂場を撮影する僕の横で松尾はふと、「なぜメディアの人たちは、自分が見たままを記事に書かないのでしょうか」とつぶやいた。

「何かあったのですか」

そう訊《き》き返す僕に、しばらく口ごもってから松尾は、「私、警察に拉致されたことがあるのですが、それを保護されたとメディアに書かれたことがあります」と言った。

「いつの話ですか」

「ついこのあいだです。この施設への家宅捜索のとき」

僕は横の松尾にカメラのレンズを向けた。空調の音がすぐ横で大きく響いていたけれど、この状況を逃したくはないと瞬時に考えた。

「ならば、衰弱しているところを警察に発見されて保護された信者というのは……」

「私です。衰弱なんてしていません。警察が訪ねてきたので扉を開けたら、いきなり毛布らしい布を頭から被《かぶ》せられて、さらに手足を拘束され、十人近い警察官から横抱きにされて救急車に放り込まれ、そのまま病院に運ばれたんです」

「でもニュース映像では、実際に担架の端から覗《のぞ》いた足先が震えていましたよ」

「いきなり拘束されたから、必死にもがいていたんです。でもニュースを見た人は、抵抗ではなくて苦しんでいると思ったようですね」

「つまり、衰弱していた信者が保護されたという報道はウソってこと？」

「まったくウソです」

「だって実際に病院に収容されたんですよね。ニュースはそう言っていましたよ」

カメラを回しながらそう問う僕に、松尾は「救急車から降ろされた自分の目の前で、警官が病院関係者に、『メディアに衰弱して保護したと発表してしまったので何とか入院させてくれ』と頼んでいました」と、少しだけ苦笑しながら教えてくれた。

二十九日の読売記事には、「捜索で保護された三十歳代の男性信者はこの日の午前、病院に収容された。言動におかしな点があり、捜査本部では『独房』での監禁状態が続いたためとみて調べている」との記述がある。「言動におかしな点があり」と発表した意図は明らかだ。松尾が万が一「自分は警察に拉致された」とメディアに言ったときのために、捜査本部としては布石を打ったのだろう。

でもやっぱり不思議だ。家宅捜索のそのときも、メディアは現場で取材していたはずだ。少し混乱しながら僕は訊いた。

「でも松尾さんが警察から無理やりに拉致されるその現場に、メディアはたくさんいたはずですよね」

「たくさんいました」

「つまり松尾さんがいきなり毛布を被せられて拘束されるその瞬間を、記者やディレクターたちは至近距離から目撃しているわけですよね」

「……だと思います。玄関前ですから」

「じゃあなぜ？」

カメラを向けてそう訊《たず》ねかけてから、この質問はそもそも、松尾から僕になされたものであることを思い出した。当然ながら松尾は答えない。答えようがない。じっと立ちつくしたまま、困ったように考え込んでいる。

この撮影から数カ月後の二〇〇〇年二月、オウム真理教は宗教団体アレフとして再編された（三年後にアーレフに改称。二〇〇八年からはアレフ＝Alephに再改称）。松尾は（二〇〇五年）現在、アーレフ広報部員だ。つまり『A』と『A2』を通してメインの被写体だった荒木浩と同じ部署にいる。荒木とはこの一年ほど連絡をとっていない。少し前に聞いたところによれば、心身のバランスを崩して病院で胃の手術までして、現在は教団内引きこもりの状態らしい。

「荒木ですか。このあいだ復帰しました」

自転車を押しながら松尾が言う。その横では松政と佐藤が少しだけ緊張したような表情で、じっと前方を見つめながら歩いている。

「復帰？」

「ええ、また広報部長です。今日は所用で出ているけれど、森さんによろしくと言ってました」

大通りを路地へと曲がる。数メートルの間隔を置いて、「アレフ撤退」などの文字が染め抜かれた幟《のぼり》が立っている。『A』や『A2』撮影の頃には何度も見かけた光景だ。一軒の民家の前で、松尾が足を止める。玄関のロックを解除して、自転車を中に入れる。

「どうぞ」

『A2』撮影を終えて以来、施設に入るのは久しぶりだ。松政と佐藤も後に続く。一階と二階は居住施設で、地下一階の二部屋は道場だ。行き来する複数の信者たちと視線が合う。初めて見る顔もいれば、確かにどこかで会ったような顔もいる。にこにこと微笑《ほほえ》みかけてくる男性信者もいれば、こわばった表情のまま早足で通り過ぎる女性信者もいる。

道場で待っていたのは三人の信者たち。いずれも年齢は四十歳前後の古参信者だ。松尾が畳の上に座り、三人の信者も一列に並んで蓮華座を組む。松尾の横には、『月刊PLAYBOY』のバックナンバーが数冊積み重ねられている。

「……何か、薄くないですか」

バックナンバーを指で示しながら、松政が不思議そうに言う。確かによく見れば、明らかに厚みがない。中身が抜けた着ぐるみのようだ。微笑みながら松尾が一冊を手に取る。薄いわけだ。表と裏の表紙に挟まれているのは、目次と「A3」のページだけだ。

「他のページは切って抜いちゃったんですか」

「ええ、まあ、一応は宗教集団ですから」

「ヌードグラビアだけじゃなくて他の記事も？」

「俗世のあらゆる情報から、本当はできるだけ距離を置かなくてはいけないんです。この施設に居住しているのはサマナばかりですから」

畳の上で蓮華座を組む三人の信者の名前は、利根《とね》と田邊《たなべ》、そして片山《かたやま》。利根と田邊はこの西荻窪の施設に暮らしていて、片山は世田谷区烏山《からすやま》の施設に居住しているという。利根と片山の現在のアーレフにおける序列は「師」。正悟師に次ぐ地位だから、ステージとしてはかなり高い。

「『A』か『A2』を観《み》た方は？」

僕のこの質問に、三人ともこっくりとうなずいた。俗世の映画を観たり音楽を聴いたりすることは、『月刊PLAYBOY』のヌードグラビアを眺める行為と同じく破戒行為ではあるけれど、実のところ彼らはこの点に関して、大丈夫なの？　と念を押したくなるくらいにおおらかだ（もっと直截《ちょくさい》な言葉を使えばズボラだ）。

『A』や『A2』撮影時も、信者たちは当たり前のように、雑誌を読んだりテレビを見たりしていた。規律はあるが統率はない。破戒はあっても罰則がない。そもそも『A』のラストシーンである荒木浩の帰省も、出家者としては実のところ重大な破戒行為だ。サリン事件が起きる前は戒律違反に対して相当に厳しい統制や罰則があったとよく聞くが、少なくとも僕が撮影を始めてからの彼らには、そんな気配はほとんどない。よくいえば大学のサークルのように緩い。悪くいえば崩壊直前の組織のように求心力がない。

「ならば僕の自己紹介は省略します。今日のこの取材は、そこにある『月刊ＰＬＡＹＢＯＹ』への掲載を前提に行われます。テーマは麻原彰晃です。もっと具体的に言えば、サブタイトルである『麻原彰晃への新しい視点』が示すように、彼のパーソナリティへの新しい視点を、この連載で提示したいと思っています。もちろん新しい視点があればの前提です。実際に彼が、メディアで伝えられているような俗物詐欺師であり、日本を征服して王になって君臨するという野心だけの男ならば、この連載は失敗です。特に今は、まだ何も明らかにされないまま、彼の死刑が一審だけで確定するかもしれないという状況です。だからこそ知りたい。彼がいったいどういう人物だったのか。手がかりを探したい。そう思いながら今日はここに来ました。まずは皆さんに、彼のどんな部分に惹《ひ》かれたのか、どんな部分を信じたのか、そのあたりをお聞きしたい」

三人は無言でうなずいた。しばらく間が空いた。横に座る佐藤がレコーダーを三人の前に置いてスイッチを入れた。数秒の間を置いてから左端に座る利根が、静かに口を開いた。

「……自分が麻原氏に対して惹かれた理由は、やっぱり教えですね。法則と、あとは救済理念というんですか、そんな考え方を本で読んで、それで論理的な部分と直感的な部分で、『ああ、これでいこう』と確信を持つことができて、入会したという感じです」

「その本のタイトルは？」

「『生死を超える』です」

「一番売れた本ですね」

「それともう一冊、『滅亡の日』。今はどっちも本屋にないですけど」

　僕はうなずいた。確かにオウム出版が発行した本のほとんどは、普通は入手できない。図書館にもない。当たり前だと言われれば、そうですかと言うしかないけれど、でも事件前後のオウムが何をどう考えていたのか、調べたくても一般の人は調べられないということになる。この少し前に江川紹子が自らのブログで、書店でたまたまオウム出版の本を見つけて驚きあきれ、すぐに店主に抗議して本をすべて店頭から撤去させたということを書いていた。まあ確かに、とは思う。それがまっとうなのだろうとも思う。でも何となく違和感がある。ここに反ナチ法を持ち出すことは筋違いかもしれないが、でも何かがバグを起こしているような感覚がある。

「……その本に出合う前は、どんな生活を送っていたんですか」

「学生でした。京都大学の二年生です。それまでは、宗教的な世界にはまったく関心がなくて、ある意味で唯物主義的な思想を持っていたわけなんですけど、でもいろんな本を読んだり話を聞いたりしているうちに、科学で証明されていることなど、この世界のほんの一部にしか過ぎないということがだんだんわかってきて。それで精神世界とか宗教の方面に、意識が向きだしたんです」

「大学の専門は？」

「農学部の農芸化学科。バイオテクノロジーです。それまでは受験勉強ばっかりだったので、社会のことなどほとんど知りませんでした。大学生活を送りながら、今の世界で起こっていること、戦争や飢餓、災害や環境問題、……とにかく大変な状況になっているということを知って、初めてというかあらためてというか、大きなショックを覚えたんです。日本という裕福な国に生まれた自分は、何かすることがあるのではないかという使命感みたいなものを持ったんです。ちょうどその頃、ある手かざしの宗教にちょっとだけ入りました。そこではある程度は神秘的な体験などもあったけれど、その理論というか教義というか、不思議な現象が起こる理由がどうしてもわからない。疑問をなげかけても明確な答えを示してくれない。でもオウムの書籍を読むことによって、すごく納得できたというのがあったんですね。具体的にはカルマの法則をもとにした論理展開です。エゴを消滅させることで得た自分の幸福は、他に対しても利益を与える。つまり自分の幸福と他の幸福は結局ひとつなんだという。その論理がこの宇宙の生成とか消滅をも説明していて、直感的にもすごくピンとくるものがあったんです。それを解き明かしているという意味で、素晴らしい方なんだな、偉大な方なんだなというのが、尊師に対する最初の印象だったんです」

ここまでの彼の説明で、飛躍を感じる人は多いと思う。信者全般に共通しているが、この世界のあらゆる矛盾、戦争や差別などが絶えない理由、自分が生まれてきたことの意味、人はどこから来てどこへ行くのかという疑問、そんな哲学的で本源的な命題を抱えてさんざん悩んだ末に、彼らは文字どおり飛躍する。信仰という名の対岸へ。

その飛躍の瞬間について、撮影しながら僕は彼らに幾度も訊ねてきた。「直感的に」とか「ピンとくる」とかではなく、もっと違う言葉での説明を求めてきた。でも結局はよくわからない。

無言でカメラのスイッチを切る僕を眺めつつ、彼らもまた、困ったように黙り込んでいた。そんなことを何度もくりかえしてきた。隠すとかとぼけるとかのレベルではない。僕に伝えるだけの言葉を持たないことについて彼らがいらだちや焦躁《しょうそう》を見せることもあったし、あきらめの表情を見せることもあった。その意味では同レベルだ。でも岸辺が違う。すぐ目の前にいるけれど対岸だ。

ただし彼らのこの飛躍を、共通の語彙《ごい》がないことを理由に、短絡という言葉にまとめるつもりはない。人の意識や営みは、当てはまる語彙だけで説明できるものじゃない。彼らは悩み、悶《もだ》え、求め、そして飛躍した。そこには彼らなりの必然がある。別にオウムに限ったことではない。信仰と非信仰のあいだに境界線はない。境界線はないけれど境界のエリアはある。この領域を言語化することは難しい。逆にもし簡単に言語化できるのなら、使われているその言語を疑ったほうがいい。そんな浅いものではない。僕は利根に訊いた。

「実際に麻原に会ったのは？」

「信徒（在家信者）の時代には会っていません。出家したばかりの頃、富士山総本部で研修があったんです。そのときに道場で説法を聞いたのが初めてでした」

「直接言葉を交わしたとか、もっとパーソナルな体験は？」

「初めて尊師と会話をしたのは、選挙活動をやっていた八九年です。どこかのマンションの一室でした」

このとき、ずっと横で黙って話を聞いていた松尾が、不意に顔を上げた。

「あの、……今回のこのインタビューで、彼をどう呼べばいいかという問題があって、……公式には旧団体代表なんですけれど、やっぱりそう呼ぶと、どうしても話しづらいというか、堅苦しくなってしまって、……今日はやっぱり『尊師』と呼ぼうということで、……森さんが来る前に、全員でそう決めたんです。森さんなら揚げ足を取るような書き方はしないだろうということで……」

「揚げ足って？　『尊師』でOKですよ。何か問題があるんですか」

話し始めてすぐに、利根は麻原を「麻原氏」と呼んだ。でも松尾が顔を上げる直前には「尊師」と呼んだ。意識が定まっていないことはわかっていた。呼称は重要だ。無自覚な意識が表れる。だからこそ「何か問題があるんですか」と意地の悪い訊き方を僕はした。松尾の視線が一瞬だけ宙に浮く。カメラを手にしているのならズームしているところだ。

「……その、やっぱり、信者が『尊師』と呼んだということで、いろいろ波紋が広がるといいますか、いろいろ解釈されるというか……」

他の三人の信者たちは、そろって俯《うつむ》きながら無言で、僕と松尾のやりとりを聞いている。宗教法人オウムから宗教団体（つまり法人格は失った）アーレフに変わったけれど、現在も団体規制法の観察処分は解けていない。つまり彼らは今もまだ、無差別大量殺人行為を起こす危険性を持つと公式に認定されている存在だ。公安調査庁はその最大の根拠として、「いまだに信者たちによる麻原への崇拝が続いている」ことを挙げている。ならば信者たちが今もなお麻原を「尊師」と呼んでいるという情報は、この認定をこれ以上ないほどに補強する材料になる。松尾が小声で言った。

「少なくとも今回は、……呼びやすい形で呼んだほうが、自然に話せると思いますので……」

座談会への協力を僕から依頼された松尾は、スイッチが入ったレコーダーの前で信者たちに麻原をどう呼ばせるかを、今日までずっと悩み続けてきたのだろう。俗世とは縁を絶つことを決意して出家したのに、俗世と最も濃密な関係を持たざるをえない広報というポジションにいることの矛盾と苦悩が、その困惑したような表情に滲《にじ》んでいる。かつての荒木浩もそうだった。僕が知るだけでも、『A』の撮影が始まって『A2』が終わるまでの五年間、広報副部長という自らの位置の矛盾に、彼もずっと悩み続けていた。

少しだけ間を置いてから、初めて麻原と話したときの様子を、利根はぽつりぽつりと話しだした。

「初めてお会いしたそのときに、自分のある状態を、あっさりと言い当てられまして……」

「具体的に言ってもらえますか」

「それはちょっと……」

「みんなね、そこで押し黙る。言いたくないんですよね。わかります。でも今日は言ってほしい。具体的に彼に何を言われたのか。何をどう言い当てられたのか、今日はどうしても聞きたいんです」

「……ちょっと法則的な用語になってしまうんですけど、『タマスだな』という言葉でした」

「タマス？」

「その人の意識状態というか、エネルギー状態を表した言葉です。具体的には、愚鈍というか、曖昧さがあるというようなニュアンスです。その後も何度かお会いしました。選挙活動をしているときに、一軒ずつ家を訪ねながら、『麻原彰晃、麻原彰晃、麻原彰晃、よろしくお願いします』と言うようにと決められていたんです。でも名前を三回くりかえすということが、訪ねた家の方からも奇異に思われるような気がして言いづらくて、『名前を言うのは一回でいいでしょうか』と尊師に聞いたんです。即答でした。『それはおまえの心が弱いからだ！』って怒鳴られたんです」

14 鏡像

（二〇〇六年三月号）

一九九〇年二月、オウム真理教は真理党を結成して、衆院選に出馬した。このときの真理党の選挙チラシには、次のような公約が並んでいた。

消費税廃止
財源は行政改革による11兆円――政府が癒着をなくしさえすれば、消費税など必要ない。
医療改革
患者本位の医療と新しい医学の創造――これは誰にとっても切実な問題。早急に実施。
教育改革
明るい学校と知能教育の推進――子供達の健やかな成長のために。
福祉推進
豊かで充実した長寿社会を目指して――安らぎに満ちた毎日を。

国民投票制度導入の構想
真の民主国家であり続けるために——今の政治は不満だらけ。国民投票制度を導入すれば、消費税強行採決のような事態も防げるし、汚職議員も私達の手で解職できる。金権・腐敗政治の温床を一掃できるのだ。
一人一人の幸福と地球の平和を

あさはら彰晃（本名　松本智津夫）

最後の署名の後には、「日本を変える！」とのキャッチフレーズが躍っている。……書き写しながら吐息をつきたくなる。確かにオウムは日本を変えた。ただしこの選挙の五年後に。

立候補した二十五名の信者は全員が落選した。党首である麻原彰晃の得票は一七八三票だ。結果としては妥当だろう。彼らの選挙活動の様子は、テレビなどでもよく伝えられた。ガネーシャ（象の顔をしたヒンズーの代表的な神）の張りぼてを被《かぶ》って踊る信者たちの映像は、脱力したくなるほどにばかばかしかった。同時に微《わず》かに、人の心を逆撫《さかな》でするグロテスクさもあった。本気でやっているとは思えなかった。せいぜいが悪ふざけか売名行為。本気で当選すると彼らが考えているとは、たぶん誰も思わなかった。

しかし麻原は本気だったようだ。無残に敗北した理由については、裏で不正な工作があったからだと信者に伝え、翌三月には上九一色村で、ボツリヌス菌の培養が開始されている。

麻原一審法廷における論告求刑で検察側は、

「二十五人の幹部信者を集めた会議の席上で麻原は、『総選挙で落選した以上、この世はマハーヤーナ（大乗）で救済はできない。これからはヴァジラヤーナ（金剛乗）でいく』と述べたうえで、東京でボツリヌス菌を散布する計画に着手して、決行当日である四月十六日には一二七〇人の信者が参加した石垣島セミナーが開催された」

と主張した。つまり信者たちを避難させるためにセミナーを行ったとの解釈だ。いずれにせよ選挙で大敗したことでオウムと麻原は大きく変わったとすることが、（メディアと法廷も含めて）今では一般的な前提だ。しかしもしそうであれば、「豊かで充実した長寿社会を目指して」や「一人一人の幸福と地球の平和を」などと選挙チラシに書いた二カ月後に、ボツリヌス菌による東京都民の大殺戮《だいさつりく》を、麻原は実践しようとしていたということになる。

確かに選挙による大敗がオウム（麻原）を大きく変えた要因となった可能性はある。でも坂本堤弁護士一家が襲撃されたのは、選挙前の八九年十一月だ。ならば少なくとも九〇年の選挙以前に、オウムは危険な集団へと変質していたと考えるべきだろう。これについては後述する。

一九九〇年の選挙の際、一軒ずつ選挙区の家を訪ねながら「麻原彰晃、麻原彰晃、麻原彰晃、よろしくお願いします」と言うようにと命じられた利根は、どうしてもこのフレーズを口にすることができず（その気持ちは僕にもわかる。洗脳された奇異な集団として見られているとの客観的な思考ができるならば、確かにこのフレーズは口にしづらい）、「名前を言うのは一回でいいでしょうか」と麻原に訊《たず》ね、「それはおまえの心が弱いからだ！」と一喝されたことを語ってくれた。

「そのときに、なぜか自分は嬉《うれ》しかったんです。怒られているにもかかわらず、心は喜んでいるみたいな感覚があって。不思議な気持ちになったんです」

怒られて嬉しい。この感覚は決して特異なものではない。麻原と信者との関係を父性原理で説明するならば、父権的な麻原に怒鳴られることは、信者にとっては絆の再確認となるはずだ。洗脳やマインド・コントロールなど大仰な言葉を持ち出すまでもなく、ある意味でとても普遍的な心理であり、巷《ちまた》にもよくある現象だ。僕は視線を、利根の隣に座る片山に向ける。

「同じ質問です。麻原について、最も鮮烈な印象を語ってください」

「……出家して間もない頃に、富士道場で修行していて、それで、要するに耐えられなくなったんです。あまりに辛《つら》くて。で、思い余って尊師の部屋に電話したんです。最初は奥さん（知子）が出ました。尊師に代わったらいきなり、『誰だ』って言われて、『片山です』って答えたら、『どうしたんだ?』って。自分の内側のコンプレックスが出てきたとか、もう修行は続けられないとか、自分でもよく訳がわからないことを訴えたんです。そうしたらいきなり、『目の前のことに集中しろ!』と一喝されたんです。その瞬間に、自分の意識の深いところに、……入ってきたんです。感覚的なものだけど。言葉にすれば、憐《あわ》れみというか……。一喝された後に、自分は沈黙しちゃったんですが、いろいろ思いがこみ上げてきて、それで思わず、ガチャンと電話を切っちゃったんです」

「何も言わず?」

「ええ、ありがとうございますとか何とか言うべきだと考えてもいたのだけど、でも何も言えなくなっちゃって、思わず切っちゃったんです」

「じゃあ、麻原にしてみれば、話の途中なのにいきなり電話を切られちゃったことになるわけ?」

「そうですね」

「その後、彼からフォローはありましたか。道場で会ったときとか、『その後はどうした?』とかそんな言葉はなかったですか」

「いいえ、ないです」

「一言も?」

「はい。むしろ追い討ちをかけられました。『揺れたらもう下向《げこう》だ』と。でも、逆にそうやって追い詰められることで、心の部分で、変化が生じたような実感があるんです」

地下鉄サリン事件直後にオウムを脱会して一時はさかんにテレビに出ていた猪瀬正人《いのせまさと》は、厳しい修行中に錯乱して監視役の信者につかみかかったとき、報告を受けて現れた麻原に、竹刀《しない》で何度も太ももを叩《たた》かれたという。その痛みに悶絶《もんぜつ》しかけたとき、竹刀を手から離した麻原は、放心状態の猪瀬を太い腕で強く抱きしめて、耳元で「頑張れよ」と囁《ささや》いた。


「それまでの人生で親や教師にも感じることのなかった強烈な父性を覚えた。心から弟子の成長を願う本物の愛に包まれたようで、涙があふれて仕方なかった」

『裁かれる教祖』共同通信社社会部編

インタビュー最後の信者である田邊は、オウムに入信する前はヨガの道場に通っていた。ところが「君のカルマはとても重くて落とせない」と通うことを拒絶され、結局はオウムに行き着いた。

「いろんな疑問に対して（オウムは）明確に答えてくれるんです。ここだったら自分の悩みを解決してくれるかもしれないと思いました。印象に残っているのは、……修行があまりできなかった時期に、一人ひとりが面談する機会があって、いきなり怒鳴られたんです」

「何て怒鳴られたんですか」

「『真っ黒だ。修行しないとダメじゃないか』って。でもそう怒鳴られた瞬間、ショックで全部ぽんと飛ばされたような感じで軽くなってしまいました」

三人とも判で押したように、麻原に一喝されたことを最も印象深い出来事として語っている。傍らで蓮華座《れんげざ》を組みながら話を聞いていた松尾に、僕は思わず視線を送る。

「今回はこういう人ばかりを集めたのかな」

「いや、特にそういうわけじゃないんですけれど……」と言いながら、松尾も少しだけ困惑したような表情だ。

「怒られた以外の体験はないですか」と三人に訊ねれば、「私にはよく、ギャグを言っていました」と松尾がぼそりと言う。

「たまたま三人は共通してしまいましたが、でも相手によって尊師は対応を変えるんです。私は怒鳴られたことはないです。でも頻《しき》りにギャグを言うんです」

「どんなギャグですか」

「言えません」

「どうして?」

「……オヤジギャグなんです」

僕と松尾とのこの会話に、「でも自然なギャグなんですよね。無理がない」と利根が割って入る。しかし松尾は、「いや、あれはやっぱり相当に無理がありました」と真顔でつぶやく。

「凄《すご》いギャグです。笑うに笑えない」

信者によって対応を変える。それは事実だろう。これまでに僕は、『A』や『A2』の撮影を通して、百人以上の信者に「麻原彰晃はどんな人でしたか」との質問をくりかえしてきたけれど、結論はこれに尽きる。とにかく慈愛しか感じなかったという年配の信者。いつも怒られてばかりでしたと苦笑する若い信者。怖い人ですと少しだけ声を潜める女性信者。優しい方ですと上気する男性信者。

……時おり思う。まるで鏡のような男だと。信者は麻原の本体を見ていたのではなく、麻原という鏡に映る自分自身を見ていたかのようだ。だからこそ信者によって、その印象はばらばらで決して収束しない。

「私の性格というものは作られたものである。作られたものとはどういうことかというと、それは演技によって作られたものである。本質的には私の性格は存在しない。よって厳しいフォームを形成することもできれば優しいフォームを形成することもできる」

これはある説法の中で、自身の性格を評して語ったくだりである。素顔をまったく知らない者なら「そんな戯言《ざれごと》を」と一蹴できるが、私には強い納得と同時に響いてしまう。現実に見てきた姿がそうで、周りにいる弟子や状況によって面白いように変わり、方法論ばかりかそれこそ振る舞いや言葉遣いまで変わるから、一つの固定的な人物像で捉えようとすると本当に混乱する。

『オウムはなぜ暴走したか。』早坂武禮

こう記述してから、かつて麻原の側近信者だった著者の早坂武禮は、信徒から布施を受けるだけの強欲な教祖ではなく、インドやスリランカ、チベットなどの貧しい寺院を回ったときは、その窮状を訴えられると相手が驚くほど高額な布施を頻繁に行ったエピソードなどに言及しつつ、「ときには完全無視のこともあるが、それは寺とは名ばかりの金儲《かねもう》けに奔走する場合で、判断基準は相手の名声よりもむしろ宗教的実践の姿勢にあったようだ」と回想している。

麻原を自己愛性人格障害と看做《みな》す精神分析医は多い。精神疾患の分類と診断のマニュアルであるDSM―Ⅳによれば、自己愛性人格障害の特徴は、自己の重要性に関する誇大な感覚を保持し、周囲に過剰な賞賛を求め、他人の気持ちおよび欲求を認識しようとせず、尊大で傲慢な行動をとるなどとされている。フロイトやフェダーンのナルシシズム論を統合する形で「自己心理学」を確立したアメリカの精神医学者ハインツ・コフートは、幼児期に自己愛を鏡のように映しだしてくれる保育者を持つことができなかったとき、人は傷ついた自己愛を空想的な誇大自己に肥大させると主張した。

ならばオウムの信者たちの多くは、自らの自己愛の修復のために麻原彰晃という鏡像を必要としたのだろうか。そしてその結果、鏡となった麻原の自己愛は、信者たちの多くの自己愛をぺたぺたと貼りつけられながら肥大した。そう考えれば何となく辻褄《つじつま》は合う。あくまでも理屈だけど。

「話を変えます。彼が教団の人事や運営面の細かいところまで指示をしていたという実感はありますか」

僕のこの質問に、松尾は少しだけ考え込む。

「やっぱり人によります。対応がぜんぜん違うんです。例えば早川紀代秀さんに対しては、とても細かく指示されていたようです。でも私のかつての上司だった正悟師（二ノ《にの》宮耕一《みやこういち》）は、勝手にやってしまうタイプでした。指示があったのですかって訊《き》いたら、いや別に受けていないって」

「それで怒られない？」

「うまくゆけば」

「失敗したら？」

「怒られます」

目の前に置いていたレコーダーが、カチャリと音を立てた。両面一二〇分の録音が終わったのだ。佐藤がテープを換える。再びスイッチが入ると同時に、片山が静かに口を開く。

「地下鉄サリン事件が起きたとき、私は科学技術省の購買部門にいましたから、サリン生成の原材料を買っていたという疑いで逮捕されました。起訴はされませんでしたけれど。そのときは、これは陰謀だってずっと思っていました。地下鉄サリン事件が起きる前は、米軍が毒ガスで尊師を狙っているなどの噂《うわさ》があったし、私もそれを信じていました。でも事件以降、テレビや雑誌などの情報を少しずつだけど見聞きして、裁判も傍聴して、今ではオウムが事件に関わっていたことは間違いないと思っています」

片山のこの言葉に残りの三人が小さくうなずいた。麻原は一般市民の大量殺戮を命じた。あるいはこれを黙認した。その事実を、ほとんどの信者たちは共有している。ならば今の彼の法廷での様子を、信者たちはどのように認識しているのだろう。

かつて荒木浩は裁判傍聴後に、「私も今の尊師の状態は普通ではないと思います」と僕に言った。傍聴した信者は数多い。そこで彼らは、精神が無残に崩壊した最終解脱者を目にしてきたはずだ。

「最終解脱者なのに発狂するということはありえないわけですよね。どう考えますか。

先に僕から言っちゃう。要するにコーザルとかアストラルとか、意識がそっちに行ってしまっているんだと解釈しているんでしょう？」

ここで僕が使ったコーザルやアストラルについては、死後に魂が行く異世界と思えばよい。最終解脱者である麻原は、現世とこれらの世界とを自由に行き来できるということになっている。

このときの僕の質問は、相当に強引で誘導的すぎたかもしれない。でもこれまでに信者たちとさんざん交わしてきた話題であるからこそ、信者たちの多くがこの解釈に依拠していることを僕は知っている。利根は僕のこの推測に同意した。田邊は「今の尊師は抜け殻だと思う」とだけ述べた。片山と松尾は悩んだ末に、「判断不能」とのニュアンスを口にした。

インタビューを始めてから、そろそろ三時間が過ぎる。あとは雑談にしましょうと僕は言った。でもテープは回っている。雑談が始まってしばらくしてから、松尾がふと、「私、PTSD（心的外傷後ストレス障害）経験者なんです」とつぶやいた。

「きっかけは村井刺殺事件です。現場にいました。救急車が来るまで、ずっと村井さんの傷口を押さえていました。死にかけている人の呼吸、目の動き、血の匂い、そんなイメージや感触がずっと残っています。それからしばらくは、毎日のようにパニック症状を起こしていました」

「じゃあ、村井さんの最後の言葉も聞いたんですか。『誰に刺されたのかと訊いたらユダヤと答えた』と、当時上祐さんは言ってましたよね」

「上祐はユダヤと聴き取ったけれど、『ユダ』と聴き取った信者もいます。ユダならば組織内の裏切り者だし、ユダヤだったら陰謀説です。どっちでしょう。村井さんは関西人だから『ユダや！』と言ったんだとの説もありました」

言いながら松尾は少しだけ笑う。三人の信者と二人の編集者も、口許《くちもと》を少しだけ綻《ほころ》ばせた。死を目前にした村井が意図していたはずはないけれど、結果的にはオヤジギャグになっていた。いつもこうだ。波野村捜査の際に早川や村井、上祐たちが麻原の命令で女装して逃走したとか、潜水艦を作って信者が中で溺れかけたとか、オウムの周辺には妙にブラックで間の抜けたユーモアがある。ただしギャグではない。なぜなら当人に自覚のないギャグなどありえない。彼らはいつも大真面目《おおまじめ》なのだ。

二〇〇五年十一月二十七日の日曜日。JRを乗り継ぎながら、僕は四谷の主婦会館に向かっていた。麻原の精神鑑定をテーマにしたシンポジウムに出席するためだ。主催は二審の麻原弁護団。ゲスト・スピーカーには僕と有田芳生《ありたよしふ》の二人が呼ばれている。僕は腕の時計を見る。十分の遅刻だ。

小走りに階段を駆け上がると、受付は予想以上の人でごった返していた。僕に目をとめた松井武弁護士が、妙に他人行儀に会釈する。

「有田さんたちは、この上の控え室にいます」

受付にいた黒のスーツ姿の二人の女性スタッフに促されて、僕はエレベーターに乗る。

「お忙しいのに申し訳ありません」と一人が頭を下げる。扉が閉まる。ふと気づく。まさかと思いながら、前に立つ二人の女性スタッフの顔を覗《のぞ》き込む。間違いない。

二人の女性スタッフは、麻原の次女であるカーリーと、三女のアーチャリーだった。

15　集会

（二〇〇六年四月号）

扉が閉まり、閉じられた箱の中は三人だけ。言葉がない僕に、二人は肩をすくめながら、若い女性らしい仕草でくすくすと笑う。「……ずいぶん変わったねえ」と思わずつぶやけば、「そうですか？」とアーチャリーが小首を傾《かし》げる。黒の上下のスーツ。白いブラウスの襟元には品のよいシルバーのネックレス。化粧も薄く施されている。

「そんなに変わりました？」

僕はうなずいた。この連載でも以前に書いたように、カーリーとは数カ月前、拘置所のロビーでばったり出会っている。でもアーチャリーとは本当に久しぶりだ。最後に会ったのは、『A2』公開直前だから二〇〇一年。つまり四年前だ。

このときの彼女は高校生。でも高校には通っていない。通信制だ。なぜなら試験に合格した高校すべてから入学を拒絶されたからだ。この四年のあいだに彼女は成人して、呼称としても女の子から女性になった。あの頃はまだ頰もふっくらとしていて、どちらかといえば少女の面影を残していたけれど、黒のスーツ姿で僕のすぐ目の前に佇《たたず》む彼女は、どこからどう見ても、確かに初々《ういうい》しい女子大生だ。

「そういえば大学でこのあいだ……」

アーチャリーがそう言いかけたとき、エレベーターが停止した。ゆっくりと開く扉から視線を戻せば、姉妹の口許《くちもと》に浮かびかけていた微笑は、余韻も残さずに消えていた。こわばった表情で廊下の気配を窺《うかが》ってから、二人は無言のまま、僕を先導するように歩きだした。「大学でこのあいだ……」の続きを聞きたかったけれど、今はあきらめたほうがいいようだ。

廊下の奥の部屋の扉を開ければ、長机を囲むように座っていた男たちが顔を上げた。いちばん手前には有田芳生、その隣には司会役の岩井信《いわいまこと》弁護士が座っている。にこにこと微笑《ほほえ》みながら有田芳生が、「久しぶりだね」と声をかけてきた。一年近く前、日本テレビ『ザ・ワイド』のスタッフたちの居酒屋での飲み会に呼ばれて以来だ。岩井とも挨拶を交わす。麻原の一審主任弁護人を務めた安田好弘の盟友でもある岩井は、死刑廃止をテーマとしたシンポジウムで、これまでも何度か顔を合わせたことがある。ただし岩井との縁はそれだけじゃない。アメリカの終身刑受刑者たちのドキュメンタリー映画『ライファーズ』を監督した坂上香《さかがみかおり》は、彼の妻であり、僕にとっても古い友人だ。そして坂上は、ＮＨＫ女性国際戦犯法廷ドキュメンタリー番組改変の問題が起きたとき、改変を指示しながら否定するＮＨＫに抗議して、所属していた番組制作会社ドキュメンタリージャパンを辞めたプロデューサーでもある。この騒動のときには、かつて同じようにテレビで仕事をしていた僕も、何度かシンポジウムなどに呼ばれて発言を求められた。……何となく重複している。そして循環している。世間は狭い。この慣用句を実感することが最近は多い。その理由のひとつは、急速に保守化を進める今のこの日本社会で、いわゆるリベラル（反体制的）な志向を持つ人たちは日々少数派として囲い込まれ、密度が濃くなっているからだとの説を、何かで読んだことがある。

少し被害妄想が過ぎないかとも思うけれど、でもその側面もあるのかな、と考え込む。法廷で精神が崩壊する過程を衆人の目に晒《さら》しながら鑑定すらされない状態が続いてきた父親と、教育を受ける権利を当たり前のように拒絶される子供たち。社会を震撼《しんかん》させた犯罪の中心にいた家族とはいえ、いくらなんでも普通なら「悪人ではあっても公正な裁判を受ける権利はある」とか、「子供には何の罪もない」など、当たり前の建て前が機能するはずだ。

結局のところ建て前は建て前だ。余裕があって初めて機能する。余裕がなくなれば剝《む》きだしの本音が優先される。これもまたある意味で当然だ。ならば考えねば。なぜこの社会は、これらの本音を剝きだしにしなければならないほどに、余裕をなくしかけているのかを。

二十世紀初頭、ファシズムなる政治形態は、同時多発的に世界に現れた。言い換えれば、これ以前にファシズムは、歴史に存在していなかった。つまり自然発生ではない。何らかの環境要因が整ったからこそ、ファシズムは産声をあげたのだ。

その環境要因のひとつはメディアだ。スペインでプリモ・デ・リベラが、イタリアでムッソリーニが、そしてドイツでヒトラーが頭角を現していた時期は、誕生したばかりの映画とラジオという新興のメディアが、あっという間に世界に広がった時期とぴたりと重複する。

この二つのメディアに共通することは、識字能力を要求しないことだった。字を読める人よりも読めない人のほうが圧倒的多数だったこの時代、映画とラジオによって文字どおりのマスメディアが初めて歴史に登場し、大衆の民意形成は新たな時代を迎えることになる。つまりプロパガンダだ。教育が比較的行き届いていた日本では、新聞が戦意高揚に大きな役割を果たしたが、戦地で勇ましく戦う兵士たちの様子を描写した活動写真やラジオは、これを劇的に増幅した。

もうひとつの環境要因は、ファシズムとは対極の位置にあるはずの民主主義だ。第一次世界大戦に敗れたドイツは、当時世界で最も民主的と謳《うた》われたワイマール憲法を公布した。その憲法下であくまでも民主的な普通選挙という手続きを経過しながら、ナチスは政権を獲得した。つまりは勃興《ぼっこう》したメディアによって形成された多数派の民意が、ドイツを弱体化させることを目的としたヴェルサイユ体制に危機を抱き、この体制の打倒とゲルマン民族の一体化を唱えるナチスに共鳴し、強い支持を投票行動によって表明した。

もちろん現実はこれほどに単純ではない。イタリアでは労働・農民運動に危機感を抱いた地主や資本家階級が、ムッソリーニ率いるファシスト党の当初の支持基盤となった。その意味では、健全なデモクラシーからはかなり距離がある。何よりもファシズム勃興の背景として最も普遍的な要素は、経済的不況や社会不安だ。

でも少なくともデモクラシーは、ファシズム形成への抑止力として機能しなかった。これは歴史が証明している。軍事国家へ大きく旋回する頃の日本にしても、当時は大正デモクラシーの時代でもあった。国民が求めた社会民主主義的な改革に応えたのは政府ではなく、農民や低賃金労働者の生活環境や労働条件などの改善を主張した軍部（陸軍）だった。

いずれにせよ、マスメディアとデモクラシーがファシズム形成における重要な環境因子だったと仮定するならば、この社会の進歩と調和についての見方はかなり変わる。

岩井の隣に座っていた背広姿の男が立ち上がった。差し出された名刺には、二審の主任弁護人である松下明夫の名前が記されていた。

「たった二人のうちの一人です」

手にした名刺を眺める僕にそう言ってから、松下はいたずらっぽく微笑んだ。言われ

いていたことを。

明夫は仙台在住。接見も含めて実質的に奔走しているのは、ほとんど松井一人だ」と書いていたことを。

「……書き方がお気に召さなかったら申し訳なかったです」

「いえいえ。事実ですから」

岩井がシンポジウムの順番を説明する。最初の発言は森達也。次に有田芳生。時間はそれぞれ十〜十五分ほど。次に松下明夫と松井武から、裁判についての現状報告を挟み、次女と三女に接見時の麻原の様子を伝えてもらう……。

岩井が説明するあいだ、姉妹はずっと部屋の隅に立っていた。まるでお茶汲《く》みのアシスタントのように。何も立っていることはないだろうと思って「座れば？」と何度か誘ったが、二人は微笑しながら首を横に振り続ける。

打ち合わせを終えて階下に降りれば、会場に用意された三百ほどのパイプ椅子はほぼ埋まっていた。メディア関係者も多い。最後列の座席の後ろには、三脚に据えられた何台ものテレビカメラが並んでいる。麻原法廷に異を唱えるシンポジウムであるということは、今の圧倒的な民意に異を唱えるシンポジウムであるということでもある。だから新聞や雑誌はともかくとして、これほどに多くのテレビ・クルーが取材に来るとは予想していなかった。

「……多いですね。テレビが」

思わずそうつぶやいたら、横を歩いていた岩井が、「娘たちが発言するからでしょうね」とうなずいた。

「どれだけ報道してくれるかは、また別ですけれど」

僕と有田はいちばん前列の椅子に誘導された。次女と三女の姿はいつのまにか消えている。おそらく予想以上にテレビ・クルーが多いので、控え室にいることにしたのだろう。まずは司会の岩井が口火を切った。

「今日のこの集会は弁護人が主催しています。通常こういった集会は、市民レベルの団体が主催することが普通です。弁護人が直接的に集会を主催するということは、きわめて稀《まれ》であるということを、まずは知ってください。いろんな意味で異常な事態です。ですから、敢《あ》えて充分な打ち合わせはしておりません。むしろ今日は、様々な方の意見をもとに、自由に議論をすることが、基本的な趣旨だと思っております」

岩井の挨拶を聞きながら、確かに普通なら、○○さんを支援する会とか何とか、市民運動グループが中心になるよなと気がついた。でも麻原彰晃に対しては、市民運動はまず連帯しない。ほとんどの人権擁護団体や市民グループは、オウム関連（特に麻原）については「あれだけは例外だ」として沈黙する。でも例外は例外のままではとどまらない。必ず前例となる。そして全体を少しずつ変えてゆく。

二〇〇四年一月、イラク派兵反対を呼びかけるビラを自衛官官舎の郵便受けに投函《とうかん》していたことで、立川市の市民運動家三人が逮捕された。容疑は住居侵入。同年十二月、東京地裁は「ビラ配布は憲法が保障する政治的表現活動」であるとして無罪を言い渡したが、検察は直ちに控訴し、そして一審判決からほぼ一年後の二〇〇五年十二月九日、東京高裁は「ビラによる政治的意見の表明が言論の自由により保障されるとしても、管理権者の意思に反して建造物などに立ち入ってよいということにはならない」として一審の無罪判決を破棄し、逆転有罪を言い渡した。

判決文が言及する「管理権者」とは住人ではない。マンションや官舎の管理人だ。部外者に敷地内に立ち入ってほしくないとするその意思に反して建造物に立ち入ったことを有罪とするのならば、理屈では不動産チラシや宅配ピザのチラシなどの投函、セールスマンの訪問販売などもすべて非合法な行為と見なされて、逮捕されなければならないということになる。ビラ撒《ま》きだけを検挙の対象にするならば、それは「集会、結社及び言論、出版その他一切の表現の自由」を保障した憲法二一条に違反するし、罪刑法定主義にも抵触する。

逆転有罪判決が下されたこの日の午後、裁判所内の記者クラブの廊下で、旧知の読売新聞の司法記者と廊下で擦れ違った。「午前中に逆転有罪判決が出たようですね」と確認したら、記者は神妙な表情でうなずいた。

「……どうやら逆転の判決が出るらしいとの情報もあったんです。でも、控訴審の裁判長はリベラルなことで知られている人でしたから、やっぱりかなり驚きました」

犯した罪を罰に変換しながらその量を決定する刑事司法の基準が変わりつつあるということは、この社会の規範そのものが変わりつつあることを示している。つまり重罰化だ。立川のこの事件だけでなく、ビラ配布などを理由に一般市民が逮捕される事例は、このところ相次いでいる。

だから思い出す。『A』撮影時に起きた公安警察による信者への不当逮捕の顚末《てんまつ》を。映画評などではよく「六〇〜七〇年代に警察が左翼系学生を逮捕するときに使った『転び公妨』が初めて映像に記録された」などと称されるこのシーンだが、警察が標的の前で勝手に転んでから標的を公務執行妨害で逮捕する手法が本来の「転び公妨」だ。でも『A』における不当逮捕は、暴行を加えて信者を道路に昏倒《こんとう》させてから、警察官は自分が暴行を加えられたと主張して、公務執行妨害容疑の現行犯で信者を逮捕した。つまり「転び」じゃない。強いて言葉にするなら「転ばせ公妨」だ。より悪質になっている。

しかもかつての「転び公妨」は、薄暗い路地などで人目を避けて行われた。それはそうだ。違法行為なのだから。ところが『A』における不当逮捕は、白昼の国道沿いで行われた。周囲には多くの群衆が集まっていた。警察官はその群衆の目前で、職質を拒絶する（これは保障された権利である）オウム信者に突然の暴行を加えた。

ところがこのとき、警察官のこの違法行為に抗議の声をあげる人はいなかった。それどころか群衆は、警察官が信者を道路に押し倒したとき、歓声をあげながら拍手した。カメラを回す僕のすぐ後ろにいた初老の男性は、「ポアしてもらえて本望だよな」と大声で言い、多くの人が笑いながら「そうだそうだ」と同意した。

刑事司法や治安権力だけが変わったわけではない。多くの人の意識が変わったからこそ、刑事司法や治安権力の基準は変わったのだ。メディアはこの変化に便乗しながらさらに善悪の二元化を煽《あお》り、刑事司法や治安権力はこの変化に追随しながら併走する。もちろん国民のすべてが、こんな状況を黙認しているわけではない。立川のビラ事件も含めて、最近頻発する不当な捜査や裁判の被告たちには、多数の「支援する会」が組織されている。

でも麻原彰晃には誰もいない。ひとりぼっちだ。家族と二人きりの弁護団。その家族の居住権や教育を受ける権利もまた、当然のようにこの社会から侵害され、弁護人は結局、二人以外には見つからなかった。

「一点だけ連絡事項をお伝えします。今日は麻原氏のお子さんお二人が登場いたしますが、そのお二人を被写体とする写真撮影、ビデオ録画については、一切禁止といたしますので、絶対に撮影しないようにご協力をお願いいたします」

最後にそう言って挨拶を終えてから、岩井は僕の名を呼んだ。立ち上がる。何を話すか、実はよく考えていない。二年前に麻原彰晃を初めて目の前で見てから、僕はずっと(もちろん四六時中という意味ではないけれど)彼のことを考えている。あの日に初めて彼を見て、「彼の精神は崩壊している」と直感し、いくつかの媒体への寄稿を助走にして、この連載は始まった。話したいことはいくらでもある。

「現在僕は『A3』というタイトルの連載を『月刊PLAYBOY』に書いています。内容としては麻原被告の判決公判傍聴を契機に、彼の人となりを見直すといいますか、彼がどういう人間だったのか、どういう経緯であんな事件が起きたのか、そして彼は現在どういう状態なのか、それについてもう一度、法廷だけじゃなくて、メディアも日本社会も、そして何よりも僕自身が考えるべき時期なんじゃないかと、思い返すべきではないかと、そういった趣旨で始まった連載です」

話しながら、客席に松本サリン事件の被害者である河野義行《こうのよしゆき》がいることに気がついた。オウム真理教家族の会の永岡弘行《ながおかひろゆき》会長もいる。もしもマイクを渡したら、二人は麻原の現状について、どんなことを言うのだろう。そんなことを考えながら、僕は話し続けていた。

「判決公判での麻原は、同じ動作をずっとくりかえしていました。頭に手をやったり、顔に手を当てたり、膝を掻いたり、一見すると笑いに見える発作のような表情をして、また顔に手を当てる。循環しています。しばらく見ているとわかります。同じ動作の反復は、拘禁障害などの場合に共通して現れる症状のひとつです。動物園の動物によく現れます。しかもこのときの麻原は、オムツまで当てられていた」

これ以降は省略しよう。大筋はこの連載でも書いている。ともかくこの場で僕は、「麻原彰晃は壊れている」と公式に断言した。実のところ断言は怖い。一〇〇％なんてことは現実にはありえない。でも断言する。直感を信じる。

ただし直感は主観でもある。客観性はない。ならば専門家に鑑定をやってもらおう。当たり前の発想だと思う。でも裁判所は弁護団のこの訴えに、ずっと同意しなかった。業を煮やした弁護団は何人もの精神科医に面会をさせて「訴訟能力は失われている」との鑑定結果を意見書として提出し、裁判所は渋々と鑑定を認めた。ところが今度は、鑑定人の氏名やその内容を非公開にするという。それでは意味がない。裁判所や検察の意向を汲《く》んだ御用学者が使われることは目に見えている。

次に登壇した有田は、つい最近、展示会を観《み》に行ったデパートで、二人の女性に声をかけられましたと話し始めた。

「お二人には『麻原彰晃の裁判はどうなるんですか』と訊《き》かれたんです。『今はこういう状況でまだ続いているんですよ』ということを簡潔にお伝えしたところ、『何で十年かかってもまだ終わらないいんですか』ということをおっしゃったんで、『それはもう裁判の手続きとして必要なことですから、当然のことなんです』ということを言いましたら、その二人は、……和服をお召しになった温厚そうなお二人でしたけれども、急に血相を変えて、『早く終わってすっきりすればいいんだよ』ということをおっしゃって。……僕は、まったく見も知らない人にいきなりそういうことを言われてびっくりすると同時に、作家の大西巨人《おおにしきよじん》さんがよく使っていらっしゃる言葉で『俗情との結託』という言葉がありますけども、やはりこの裁判については、俗情、つまり世俗的な意見が、デパートにやってくるご婦人の方々も含めて、広く浸透しているということを、つくづく実感したのです」

その後有田は、日本脱カルト協会の代表理事（当時）で東北学院大学の名誉教授でもある浅見定雄《あさみさだお》が最近の講演で、麻原の意識状態を「裁判を受けられないほどの人格破綻ではなく、現実から逃避しているだけである」との見解を示したことを述べた。

「オウム事件でずっと坂本弁護士の同僚として活動なさってきた滝本太郎《たきもとたろう》弁護士は、（二〇〇五年の）八月十九日にコメントを出しておりまして、もちろん訴訟能力の鑑定をすることには賛成だという前提なんですけれども、新潮社から『オウム裁判傍笑記』を出した青沼陽一郎さんの本の中の言葉を引用して、『最終芸達者』なんだという評価を、滝本さんはされている。つまり滝本さんと青沼さんは詐病説《さびょう》です」

こうして詐病説を主張する数々の人たちを引き合いに出してから、娘たちが面会してもしゃべらなかったという話を聞いて、これはやはり普通ではないと考えるようになった時期もあると有田は述べた。それから、現在取材しているBC級戦犯の裁判資料で、死刑を免れるために徹底して廃人を装った元軍医を例に挙げた。つまり、死の淵《ふち》まで追い込まれた人は、ありえないほどの演技をすることも実際にはあるらしいとの見解だ。

「……僕にはもうさっぱりわからない。専門家でもありませんし。こういう歴史的事実があることを考えれば、やはり専門家の判断は必要だと思います」

最後に、この法廷は日本では初めての「カルト裁判」なのに、その認識が欠けていたことが不幸な裁判になった大きな要因なのだろうと有田は話を締めくくった。どちらかといえば詐病ではないかとのニュアンスが強い。その意味では、僕とは微妙に立場が違う。ただし、少なくとも鑑定はすべきだし、その内容も公開すべきであるとする有田の姿勢は、僕と一致する。

その後、二人の弁護人が登壇して裁判の経過について語った後に、司会の岩井が、「麻原氏の娘さんお二人が接見をして面会をしております。そのときの面会の状況について、お二人から報告を受けたいと思います」と述べ、場内は少しだけざわついた。

「まず、次女の方から報告を受けたいと思います。なお彼女は、現在通信制の大学で勉強をしております。撮影については一切お控《こわ》えください」

壇上に上がったカーリーが、緊張で表情を強ばらせながら、ぺこりとお辞儀をした。

「松本智津夫の次女です。よろしくお願いいたします。私は二〇〇四年の八月十七日に接見禁止解除が認められ、初めて接見をすることができました。面会前に刑務官の方から……」

このとき、僕のすぐ前に座っていた松井武が、「撮影をやめてください！」と鋭い声をあげた。会場中の視線が、隅のテレビ・クルーに集中した。他のテレビ・クルーはみな、カメラのレンズを天井か床に向けているが、一社だけ、明らかに身を乗りだすようにして次女を撮っている。しかも松井の声が聞こえなかったのか、カメラマンもその背後にいるディレクターも、撮影をやめようとはしない。

「やめてください！」

松井が再び大きな声をあげた。そのときになってやっと、カメラマンとディレクターは叱責されているのが自分たちであることに気づいたように、ぽかんとした表情で周囲を見渡してから、あわててカメラのスイッチを切った。

不思議な光景だった。隠し撮りではない。正面から堂々と撮っていた。姉妹についてては撮影しないようにとの岩井の再三の要望を、まったく聞いていなかったとしか考えられない。推測だけれど、麻原の娘たちが出席するらしいから撮って来いとデスクかプロデューサーから命じられ、裁判や鑑定の現状については何も予備知識がないまま、そしてこの場でも話を聞かないまま、彼らはここにいたのだろう。他のことは何も考えず、ただ二人の娘の顔を撮ることにだけ集中していたのだろう。

顔を晒したくないとの姉妹の決意は固い。しかし僕は、できることなら晒してほしいと考えている。今日のこのシンポジウムだって、もしも二人が顔を晒したのなら、テレビはニュースで（多少は）大きく扱うだろう。でも同時に、晒した後の彼女たちの生活が、どう変わるかも僕は予測できる。少なくとも今のような平穏な生活はできなくなる。幼い弟や妹たちにもその影響はあるだろう。

騒動のあいだ、じっと俯《うつむ》いていた次女は、気を取り直すように吐息をついてから、もう一度ゆっくりと、父親である麻原の面会時の様子について語りだした。

16 父親

（二〇〇六年五月号）

「二〇〇四年の八月十七日、接見禁止の解除が認められ、初めて父と接見をすることができました。（中略）以来二十四回の接見を重ねてまいりましたが、コミュニケーションは一切とれておりません。（中略）今日は、痙攣《けいれん》が特に顕著だった二〇〇五年十月十九日の接見について、報告をさせていただこうと思います。この日は私と妹と弟の三人で面会に行きました。面会時間は一時から一時半の三十分でした。『失礼します』と挨拶しながら入室しました。父は右上を向きながら、痙攣のようにゆっくりと体を震わせていました。私は椅子に座ってから、『寒くなってきましたが、風邪などひいていませんか』と父に問いかけました」

そこまで話してから次女は、卓の上の大学ノートに視線を落とした。コミュニケーションがまったくとれないので、何回目かの接見以降、彼女は一冊のノートを面会室に持ち込むようにした。つまりこのメモには、彼女の目の前に座る麻原彰晃の挙動や仕草が、現在進行形で記録されている。

「返事はない。苦しそうな顔をしている。顔色が赤い。両腕を深く組み、左足を上に組んで俯《うつむ》くように座っている。首をあちこちに向けている。口をもぐもぐ、瞼《まぶた》は細かく痙攣している。誰かの話を聞いている感じではなく静かだ。8分、左手であくびを抑えるような動作で軽く口を被《おお》う。髭《ひげ》を触っているようにも見える。8分40秒、完全に右を向き、訝《いぶか》しげに壁に向けて目を凝らす。子供が昆虫か何かを熱心に観察するような感じだ。9分、眉根に皺《しわ》を寄せ、何かをやはり凝視する感じ。考え込むポーズにも見える。10分、左手を顎に置き、訝しげな顔をして考え込む。誰かの話を黙って聞いているような雰囲気。11分、〃くん、くん、くん〃と音を出す。喉から出しているのか、音が割れている。12分、天井を振り仰ぎ、正面に顔を向ける。組んでいた足を下ろし、銀色の台に身を乗り出し、アクリル板のすぐ向こうに父の顔がきた。私たちのほうをゆっくりと見るような感じで、徐々に顔を動かしていく。左手で頬をさすり、顔を左斜め前に向ける。私の顔をじっと見たようにも思った。顔はゆっくりとずらされていく。壁などを同じように見ている。父の顔を正面から見たのは、初めてのような気がした。しかし、やはり私たちは、壁や天井と同等のものでしかないようだった。16分、左手で髭を触り、後頭部を左手で触る。その後、両手を頭の後ろにおいて、顔を意地悪く上にやった。16分50秒、両手を下ろし、左手で顎に触る。17分、左手で左顎を押さえ、一瞬顔が歪《ゆが》む。18分、左手で顎を押さえた状態で、痙攣のようにびくん。顔は左向きに壁のほうを向いている。

19分、びくん。髪の毛をびくん、びくん、びくん、びくん。瞼も痙攣している。20分、顎から手を下ろし足は右を上に組んでいる。20分20秒、びくん。きょうはよく眼《め》が開いている。びくん。21分、びくん、びくびくびく。口、もぐもぐ。22分、組んでいる足が大きく震えるほど、びくんと震えが走る。眉根には深い皺。唇や顎が小刻みに痙攣している。23分、びくん、びくん、びくん。体がわずかにのけぞり手が握りしめられる。何かせわしく口はもぐもぐ、びくん、瞼の痙攣。24分、びくびくびく。細かい震えが走る。天井にびくん。震えとともに全身が強《こわ》ばり、力が抜ける。25分、右手で頭をつんと触り、すぐ動く。26分、父の体調が明らかに悪そうなので、私、〝きょうは体調が悪いのですか？〟。弟、〝大丈夫ですか？〟、妹が大きめの声で問う。返事などあろうはずもない父に向けて語りかける。27分、〝大丈夫ですか？〟。大きな声ならば少しは反応がないかと思ったようだ。大きい音に反応することもあるのに、しかし今日は聞こえているかどうかすらもわからない。〝寒くありませんか？〟弟が少し大声で。しかし、何もない。28分、びくびく。また痙攣が始まる。少し小さめの痙攣だ。唇もぐもぐ。顔がせわしなくあちこちを向く。下唇を噛《か》む。もぐもぐもぐ。瞼痙攣。天井を振り仰ぎこちらのほうを向き、唇もぐ。下唇だけ口の中に入れる感じ。〝あぎゃん〟という感じの音を出す。顔は正面、唇もぐもぐ。眉根に皺。30分、びく、びくびく。喉の辺りに力が入っているのがわかる……」

次女は顔を上げ、少しだけ肩で息をついた。会場のそこかしこからも、緊張から解放されたかのように吐息がもれた。

「……今お話しさせていただいた以外にも、痙攣はしょっちゅう起こしています。十一月二十四日にも面会に行きましたが、二度、車椅子が大きく震えるほどの痙攣を起こしていました。私たちはその都度、心配になりますが、刑務官の方は馴《な》れた様子で、あわてるような様子はまったくありません。痙攣は日常茶飯事に起こっているのではないかと不安になります。以上、わかりにくい点もあったかと思いますが、報告を終わらせていただきます。どうもありがとうございました」

ぺこりと頭を下げてから次女は壇上から下り、入れ替わりに三女のアーチャリーが登壇した。

この三女と次女が、自宅に侵入したことと弟である長男（当時八歳）を連れ出したことで茨城県警に逮捕されてから三カ月が過ぎた二〇〇〇年四月、茨城県旭村の自宅近くの倉庫から私物を運び出すアーチャリーを、僕はビデオカメラで撮影していた。本来ならこの春に高校生になるはずだった彼女は、逮捕騒動で入試をすべて見送った。でもこの日の彼女は（内心の葛藤はわからないけれど）、参考書や教科書が入った段ボール箱を新しい住居に運ぶために、黙々と車に積み込んでいた。

「得意な教科は何？」

カメラのレンズを向けながらの僕のこの唐突な質問に、少しためらってから彼女は、「英語かしら」とつぶやいた。

「じゃあ今この場で、英語で自己紹介してくれる？」

「言われると思った」

そう言ってからアーチャリーは、自己紹介の構文を、レンズに向かってつぶやいた。ただし彼女が自らの名前として選択したのは、聞き慣れたアーチャリーではなく、本名のほうだった。

「アーチャリーじゃなくていいの？」

僕は訊《き》いた。

「……だって自分の名前、大好きなんです。いろいろ差し障りがあるので、マスコミにはアーチャリーと呼んでもらったほうがいいけれど」

「でもアーチャリーは、お父さんにつけてもらった大事なホーリーネームだよね？」

「だって本名だって、お父さんにつけてもらった大事な名前です」

そんな会話をしたあとに、僕たちは倉庫の周辺を散歩した。典型的な農村地帯だ。遠くに霞《かす》む山の斜面に大きな夕日が沈みかけていた。次女と三女が逮捕された事件の現場となった元住居（この時点ではもう誰も住んでいなかった）の近くまで足を延ばせば、のどかな景色は一変した。近隣住民たちが立てたものすごい量の看板で、まるで結界が張られたかのように、家はびっしりと包囲されていた。「殺人集団出て行け！」「おまえたちに人権はない」などのフレーズは他のオウム施設でもよく見かけたが、「宇宙の果てに飛んで行け！」なるフレーズが大きく書かれた看板もあった。

「……行けるものなら行きたい」

その看板の前でしばらく佇《たたず》んだアーチャリーは、口許《くちもと》に複雑な笑みを浮かべながら小声でつぶやいた。家のすぐ脇に、臨時に設置された派出所がある。ガラス窓から中を覗《のぞ》くアーチャリーに気がついた二人の警官が、大あわてで中から現れた。「こんにちは」とアーチャリーが頭を下げ、二人の警官も、「こんにちは」と挨拶を返す。

「彼女は危険ですか」

カメラを構えながら、僕は二人に聞く。北関東訛《なま》りが残るアクセントで若い巡査が、

「いやあ、危険はないんじゃないの」と他人事《ひとごと》のようにつぶやいた。

「でも今世間では、彼らは最も危険な集団で、彼女はその中心にいると思われていますよね」

「何だかねえ。そんなことはないと思うけどねえ」

「ならばどうして、危険だとのイメージが広がるのでしょう?」

「メディアが悪いんじゃないの?」

カメラのレンズに視線を送りながら、若い警察官は真顔でそう言った。

「警察ですよ」

「いやあ、メディアだよ」

「……どっちも悪いと思うけれど」

若い警官と僕とのこんな漫才もどきのやりとりを、年配の警官とアーチャリーは、くすくすと笑いながら聞いていた。そろそろ日が落ちる。山の稜線《りょうせん》が赤く染まっている。

二〇〇一年、『A2』が公開される前の試写の段階では、このシーンはエンディングへの重要な要素として、本編に残されていた。しかし翌年一月、公開された『A2』からは、このシーンは削除されている。だからこのシーンが入った『A2』を観《み》た人は、試写会に足を運んだ一部のマスコミ関係者と、同時期に開催された山形国際ドキュメンタリー映画祭に足を運んだ人たちだけだ。

試写が始まる頃から公開までの数カ月、このシーンをめぐってはいろいろあった。この連載でも以前に触れたけれど、このシーンを削除する過程では、麻原彰晃の二審弁護人である松井武（当時は松本家の代理人）と、喧嘩腰《けんかごし》のやりとりが続いていた。

その経緯については以前に書いた。いろいろあって、そしていろいろ考えて、最終的にあのシーンを削除した自分自身の選択を、僕は今も悔いてはいない（決して肖像権を尊重したのではない）。でも悔しい。過去形で悔いてはいないけれど現在形で悔しい。

られた。

試写が終わってからのロビーで、あるいは山形国際ドキュメンタリー映画祭の会場で上映後、僕は何人もの人に、「あのアーチャリーの場面が最も印象的だった」と声をかけられた。

時間を置いてから再編集して再上映するという手もあるとプロデューサーの安岡は当時言っていたが、あまりに『A2』の興行が不調だったためか、最近はそんな言葉を口にしなくなった。その思いは僕も共有する。それほどに『A2』は不入りだった。民意に反した映画など誰も観に来ない。オウムへの新たな視点など誰も求めていない。観客がほとんどいない客席を扉の隙間から眺める思いはもうしたくない。

だからこそ映画版『A3』の撮影を、僕は中途で断念した。映像から活字へと仕事の領域をシフトした。苦しかった。辛《つら》かった。今さら簡単には戻れない。

「……松本智津夫の三女です。よろしくお願いいたします。裁判所の方たちが父と面会した折に、父が裁判官の方々の話を理解して返事をしていたと聞きました。しかし私はこれまで二十三回面会していますが、一度も父とは意思の疎通がとれていません」

アーチャリーのこの言葉を（以前にも書いているけれど）補足する。精神鑑定の申請を弁護団から受け取った須田賢裁判長は、弁護人には一言も伝えないまま、麻原に直接面会した。裁判長が控訴の意味はわかっているかなどと声をかけたとき、麻原は「うん、うん」と反応したという。これを根拠に裁判所は、「話の内容を理解していると思われる」と判断し、鑑定申請を拒絶すると同時に控訴趣意書を出せないとする弁護団を激しく非難した。「父が裁判官の方々の話を理解して返事をしていた」とのアーチャリーの説明は、このときメディアにも発表された裁判所の公式見解だ。

「私が初めて面会したのは二〇〇四年九月十四日でした。九年ぶりでしたので、それまでのことについていろいろ話しました。話し始めてから少しして、突然父が笑いました。大学の授業でいろいろな事件を扱うんですけれど、それを今はパソコンが進化していてインターネットで……といった話をしているとき、突然笑い出したのです。特に笑うような場面ではなかったので『えっ?』と一瞬思いましたが、そのまま話を続けました。

次に父は、声か音かわからないような音を出し始めました。〝うん、うん〟という感じでした。そのときは私の話を聞いて、〝なるほど、なるほど〟という感じでうなずいているんだと信じ込もうとしました。

父が本当に病気だと確信してしまうことが、怖かったんだと思います。その日は本当に久しぶりで、自分の伝えたいことをひたすら言い続けてしまいました。〝変だな?〟とは思ったのですが、父を観察する余裕はありませんでした。

次に面会した二〇〇四年十月十三日、面会室に入ったら父は、手で顔を押さえるようにして寝ていました。途中で起きましたがその後は、右側に誰か人がいてその人の話を聞いているような感じで、顔を少し右に向けて〝うん、うん、うん〟と言ってるように見えました。まるで昔、みんなの話を聞いていたときのようでした」

ここで少しだけ、話に間が空いた。壇上の横の椅子に座っていた僕の位置からは、彼女の表情はわからない。肩が少しだけ震えていた。数秒の間を置いてから、もう一度顔を上げ、何事もなかったかのように、アーチャリーは話し始めた。

「勉強のことを話していると、会話の内容に何の脈絡もなく、突然笑うような表情を見せ、私は沈黙しました。父が正常なのか、本当に病気なのか、確認しなければならないと思ったからです。そうすると誰も話をしてないのに、〝うん、うん〟と。突然笑うようなそぶりを見せました。それから〝ムニャムニャ、ヒムラガ〟という感じの音を吐きました。何か言ったのかもしれませんが、私にはきちんとした単語として理解することはできませんでした。寝言のような感じでした。そのあとも〝うん、うん、うん〟という音は断続的に続きました。

面会終了時間になって、刑務官の方が先に面会室を出ました。次に私たちが面会室を出て、父だけが面会室に一人残った形になりました。背後の父しかいない部屋から〝うん、うん〟という声だけが聞こえてきました。やっぱり父はおかしいのだという確信を、このときに持ちました。

（中略）そんな状態ですので、父と意思の疎通などまったくできていません。意思の疎通はおろか、単語を聞いたことすらありません。詐病《さびょう》であると言われている父ですが、ならばそもそもなぜ、弁護士の先生や私たちの話には反応を示さず、裁判所の方たちに対して返事をするのか、私には理解できません。詐病を装うなら、裁判所の方たちに対してこそ、返事をするわけがないと思うからです」

話し終えたアーチャリーが退場する。次女であるカーリーの姿も、いつのまにか会場から消えている。司会役の岩井弁護士が、十分間の休憩をとることを会場に伝えた。

トイレに行こうと会場の外に出たら、年配の女性に廊下で、「森さん」といきなり声をかけられた。永岡弘行オウム真理教家族の会会長の妻である英子だった。

「森さんは最近、講演や雑誌などで、麻原彰晃には責任能力はないとのことをさかんに主張されているとの噂《うわさ》を聞きました。ならばお聞きしたいのですが、何を根拠に、そんなことをおっしゃっているのでしょうか?」

いきなりの詰問調で少々たじろいだ。この連載を通して僕が問題視しているのは、彼の責任能力ではなくて訴訟能力だ。犯行時の彼がどんな精神状態にあったのかを知る手立ては僕にはない。でも公判の記録を読むかぎり、少なくとも逮捕直後の彼は、訴訟の当事者としては問題ない精神状態を保っていたと思う。問題はそのあとだ。法廷で、奇妙な英語を織り交ぜてしゃべりだしたり、「自分は今、空母エンタープライズのようなものの上にいる」などと口走ったり、ハナゾノヨウイチ特別陪審員なる実在しない人物が証言に登場したり、時制が混濁した発言をくりかえし始めたあの段階で、なぜ被告の言動がおかしいから鑑定をしてみてはどうかと誰も提案しなかったのだろう。

不規則言動が始まったのは一九九七年。それから現在まで九年近く、麻原は放置された。その帰結として病状は進行した。これ以上ないほどに悪化した。ただし弁護側の依頼で鑑定に応じた三人の精神科医は、しかるべき治療を施せば回復の可能性があると言っている。ならば鑑定をして治療を施し、少なくとも自分は何もので、なぜここにいるのか、くらいの意識を取り戻させてから、裁判を再開すればよいはずだ。

ロビーで向かい合いながらそんなことを、僕は英子に説明した。休憩時間が終わりかけていたこともあって、実際はもっと手短だったし早口だったと思う。最終的に脱会したとはいえ息子はオウムに入り、夫はＶＸガスで殺されかけた彼女に、非当事者の僕はどうしても饒舌《じょうぜつ》になれない。後ろめたさを払拭《ふっしょく》できない。なぜなら彼ら当事者たちが味わったその痛苦を、僕は絶対に、リアルには感覚できないからだ。

でも同時に、言葉を失う自分を、僕は肯定する。なぜなら当事者の痛苦をリアルに感覚できない非当事者の後ろめたさをこの社会が忘れたがゆえに、加害者への嫌悪や憎悪が全面的に発動し、日本社会の変質は始まったと思っているからだ。

とりあえず英子は納得してくれたようだ。第二部が始まっている。僕はあわてて会場に戻る。

17　詐病

（二〇〇六年六月号）

前回に書いたシンポジウムから二カ月が過ぎた二〇〇六年一月二十二日、麻原裁判弁護団が主催するシンポジウムの第二回が行われた。このときの登壇者は、精神科医の野《の》田正彰《だまさあき》、ジャーナリストの大谷昭宏《おおたにあきひろ》、作家の宮崎学《みやざきまなぶ》、社会学者の宮台真司《みやだいしんじ》、そして（映画監督なのか作家なのかよくわからない）森達也だ。それぞれの発言は『「麻原死刑」でOKか？』（ユビキタ・スタジオ）のタイトルで刊行された。

五人の発言者のうち、実際に麻原に弁護団の依頼で面会した野田正彰のコメントを以下に引用する。

「私はまず『松本さん』と呼びかけたのですけれど、その前から身体を動かしておりましたから、私の言葉に対してはっきりと反応したとは思えませんけれど、呼びかけの後少し、動作がやや多くなったような印象を持ちました。右肩を一瞬ぴくっと動かして、それから額を掻《か》いたり、右へ首を傾けたり、鼻下を触ったり、それから側頭部を掻いたり、そういった小刻みな動作が続くわけです。それで、腕を組んで、にたっと笑いを浮かべて、そして口をもぐもぐさせて、時に、「うぅ、うぅ、うぅ」などと声を出しています。（中略）意味のある反応ではありません。こちらが何も言わなくともずっとやっていますから。（中略）二十分くらい経過して、私は、まあそれも最初から考えてあったのですが、みんな言葉で麻原を刺激しているから意表を突こうと思っていまして、アクリル板の下をパンパンと叩《たた》きました。その時にはですね、ぴくっと左眉を上方に動かしました。それ以外の反応はなく、二十五分を経過した頃には眠っているかのような様子になっていたわけです。（中略）まあ昏迷《こんめい》状態と言っていいだろうと考えました」

まずは面会時の麻原の様子をこのように描写してから野田は、このままでは死刑判決が確定しかねない状況について、以下のように述べている。

「もちろんそんなことが許されるとは私は思いません。拘禁反応を起こしているわけですから、これまでの臨床経験から言えば、三カ月から長くとも半年のあいだ治療をすれば良くなると思われます。（中略）わかりやすく言えばですね、訴訟中に胃潰瘍《いかいよう》が見つかったと。そうしたときに放っておくかということですね。当然内視鏡を入れて出血を止めないといけないですね。そういうことをするべきであるのにもかかわらず、どうも裁判官が意味不明なことを言って頑張っている。そういう状態ではないかと思います」

このシンポジウムからさらにまた二カ月近くが過ぎた三月十九日、TBS系列で放送された、WBC（ワールド・ベースボール・クラシック）準決勝の日本―韓国戦の瞬間最高視聴率が、関東地区で五〇・三％を記録した。まさに日本中が熱狂した一日だった。

翌三月二十日の読売新聞一面は、「日本、韓国破り決勝へ」との見出しの横に、試合終了の瞬間にハイタッチで喜ぶ日本人選手たちの写真をカラーで大きく紹介している。社会面にも「宿敵・韓国に雪辱」の見出しの下で、サンディエゴのスタンドで頰に日の丸を描いて歓喜するファンたちが紹介されていて、ほぼ同じ大きさの見出しで、「春の嵐　東京で風速33メートル」が横に並んでいる。

この日からちょうど十一年前である一九九五年の三月二十日、地下鉄サリン事件が勃発した。でも紙面のどこにもその記述はない。読売だけではない。他紙も同じようなものだ。テレビのニュースでもオウムについては、ほとんどの局が触れなかった。

ある意味で当たり前だ。事件は風化する。記憶は薄くなる。十一年前だ。忘れないほうがどうかしている。周年的な催しや記事は、逆に風化の常態を示している。ならばむしろ、さっぱりとないほうがいい。

でも同時に思う。WBCの日本―韓国戦のおそらくは百分の一すらも、もう誰もオウムについては興味や関心を持っていない。関心を失うことは当然だとしても、十一年前のあの熱狂や狂騒を思い出せば、この風化の速度はあまりにも激し過ぎる。

この連載の締め切りは毎月二十日。そして毎月この二十日前後を狙いすましたかのように麻原がらみで何かが起きると、僕は以前に書いた。

今回もそれは起きた。二月二十日、つまり先月号の原稿をメール添付で編集部に送った直後、麻原彰晃被告には訴訟能力があると結論づけた精神鑑定書を、裁判所に依頼された西山詮《にしやまあきら》精神科医が提出した。その内容や医師の名前について裁判所は非公開にする方針だったが、翌二十一日に二審弁護団が、その鑑定書を公開した。共同通信の配信を以下に引用する。

> 20日、東京高裁（須田賢裁判長）に提出されたオウム真理教松本智津夫被告（50）＝1審死刑、教祖名麻原彰晃＝の鑑定書は「被告は拘禁反応状態にあるが、精神障害の水準にはなく、偽痴呆性《ぎちほうせい》の無言状態にある。訴訟を続ける能力は失っていない」と

判断した。

鑑定書は約90ページ。司法精神鑑定の権威の一人とされ、東京都内のクリニックに勤務する西山詮医師が作成した。高裁は今後、この鑑定書を詳しく検討、必要に応じ弁護側と検察側の双方から意見を聴き、1―2カ月以内に松本被告の訴訟能力について判断するとみられる。（後略）

他の報道によれば、鑑定医が渡した鉛筆を握った麻原はこれをプロペラのように回し、鑑定医が取り戻そうとしても握りしめて離さなかったことなどが、訴訟能力があるとの判断の決め手になったという。

今回僕は、その西山鑑定書を入手した。その内容を吟味する前に、鑑定をめぐるこれまでの事実関係を、おさらいのつもりで以下に列挙する。

二〇〇四年二月、一審で死刑判決を受けた麻原被告の控訴審弁護を引き受けた二審弁護団（松井と松下）は、被告とどうしてもコミュニケーションがとれないとして控訴趣意書の提出を断念する。同時に弁護団は、精神鑑定を実施するために公判停止申立書を裁判所に提出するが、これを却下されたため、この年の十月から漸次《ぜんじ》、独自に精神科医に依頼して鑑定を実施した。ただし正式な鑑定ではないため法的効力はない。

まずは元北里大学医学部精神科助教授の中島節夫医師。「器質性脳疾患の疑いが濃厚」との見解を示しながら中島は、「詐病《さびょう》の可能性も否定できないが、詐病と判断するにも正式な精神鑑定が必要だ」と主張した。

二人目の医師の名前や所属は公表されていないが、彼もまた、「拘禁反応によって昏迷状態にある」として、「訴訟能力はない」と結論づけた。

三人目は筑波大学大学院人間総合科学研究科の中谷陽二《なかたにようじ》教授。彼もやはり、「拘禁反応が慢性化・固定化している」可能性が高いとして、「訴訟能力は欠如している」状態との意見書を提出した。

四人目は関西《かんせい》学院大学の野田正彰教授。「公判当初は訴訟能力に問題はなかったものの、現在、意志能力があるとは考えられず、一時的ではあろうが訴訟能力はないとみなすべきである」として、「半年内の治療で軽快ないし治癒する可能性が高い」と野田は主張した。

五人目は金沢大学名誉教授でかつては東京都立松沢病院院長だった秋元波留夫《あきもとはるお》。来年には百歳を迎える現役最長老の精神科医である秋元もまた、被告の訴訟能力については明確にこれを否定した。

六人目は、かつて東京拘置所の医務部精神科医として勤務し、その後東京医科歯科大学犯罪心理学助教授や上智大学心理学科教授などを務めた小木貞孝《こぎさだたか》（加賀乙彦《かがおとひこ》）。彼もまた、被告は「原始反応性の昏迷状態にあり、はっきりとした拘禁反応の状態を示していて、言語による意思の疎通は不可能であり、訴訟能力はない」とした。

麻原の現在の精神状態についての見立ては、六人それぞれで微妙に違う。しかし訴訟能力については、全員が明確に「失われている」と結論づけた。

これが現在までの経緯だ。昨年（二〇〇五年）九月五日に高裁から鑑定を依頼された西山医師は、九月二十六日、十月五日、十二月十二日の三回にわたり、東京拘置所で被告の問診、行動観察、理学的検査を行った。鑑定書には、家族歴と本人歴、現病歴がまずは記述されている。ここまでは資料編だ。その後に現在の症状、説明と考察、鑑定主文が続く。つまり西山自身による接見時の被告の様子と、これについての考察だ。

Ａ４判用紙で全八十八ページ。膨大な量だ。当然ながら内容はとても専門的だ。一読のうえで気になった箇所を引用する。

まずは資料編。一九九七年四月二十四日の第三四回公判において、麻原は次のように発言した。

「地下鉄サリン事件は、弟子たちが起こしたものであるとしても、あくまでも、一袋２００グラムのなかの10グラムぐらいのものが、10キロに散布されたものであり、本質的には傷害であるということがポイントであると言えます。（中略）で、これは、ディプロマット、検察庁では、これは無罪として認定しています。そして裁判長も無罪として認定しています」

法廷における麻原のこの発言を引用した後に西山は、

「検察庁も裁判長も無罪を認めているなどという空想作話ないし空想虚言を持ち出して、自説の権威付けをしている。陳述自体がいい加減で、説明全般に真面目《まじめ》さ、真摯《しんし》さ、深刻さがおよそ欠けている。出鱈目《でたらめ》を臆面もなく述べているが、病的思考は認められない」

と記している。「出鱈目を臆面もなく述べている」と「病的思考は認められない」との連関がまずは不明だ。反転の接続詞「が」の使われる理由が、どこにも記述されていない。話が破綻することは病的思考の症状のひとつだ。これを一刀両断にするならば鑑定の意味はない。

このときの麻原は、「日本のマスコミはこれ（自分や弟子たちは微罪であるということ=引用者註）を既に放送していたのです。しかし、もう日本がないというのは非常に残念です。これは、したがって十七事件についての麻原彰晃の論証であり、話です。これをエンタープライズのような原子力空母の上で行うということは、非常にうれしいというか、悲しいというか、特別な気持ちで今あります」とも発言している。ハナゾノヨウイチ特別陪審員なる実在しない人物が、発言に登場するのもこのときだ。

これらのすべてを引用しながら西山は、

「以上は作話、空想作話、空想虚言を取り混ぜた長い話であるが、これらの他に格別思考障害は認められない。被告人の話が時々脈絡を欠いているように見えるのは、空想作話や空想虚言が自在に挿入されているからである」

と解説している。また別のページでも、この日の証言を取り上げて、

「たわいない理屈をつけて犯罪行為を矮小化《わいしようか》する（例：地下鉄サリン事件の殺人等を傷害に）、弟子に責任があるとして自己の共同謀議を否定する、無罪及び釈放を検察庁や裁判所が認めているというような空想作話ないし空想虚言を事々しく持ち出して、自己の無罪を主張し、補強しようとする。説明は全体に真面目さ、真摯さ、深刻さを欠いており、論理的に破綻しているばかりか、倫理的にも破綻している。最後には、第三次世界大戦が起きて、日本はなく、従って裁判もなく、自由であり、普通に生活

できると言うのである。主任弁護人から今日は何日かと聞かれて、１９９７年１月５日か６日であると答えているが（実際は４月24日＝引用者註）、これも時間的見当識障害ではなく作話である」

と断じている。「倫理的にも破綻している」の指摘は、精神鑑定においては何の意味もないし、そもそも倫理的な考察など求められてもいない。この逸脱は随所にある。例えば「もしも裁判からこうして拘禁反応状態にある人を治癒させるとすれば」と書きながら西山医師は、「被告人を治癒させるだけの実力と時間を持った精神科医がどこにいるかも心配である」などと結んでいる。明らかに余計なお世話だ。他の精神科医たちが指摘するように、環境を変えるだけで拘禁障害は劇的に改善されることが多い。実例は数多くある。治癒させるだけの精神科医がいないなどと書く理由も必要もないし、そもそも事実に反している。

空想作話、空想虚言なる用語の正確な意味を僕は知らない。文脈からは「自らの免罪を主張するためにありもしない話をでっちあげている」ということを意味しているのだろうが、他の六人の精神科医たちの意見書にはこの用語は使われていない。「空想作話ないし空想虚言を持ち出して、自説の権威付けをしている」と西山は何度も強調するが、「裁判長や検察庁が無罪の認定をすでにしている」と明らかに事実無根の主張をしたり、あるいは（実在しない）ハナゾノヨウイチ特別陪審員の証言を引用することが、「自らが無罪であることの権威付けになるのだ」と本気で被告が思っていると仮定するならば、その極端な飛躍と稚拙さが、すでに普通の意識状態ではないと考えることが当たり前ではないだろうか。

「車椅子に乗ったまま、『ばか』と言葉を発したことや本月16日に弁護人面会後、職員がスリッパを脱がせようとしゃがんだところ、声を出して笑ったこと（職員の動作を見て笑ったものと思料される。）があげられる」

これらの伝聞を西山は、「日常生活において異常な言動の発現は認められない」とする事例として挙げている。しかしそもそも普通の精神状態にある男が、誰かが目の前でしゃがんだくらいで声を出して笑うだろうか。もしもそんな男が身のまわりにいたならば、それこそ精神科医を訪ねたほうがいいと忠告するほうが普通だろう。また失禁について西山は、

「なお、『失禁』という言葉には既に病的評価が付着している。起こったことを虚心に見れば、それは大小便の垂れ流しである。この行為は必ずしも脳疾患の症状ではな

く、又、必ずしも重い心因反応の症状でなければならないものでもない。それはいざとなれば健康な人の誰もができることである」

などと述べている。「虚心に見れば大小便の垂れ流しである」とはどういうことだろう。虚心の意味がわかっているのだろうか。「いざとなれば健康な人の誰もができること」の記述も含めて、失禁は病的だが垂れ流しは意識的に行えるから病的ではない、という意味なのだろうか。ならば西山医師自身は時おり、失禁はしないが垂れ流しはしているのだろうか。「いざとなればできること」ではあっても、その「いざとなれば」のハードルが際立って低いときに、人は正常な意識状態ではないとみなされるのだ。垂れ流しや失禁の定義など、どうでもいい。この論理を使えば、精神の病など存在しなくなる。

百歩譲ってこれまでの西山の論に唯一の整合性を見出《みいだ》すのならば、麻原が精神障害を装っている（すなわち詐病である）との認定がなされた場合だろう。つまり恣《し》意的に垂れ流しをしていると西山は言いたいのだ。でも恣意的かどうかの判断は他者にはできない。ならば西山は何をもって、麻原が精神障害を装っていると証明するのだろうか。多くの報道でも紹介された「鉛筆をプロペラのように指で回した」とのエピソードは、鑑定書本文では以下のように記述されている。

「被告人が車椅子に戻って座り、右手を軽く丸める形にして右膝の上に置いていたので、その拇指《ぼし》と人差し指の間に鑑定人が鉛筆を黙って置いたところ、3本の指が微妙に動いて鉛筆を把持し、更には鉛筆の中ほどを3本の指で持って、くるくるとプロペラ様に振ってみせた。（中略）鉛筆を取り戻そうとすると、被告人は右手で強く握って離さない。鑑定人が引っ張ると、被告人はいよいよ硬く握り締める。鑑定人が更に力一杯鉛筆を上方に引くと、被告人は握った右手の上に左手を当て、両手で摑《つか》んで離さない。（中略）以上の検査から判明したことは、意志発動が可能で、鉛筆を握って離さないことも、これを離すこともできるということである。逆に言えば、握る能力はあるのに握らないことがあるということである」

このときの体験を、西山はさらに他のページでこう分析する。

「言いたくないから言わないというのは無言であり、権利の自由な行使であって、疾病でも障害でもない。言いたいのに、疾病のために言うことができないので言わないというのが無言症で、言うことを妨げているのが疾病の症状である。結果現象は同じ『言わない』であるから、これだけからは見分けがつかない。ここで我々の握力検査を想起してみよう。被告人の左右の掌《てのひら》に鑑定人の左右の手指を2本ずつ置き、『力一杯握ってごらん。』と命じても、被告人の手は握らない。これは握りたくないから握らないのか、握れないから握らないのか、このテストだけでは分からない。後で分かったように、被告人は握ることができたのである。つまり、被告人は握力検査の時は、握れるのに握らないでいたのである。意志発動が行われないために外界の刺激に反応しない状態を昏迷と呼ぶのであるが、そのような昏迷は被告人には存在しなかった。つまり、意志と行為との間の転轍《てんてつ》障害は存在しないのである」

この後、平成十六（二〇〇四）年十月二十日、拘置所内での運動の時間に麻原が「大リーグボール3号だ」と口走り、さらに還室を促すために刑務官が彼の手をとったとき「ちょっと離して」と言ったとの記録を引用しながら西山は、

「すなわち平生はものを言わないけれど、ものを言う能力はあり、実際にものを言うことがあるのである。（中略）このような状態は昏迷ではない」

と断じている。

「食事や入浴は拒否することのない被告人が、弁護団との接見を含む、裁判に関連する事柄に対して、著しく無関心であるように見えることは、関心の対象に明らかな選択性があることを示している。この選択性は首尾一貫しており、このような使い分けは、自由な意思の現れに他ならない。（中略）被告人の精神状態は、詐病の疑いが否定できない」

最後に鑑定主文として西山は、

1　被告人は、現在、拘禁反応の状態にあるが、拘禁精神病の水準にはなく、偽痴呆症の無言状態にある。

2　被告人はものを言わないが、ものを言う能力が失われたことを示唆する証拠はない。実際にコミュニケーションする能力があることは、さまざまな方法で証明されている。発病直前及び発病初期からあった強力な無罪願望が継続していると考えられ、被告人は訴訟を進めることを望んではいないが、訴訟をする能力を失ってはいない。

との結論を導き出している。全文を読んだけれど、西山が指摘する「実際にコミュニケーションする能力があることを証明したさまざまな方法」がどこに記述されているのか、僕にはまったくわからない。主文1に使われた「偽痴呆」とは、質問に対して的外れな応答をする場合などが該当する症状だ。つまり（偽ではあっても）言語的な交流ができる状態を示している。ところが西山による三回にわたる鑑定のあいだ、麻原が発した言葉は「痛い」などの四つしかない。これでは言語的な交流などありえない。だからこそ「偽痴呆症の無言状態」という苦し紛れのフレーズにしたのだろうか。でも「偽痴呆症の無言状態」は、「人工添加物入りの天然ジュース」や「三畳一間の広々した居住空間」に等しい。この用語を使う精神科医や学術書もなくはないが、その場合は拘禁神経症より重度の拘禁精神病に近い状態を表すことが一般的だ。ならば文脈はまったく変わる。

少なくともこれだけは言える。「偽痴呆」という言葉のニュアンスは、精神医学に精通していない一般の人に、「やはり詐病だったのか」と思わせる効果がある。

そもそも仮に麻原が精神異常を装っているならば、なぜよりによって自らの鑑定中に（鑑定前に西山は、自分が鑑定医であることを本人の前で宣言している）、西山が差し出した鉛筆を力一杯握り締めるという行為に及んだのだろう。さらに言えば、鉛筆を握り締めることが意志の発動を示し、訴訟の当事者となるだけの能力を意味するのならば、乳幼児やアライグマやオランウータンにも訴訟能力があることになる。もう一度引用する。

「食事や入浴は拒否することのない被告人が、弁護団との接見を含む、裁判に関連する事柄に対して、著しく無関心であるように見えることは、関心の対象に明らかな選択性があることを示している」

この記述については矛盾の域を超えて、とても悪質な詭弁《きべん》のレベルだ。「拒否することのない」と「無関心であるように見える」二つの状態を、あたかも相反する反応であるかのように西山は書いているが、この二つは相反していない。同じ意識状態の現れだ。「関心の対象に明らかな選択性がある」との断定は、食事の際に自ら箸を手にしたとか入浴の際にいそいそと服を脱いだとか、あるいは家族との面会のときには積極的にコミュニケーションしようとしたということが明らかなときに使うべきレトリックだ。入浴の際に現在の麻原は、刑務官に衣服を脱がされて棒タワシで洗われている。西山がこれを知らなかったとは思えない。

「平成17年4月、接見室で被告人は弁護人が入室する前から陰茎を露出して自慰行為を始めており、弁護人の見ている前で射精に至った。このような自慰行為はその後も接見室で繰り返され、東京拘置所でも5月以降主として房室において頻繁に観察されるようになった。同年8月には面会に来た若い娘達の面前でも行われている。被告人の自慰行為が何（例えば、偽痴呆症のデモンストレーションか、弁護人や家族との決別か、等）を意味するかを確定することは難しいであろう。しかし、意志発動に損傷のないことを示しているのである」

弁護人の前で、あるいは精神科医の前で、そして面会に来た家族の前で、麻原彰晃が頻繁に自慰行為に及んでいたことは僕も知っていた。この連載十二回でも思わせぶりに書いている。入手したばかりのこの情報を、これ見よがしに書くべきかどうかについての逡巡《しゅんじゅん》があったからだ。でもこの鑑定書が公開されたのだから、逡巡する理由はなくなった。

面会時における麻原の自慰行為は、多くの人が目撃している。演技ではない。射精もしている。このエピソードを引用しながら、「しかし、意志発動に損傷のないことを示しているのである」は、まったくもって意味不明だ。その根拠がどこにも記述されていない。文章として破綻している。「いざとなれば健康な人の誰もができること」だから、「意志発動に損傷はない」との理屈なのだろうか。確かに自慰行為は、健康な男子なら誰でもする。問題は、見知らぬ人や実の娘たちの面前で、これをできるかどうかだ。

結論ありきの鑑定になるのではとの危惧はあった。でもこれほどに露骨で恣意的な鑑定になるとは予想していなかった。なぜ裁判所は西山に鑑定を依頼したのだろうか。『東奥日報』の社説である「断面」の記述を引用する。

オウム真理教松本智津夫被告（50）＝教祖名麻原彰晃＝について、訴訟能力を認める精神鑑定書が二十日、東京高裁に提出された。弁護団の依頼を受けて面会した五人の精神科医はみな訴訟能力を疑問視し、治療を求めたが、鑑定はこれと真っ向から対立する。高裁は裁判継続の姿勢で一貫しており、弁護側関係者からは「結論ありきの鑑定だ」との声も漏れる。

「読んでみなければ何も言えないよ」。午後五時半、東京高裁の第十刑事部で鑑定書を受け取った松本被告の弁護人の一人は、エレベーター内で宙を見詰めたままつぶやいた。記者から「予想された結果では？」と問われると「まあねえ」。ため息をつきレインコートのフードをかぶると、冷たい雨の中を足早に裁判所を後にした。

弁護団は夜になって声明を発表。「極めて非客観的にして恣意的」「結論は明らかに誤り」と鑑定を痛烈に批判した。（中略）

「強力な無罪願望が継続していると考えられる」。松本被告の鑑定書はこう述べ、偽痴呆症の無言状態にあると断じた。鑑定人は西山詮医師。

西山医師は、一九八〇年代に仙台市で起きた強盗殺人事件で、一、二審死刑となった男の上告審でも鑑定人を務めた。男は上告審段階で、別の鑑定人に「訴訟能力が欠如している」と診断されたこともあったが、西山医師は問題がないと判断。昨年九月に上告棄却となった。

この訴訟の弁護人を務めた舟木友比古《ふなきともひこ》弁護士は「強烈な無罪願望による詐病という鑑定だった。松本被告の鑑定と表現が似ている」と話す。

（二〇〇六年二月二十一日）

いずれにせよ西山による鑑定書は、裁判所に提出されて正式に受理された。通常なら認められる弁護人の立ち会いも認められなかった。公開の場で西山医師に対しての尋問を弁護団は要求しているが、裁判所は必要ないとしてこれも一蹴している。

つまり、麻原の現在の挙動は精神障害を装う演技であるとする見解が、裁判所によって正式に認定されたことになる。ならばこのままでは、戦後において最も狂暴凶悪と形容されたオウム事件の主犯とされる麻原の裁判は、ほとんど何も明かされないままに終了する。

つまり死刑が確定する。

拘置所に収容されている誰かに手紙を出すとき、部屋のナンバーまで記載する必要はない。拘置所の住所と当人の名前だけで普通は届く。そもそも拘置所は、それぞれの部屋のナンバーを絶対に明かさない。

でもこの時期の麻原がいた部屋はわかっている。北三舎一階の四四号室。なぜわかっているかといえば、かつてこの北三舎を担当していた衛生夫（拘置されている被告の食事を出したり洗濯物を干したり私物の管理をしたりする受刑者）が、インタビューに応じたからだ。

インタビューが収録された本のタイトルは『獄中で見た麻原彰晃』（インパクト出版会）。発行は二〇〇六年二月五日。鑑定をめぐって弁護側と裁判所とがいろいろとやりあっている時期の麻原の状態が、ここには克明に記されている。

この衛生夫によれば、拘置所の部屋は原則的にすべて畳敷きだが、麻原の部屋の畳だけはビニール製で、布団はビニールパイプを中に詰めた特注品であるらしい。なぜなら糞尿がオムツから染み出すからだ。以下に要約しながら引用する。

彼の布団や服、それから部屋も、とにかく物凄《ものすご》い臭いです。あれを嗅いで、私は「ああ、人間も動物なんだな」と思いましたよ。つまり排泄物《はいせつぶつ》で汚れた動物園の檻《おり》のような臭いなのです。部屋に便器があるのですが、それは絶対に使わず、垂れ流しです。（中略）布団にしても、服にしても、大便よりも小便の臭いが染みついていますね。上下とも、とにかくびしょびしょなんです。なぜ上も濡《ぬ》れてしまうのか、おそらく寝ている間に小便をして、それで濡れてしまうんだと思います。（中略）

通常の被告は自分の部屋に自分の食器を置いて、これを食事のたびに外に出して衛生夫が盛り付けをし、それを再び中に入れます。しかし麻原の場合は違います。食事は全て銀色のお盆に食器を並べて供されます。献立はまず朝はアルマイト製の弁当箱に入れられた白米。それから「もっそう」と呼ばれるプラスチック製の小さめの丼に味噌汁、それから梅干、のり玉のふりかけ、納豆、味付け海苔《のり》、佃煮《つくだに》、タラコにふりかけなどから二品が組み合わされておかずとして付きます。（中略）おかずは本来皿に盛られるのですが、麻原の場合はそうではありません。皿は使わせず、汁物以外の全てのおかずをご飯の上に盛り付けます。エビフライだろうが、煮物だろうが、梅干だろうが、全てご飯の上です。時々プリンなどのデザートが出ることがありますが、甘いものだろうがお構いなしで全てご飯の上に盛り付けます。（中略）何度か、風邪薬のような、白い粉末状のものを、彼のお茶に混ぜるよう、先生（刑務官のこと＝引用者註）に指示されたことがあります。先生は睡眠薬だとか言っていたように思います。（中略）何かの注射を打たれているという噂《うわさ》もありました。彼がたまにどこかに連れていかれることがあるので、その時に打たれているのでは、という話です。

以前は朝起きるなり、「ショーコーショーコー！」などと叫んでいたこともあったそうですが、今や廃人のように動かず、何も言わず、といった状態で毎日ひっそりと暮らしています。

彼が着ているのは大体スウェットの上下。黒や灰色、黄色などがあります。私物はありませんから、他の被告が廃棄したものを着ています。夏はTシャツに短パンのこともあります。これらはすべて四三号室に保管されています。冬でもスウェットだけで過ごしています。拘置所の冬というのは、暖房もありませんし、本当に寒いのです。そんななかあのような薄着でいられることも、正常とは思えない部分ですね。着替えは自分でできませんから、先生が服も引っ剝《ば》がします。脱がせた服と、使ったオムツは布団と同様に部屋の外に置かれます。（中略）入浴の際も二人の刑務官が彼の体を洗ってやります。トイレ掃除に使うような、棒タワシを使って彼の体を擦《こす》るのです。（中略）浴室の後始末をするのが我々の仕事です。その浴室の様子は本当にすごいですよ。タイルは糞だらけだし、棒タワシにも付いています。

先生が布団を出している間、本来は衛生夫は後ろを向いて待機していなければならないのですが、そのまま見ていることも不可能ではなかった。その際彼は全く一言も発せず、壁に寄りかかって黙って項垂《うなだ》れながら座っているだけでした。二年間あの中にいて、彼が何かを喋《しゃべ》っているのを聞いたことは、ただの一度もありませんでした。

とにかく彼は被告が本来持つべき権利をほとんど有していないのです。午後、衛生夫は、それぞれの被告に持ち込まれたお菓子や本などの差し入れが集められたところに行き、そこから房に配りに行きます。その際、麻原には一切差し入れは入りません。それは差し入れる人が全くいないのではなく、拘置所が止めているからです。

私も刑務官に、「やっぱりいかれてるんですかねえ？　どうなんすか、本当のところは」なんて聞いたことがあります。先生は「もういかれてんだろ。人間諦めるとあなっちゃうんだよな」と言っていました。「もう終わってるから。どうせ死ぬんだからいいだろ」とか。

二〇〇六年三月二日、埼玉県の春日部共栄中学《かすかべきょうえい》が、試験に合格した麻原彰晃の次男の入学を拒絶したことが報道された。学校側は代理人の弁護士に対し、「払い込まれた入学金を返却するから口座番号を知らせるように」との通知と合わせて、「学校敷地内への次男の立ち入りを禁ずる」とも通告してきたという。

今のところ、春日部共栄中学のこの措置に対して、問題視する世論はほとんどない。そして教育機関に義務教育すら拒絶される彼らの父親である男は、精神が崩壊したまま、門外漢のこの僕にすら不備や破綻をいくらでも指摘できる鑑定書を根拠に、今まさに死刑が確定しようとしている。

西山医師が高裁に鑑定書を提出してから十九日後の三月十一日、千代田区内の弘済会館で行われた三回目のシンポジウムに、弁護団の依頼で麻原に面会した秋元波留夫精神科医が登壇し、西山鑑定を「科学者のとるべき態度ではない」として強く批判した。日本における精神医学会の最長老である秋元波留夫にとって西山は、かつての教え子でもある。だからこそ秋元は大きな衝撃を受けたらしく、傍目《はため》にも明らかなくらいに悲嘆していたという。二〇〇七年四月、秋元は逝去した。享年一〇一。彼にとっては最後の心残りだろう。

「もしも裁判所が西山鑑定を追認して一審の死刑判決が確定した場合、コメントをいただけますか」

つい三日前、共同通信社会部の澤康臣《さわやすおみ》から、そんな電話があった。「それはもちろんコメントするけれど……」そう答えながら僕は訊《き》いた。

「裁判所はあの鑑定を追認する可能性が高いのですか」

僕のこの質問に、澤は少しだけ間を置いてから、吐息混じりに小声で答える。

「……その可能性が高いようです」

「時期は？」

「早ければ今月末」

二〇〇四年の二月二十七日、東京地裁一〇四号大法廷で、僕は麻原彰晃の一審判決公判を傍聴した。そのときに傍聴の抽選券を取ってくれたのが澤康臣だ。傍聴を終えた僕は、その足で汐留《しおどめ》にある共同通信社に移動して、同社から各メディアに配信される短い原稿を書いた。いわばこの連載の原型だ。すべてはここから始まった。以下にそのときの原稿を引用する。

空疎で奇妙な時間だった。東京地方裁判所104号法廷。傍聴人やメディア、弁護団や検察官、裁判官や廷吏も含め、被告席に座る男が普通の判断能力を保っていると信じている人は、おそらく半分もいないだろう。

でも裁判は粛々と進む。最後に屈強な男たちに無理やりに立たせられた男は、判決主文の朗読のあいだも、まったく反応を示さない。

彼の実体はここにはない。ならばこの裁判の意味は何だろう？　でも誰もそれには触れない。口にすることは暗黙のタブーに触れるかのように。

精神鑑定という当たり前の手続きさえできないこの状況は、何を表しているのだろう。自作の映画『A』や『A2』を観《み》た人のほとんどは、信者たちが普通であることに驚いたと口を揃《そろ》える。ならば次に、これほど普通な彼らが、なぜあれほどに凶悪な事件を起こしたのかを考えてほしい。

狂暴な集団だから凶悪な事件を起こしたと考えるほうが確かに楽だ。でも現実は違う。世界を豊かにするのが人の善意や優しさなら、世界を壊すのもまた、人の善意や優しさなのだ。人の営みはそのくりかえしであることを、最近僕はつくづく実感する。

地下鉄サリン事件をきっかけに増殖した危機管理意識を背景に、日本社会は正義と悪の二元論に埋没した。この姿はそのまま、正義に陶酔し報復感情に煽《あお》られる9・11後のアメリカに重複する。でもアメリカを批判できても、日本社会は自分たちが同じ構造に囚われていることに気づかない。

究極の危機管理は仮想敵への先制攻撃だ。過剰な免疫システムは、異物を排除する過程で、いつかは自らも破壊する。

つまり僕たちは、オウムを憎むことで少しずつオウム化しつつある。被害妄想と正義の幻想に囚われた共同体は、内部結束を強めながら自分たちにとっての「悪」を攻撃する。でも危機意識は決して充足しない。エスカレートするばかりだ。

麻原の法廷は、この悪循環を断ち切ることができる大きな機会だった。でもそれも、何の成果も残さないまま、今日終わった。

善良なオウムがなぜ地下鉄にサリンを撒《ま》いたのか、僕はある程度の仮説に辿《たど》りついた。でも伝えたり伝えられたりすることじゃない。一人ひとりが考えることだ。決して難しい理屈じゃない。誰もが想像できるはずだ。

なぜならこの理由は、僕たち一人ひとりの胸のうちにあるのだから。

あらためて読み返すと、「麻原の法廷は、（中略）何の成果も残さないまま、今日終わった」式の記述をはじめとして、相当にメランコリックで感傷過多の文章だ。でもこのときはこう書かずにはいられなかった。ほぼ廃人のような麻原彰晃を目撃すると同時に、そんな彼を被告席に座らせながら法廷がこれまで続いてきたことを知った直後であることのとき、共同通信社の小さな会議室でパソコンのキーボードを打ちながら、僕は激しく混乱していたし虚脱もしていた。整理ができなかった。無理やりに原稿を書いていた。このときは「被告席に座る男が普通の判断能力を保っていると信じている人は、おそらく半分もいないだろう」と書いたけれど、それがとても楽観的な事態認識であったことは後で知る。

締め切りの時間ぎりぎりに、ようやく書き終えた原稿を渡しながら、「澤さんはどう思う?」と僕は訊いた。

「どうって言いますと?」

「本当にそう思っているかどうかはともかくとして、ほとんどの人は彼の今の状態を詐病だと見なしているようだけど、澤さんの意見は?」

少し間が空いた。時間にすれば数秒。それから澤はつぶやいた。

「……僕にはそうは思えません」

視線は足元の床に据えられていた。とても辛《つら》そうな表情だった。

18 棄却

（二〇〇六年七月号）

前号の原稿を編集部にメールで送付した翌日である三月二十一日、二審弁護団はこれまでの方針を一転し、この二十八日に裁判所に控訴趣意書を提出する予定であることをマスコミに発表した。正式な鑑定依頼を受けた西山詮医師が「被告には訴訟能力がある」と断言した以上、これを理由に裁判所が控訴棄却を決定する可能性が高まったと判断したのだろう。要するに弁護団にとっては、この転換は敗北宣言に等しい。でもこれで、控訴棄却という最悪の事態は免れる。つまり審理を続けることはできる。

弁護団が公表した提出予定日の前日である二十七日、僕は地方にいた。取材を終えてビールを飲み始めようとしていた夕刻、携帯の着信音が鳴った。共同通信社の澤からだった。

「森さん、まだご存じないですよね」と前置きしてから、澤は冷静な口調で言った。

「今日、高裁が控訴棄却を決定しました」

衝撃が強すぎて何も反応できなくなった状態を形容して、「頭の中が白くなる」との慣用句がある。あまり好きな表現じゃない。たぶんこれまで、僕はこの慣用句を使ったことはないはずだ。でもこのときは、まさしく頭の中が白くなった。返事ができなかった。

「それで、前にもお願いしましたが、明日の朝刊用にコメントを頂けますか」

「……ちょっと待って。状況がわからない。なぜ裁判所は棄却を決めたのですか」

「弁護団が控訴趣意書を提出しなかったからとの見解のようです」

「でも、明日には控訴趣意書を裁判所に提出すると、弁護団は公表していましたよね」

「はい」

「少し前に裁判所は、この月末まで趣意書を待つと約束していましたよね」

「はい」

「それなのに、なぜよりによって、弁護団が控訴趣意書を提出するとした二十八日の前日に、裁判所は棄却を決定するのですか」

「わかりません」

「おかしいでしょう」

「おかしいです」

言ってから、しばらく間が空いた。このときの表情はもちろんわからないけれど、二年前、汐留の本社ビルで見た澤の辛《つら》そうな顔を僕は思い出した。きっと今も携帯を耳に当てながら、澤はあのときと同じ表情をしているに違いない。

裁判所による控訴棄却決定の要旨を引用する。

弁護人の被告と意思疎通が図れないから控訴趣意書が提出できないなどの主張について、弁護人が控訴趣意書を期限内に提出せず、その期限を徒過したのは、記録が膨大で論点が多数のために完成できなかったなどの理由でなく、既に控訴趣意書が完成し、提出期限最終日の打ち合わせの席上でそのまま直ちに提出できる状態だったのに、あえて提出しないという途を自ら選んだことによるものである。

裁判所が実施する鑑定方法などについて、弁護人の希望が受け入れられなければ提出できないという考えに固執し、そのような態度を取ったが、鑑定方法などの問題と控訴趣意書の提出期限順守の問題は、全く次元が異なる別個の問題である。

鑑定は裁判所が刑事訴訟法に基づいて実施することにしたもので、鑑定方法などをどのようにするかは裁判所の裁量に委ねられている。弁護人が裁判所の考えに納得できないとしても、控訴趣意書不提出が正当化されるということは考え難い。

加えて、こうした行為は被告から実質審理を受ける機会を奪う重大な結果を招く恐れをもたらすもので、被告の裁判を受ける権利を擁護する使命を有する弁護士が職責を全うするという点からみてもきわめて問題がある。

以上によれば、控訴趣意書をこの時点で直ちに提出したとしても、その遅延は刑事訴訟規則所定の「やむを得ない事情に基づくもの」とは認められない。
「こうした行為は被告から実質審理を受ける機会を奪う重大な結果を招く恐れをもたらす」ことを理由に「きわめて問題がある」と弁護団を批判しながら裁判所は、なぜたった一日を待たずに「被告から実質審理を受ける機会を奪う重大な結果」を選んだのか、何度読み返してもわからない。控訴棄却決定書はこのあとに、被告は一審からすでに弁護人と意思疎通を図らないという態度をとってきたことや、法廷での痴呆《ちほう》のような態度は自ら装ったものであり、訴訟能力を欠いていないと判断できると結論づけている。その根拠として示されるのは、以下の五行だ。

被告は一審判決の宣告を受け、東京拘置所に戻った後「なぜなんだ、ちくしょう」と大声を発したのである。
判決当日のこの言動は、被告が死刑という重大判決を受けたことを認識したがゆえのものであることは明らかで、この時点で被告には、十分な訴訟能力があったことに疑問の余地はない。

訴訟能力がある証拠として裁判所が提示する「なぜなんだ、ちくしょう」は、拘置所の刑務官が耳にしたと報告した言葉である。実際に裁判官たちが聞いたわけではない。

「おや、昨夜夢で会いましたね」と言ったかもしれないのだ。人の感覚はそれほどに当てにならない。しかも伝聞だ。さらにもし、仮にこの言葉を本当に発していたとしても、精神障害を装おうとしている男がなぜ刑務官の前でこの言葉を発するのだろう。まさしくこれは西山が言う選択性だ。でも向きは詐病《さびょう》とはまったく違う。

この夜は他に、東京新聞からもコメント依頼の電話があった。翌日の朝刊紙面には、僕を入れて四人のコメントが載っていた。「弁護側に起因」の見出しがついたコメントは土本武司《つちもとたけし》白鷗《はくおう》大学法科大学院教授。「信頼失う暴挙」は野田正彰関西学院大学教授。「妥当な決定だ」はジャーナリストの江川紹子。そして僕の見出しは「手続きに不備」だ。つまり野田と僕はこの控訴棄却決定への異議を唱え、土本と江川は当然であるとの見解を示している。二対二の両論併記。新聞としては当然の紙面構成だ。世相は圧倒的に「当然である」なのだから、この二つを両論にするところに、東京新聞の意地が表れているとの見方もできる。


この翌日である三月二十九日の夜、僕はTBSのラジオ番組『アクセス』にゲストとして出演した。この日のテーマは「麻原裁判打ち切りに賛成か否か」。パーソナリティは評論家の宮崎哲弥《みやざきてつや》。夜の十時過ぎに局に着くと、迎えてくれた旧知の担当ディレクターの顔色が心なしか冴《さ》えない。

「どうしたの？」

「いつものように、今日のテーマのアンケートを実施したんですが……」

そこまで言ってから、彼は少しだけ間を空ける。アクセスは毎回、その夜のテーマに沿ってのアンケート集計を実施している。いわば世相の断面だ。

「……裁判打ち切りに賛成が、トータルで八四％でした」

ああとうなずきながら、僕は言葉がない。八四％。もしも採決をとるのなら、「圧倒的多数で可決されました」というところだろう。

「まあ、正直言って、賛成が多少は上回るかなと予想はしていました。でも、これほどに差が開くとは考えていなかったので、どうやって特集テーマを展開しようかと悩んでいます」

そう言ってから黙り込んだ彼の横顔を眺めながら、この前日の東京新聞紙面に掲載された江川紹子のコメントを、僕は思い出していた。


何ら違和感のない妥当な決定。弁護側が控訴趣意書を出さないのは、引き延ばし以外の何ものでもない。控訴審でも、麻原被告が真相を話す可能性は一ミリも期待できず、国民の期待にこたえる判断だ。

確かにそのとおりだ。八四％。つまり百人中八十四人の日本人が、早くこの裁判を終わらせたいと思っている。早く麻原彰晃を吊《つ》るしてしまえと考えている。その意味では確かに国民の期待に応える判断を、裁判所は示したということになる。つまりポピュリズムが起動している。

本番が始まった。電話をかけてきた五人ほどのリスナーと、僕はスタジオで討論した。「棄却決定は早急すぎる」との意見を、（遠慮がちに）表明した人は一人だけ。残りは全員、棄却決定を支持、つまり早く処刑せよとの意見だった。

生放送だから、僕はこの日の放送を聴いていない。でも、自分が感情的だったことは覚えている。冷静でいられなかったことを覚えている。

このときのパーソナリティである宮崎と僕とのスタンスはかなり違う。思想や信条もたぶん違う。でも棄却決定については、「真相解明を放棄すべきではない。裁判所は罰の量を決めるだけの場所ではない」と宮崎は主張した。

八四％の人たちに共通するもうひとつの見解は、「これ以上裁判を続けても真相など明らかになるとは思えないから早く結論を出すべきだ」とのレトリックだ。テレビのニュースで観《み》たほとんどの被害者遺族たちも、みなこれを口にした。

確かに僕も、仮に麻原彰晃が正気を取り戻したとしても、法廷の場で事件の真相が解明されるという全面的な期待はしていない。その可能性はとても低いと考えている。

でもだからといって、手続きを省略することが正当化されてはいけない。「期待できない」という主観的な述語が、あるべき審理より優先されるのなら、それはもう近代司法ではない。裁判すら不要になる。国民の多数決で判決を決めればよい。国民の期待に思いきり応えればいい。ただしその瞬間、その国はもはや法治国家ではない。例外は判例となり、やがて演繹《えんえき》される。人は環境に強く馴致《じゅんち》される生きものだ。例外はいつのまにか例外として認識されなくなる。だからこそ司法は原則を踏み外すべきではない。

誰かに適正な裁判を受けさせる権利を守ることは、僕らが公平な裁判を受けるための担保でもある。自分は被告席に座るような悪人にはならないとあなたは言うかもしれない。オーケー。あなたは間違いを犯さない。でも僕は怖い。自分は決して加害者にならないと言いきれるだけの自信がないからだ。だから八四％の一人であるあなたにお願いしたい。いつか何かの弾みで加害者になるかもしれない僕のような弱い男にも、この国は公平な裁きを受ける機会を与えてくれると思わせてほしい。罪の報いを受けることは当然だとしても、その手続きを省略するようなことは、決してないと信じさせてほしい。

以下に東京新聞（三月二十八日付）の記事を引用する。

須田賢裁判長は進行協議の場で新たな弁護人を前に「裁判は二年で終わらせる」と語ったという。

一方、控訴審の弁護団は「麻原被告と意思疎通ができない」と趣意書提出を拒み、公判停止を申し立ててきた。当初の提出期限とされた二〇〇五年一月、弁護団は「趣意書を作成する」と方針を転換し、同年八月まで期限を延長することでいったんは高裁と合意する。

だが、その一カ月前になって弁護団は再び公判停止と期限延長を申し立てた。須田裁判長は精神鑑定の実施を決め「結果が出るまでは、控訴棄却はしない」と明言したという。

記事に書かれたこの経緯から判断すれば、弁護団のやり方に少なくとも瑕疵《かし》はまったくない。確かに所定の期日までに控訴趣意書を提出しないことを二回くりかえしてはいるが、弁護団はその都度、裁判所の合意を取り付けている。松井によれば、このとき陪席の波床昌則《はとこまさのり》裁判官は、「弁護人を欺《あざむ》くようなことは決してしないから信じてほしい」とまで言っている。

とりあえず裁判所は鑑定を行った。それがいかに偏向した空虚な鑑定であるかはもう言うまい。弁護団もそのつもりだったのだろう。だからこそ控訴趣意書を二十八日に提出することを裁判所に二十一日に伝え、そして（念を入れて）その期日をメディアに公表した。ところがこれを承諾していたはずの裁判所は、趣意書が提出される予定日の前日である二十七日に突然、裁判打ち切りを意味する棄却を決定して公表した。

異例という言葉ではもはや収まらない。明らかに異常な事態だ。

これまで一年以上待ちながら、土壇場になってたった一日を待たない理由は何だろう。手続きとして適正さを失っているのは、いったいどちらの側なのだろう。

裁判所のこの暴挙については、ひとつの推測がある。裁判所は当初、鑑定医の名前や鑑定書の内容までも非公開にするとの方針を打ち出していた。普通なら非公開はありえないとして、これに激しく反発した弁護団は、裁判所から送られてきた鑑定書の内容と鑑定医の名前を記者会見で公開した（だから当初の報道は、西山医師の名前を明かしているメディアと明かさないメディアとが混在していた）。つまり裁判所としてはこのとき、弁護団に面子《メンツ》を潰されたわけだ。

裁判所がこのタイミングで棄却を決定した背景には、弁護団への意趣返《いしゅがえ》しも含めて、両者の関係悪化が明らかに作用している。本音としては、思い知ったかざまあみろ、なのだろう。要するに子供の喧嘩《けんか》だ。でもこのレベルの裁判所が、戦後最大と言われるオウム事件の首謀者である麻原の審理を、まさしく今、中途で打ち切ろうとしている。

棄却決定から三日後の三月三十日、弁護団は高裁に異議を申し立てた。しかしこの原稿を書いている四月二十日現在、これが受理されるかどうかの見通しは立っていない。もっと直截《ちょくさい》に書けば、受理される可能性はほとんどない。

「最近、取材をたくさん受けていますよね」

そう言う僕に、横に並ぶカーリーとアーチャリーは一瞬だけ見つめ合い、それからこくりとうなずいた。

「共同通信も受けたし、朝日新聞も受けたし、テレビ朝日に日テレにTBS」

言いながら子供のような仕草で指を折るアーチャリーを、「他に月刊誌と『週刊現代』も」とカーリーが補足する。

「記事は読んでいますか」

「うーん、だいたいは」

「テレビは？」

「だいたい」

「納得している？」

「まあ、あんなものかと」

答えるアーチャリーの横で、カーリーは押し黙りながら微妙な表情だ。どうしたのと訊《たず》ねれば、日本テレビはちょっと……との答えが返ってきた。

「何かあったのですか」

二人はもう一度顔を見合わせる。話してしまっていいのかな、というような逡《しゅん》巡《じゅん》が、その表情に浮かんでいる。

19 姉妹

（二〇〇六年八月号）

顔を見合わせる姉妹に、「何かあったのですか」と僕はもう一度問いかけた。

「……うーん、ちょっと気持ちが悪かった」

いつもはどちらかといえば論理的な言動をする次女のカーリーだが、時おり何かの弾みで、とても感覚的な言葉を使うことがある。このときもまさしくそうだった。首を傾《かし》げる僕に、三女のアーチャリーが早口で説明する。

「あの、……父の役を、誰かそっくりさんというか役者さんにやらせていたんですが、その人が何となく気持ち悪くて」

「その人がじゃなくて、その人の演技が」

二歳違いの姉に強い調子で補足されて、「うん、そうそう」とアーチャリーがうなずいた。

「……つまり日本テレビは君たちにインタビューするだけじゃなくて、オンエアの際には麻原被告の現在を誰かに演じさせたということ？」

「はい」

「ほとんど反応がない様子とか？」

「いえ、そうじゃなくて……」

「例えば、一審判決の日に拘置所に帰ってから『なぜなんだ！』と叫んだとかの噂《うわさ》があるじゃないですか。そのシーンを役者さんが再現するんだけど、それが何というか……」

「ただのキモオヤジみたいで」

今度の補足はアーチャリーだ。その率直すぎる言葉に、隣に座るカーリーは俯《うつむ》きながら苦笑する。

「他に何というか、例えば私たちのインタビューの前に、まず警視庁前での映像を流して、そこにテロップで大きく『教団服』って」

「教団服？　それ何？」

「昔、警視庁の前で泣いていたところを撮られたんです」

アーチャリーが言う。でもさっぱりわからない。

「教団服ってクルタ（オウムの制服。そもそもはインドの民族衣装）のこと？　でもそれと二人のインタビューと何の関係があるのかな？」

「で、その次のシーンで、インタビューのときの私の今の映像を出して、それでまたテロップが『スーツ姿』って」

「要するに、クルタ姿の昔の映像と今とを対比させて、あの幼かったアーチャリーも今ではスーツが似合う大人になりましたってこと?」

「……たぶん」

つぶやいてから姉妹は、同じようなタイミングで吐息をついた。そういうことかとうなずきながら、僕も思わず吐息をついた。

二人のインタビューを収録した日本テレビの報道番組は、そのインタビューのみを放送するだけではなく、昔のアーチャリーの映像素材などをライブラリーから探しだしてきて、さらにはわざわざ役者を起用した麻原彰晃の再現映像までも収録し、面白おかしく加工したこれらの要素を、編集で加えて放送した。

今回はたまたま日本テレビだけれど、こうした万人に対する「わかりやすさ」(見方によっては視聴者をバカにしているかのような過剰な説明)への志向は、テレビが普遍的に保持する媒体特性のひとつだ。なぜあんな無意味なことをするのかしらと二人は首をひねるが、一過性で常に現在進行形であるテレビにとって、麻原彰晃の次女であるカーリーや三女のアーチャリーのことなど、視聴者の大半は忘れているか知らないことが前提なのだ。だから説明が必要となる。

ところがこの説明の際に「わかりやすさ」に留意しないと、視聴率は劇的に落ちる

（あるいはテレビ関係者は落ちると思い込んでいる）。なぜなら視聴者の大半は、一過性の情報を提供する装置であるテレビに、複雑な事象や多面性の呈示など求めていない。だから少しでも退屈だと感じると、あっさりとチャンネルを変えてしまう（リモコンの普及はこの傾向に拍車をかけた）。視聴率を広告収入に換算するテレビとしては、視聴率の低落は業績の悪化へと直結する。

こうしてテレビは、単純化・簡略化を継続的に自己目的化するメディアとなった。これもまたポピュリズムだ。

つまりテレビの臆面もないほどの「わかりやすさ」への希求は、テレビと視聴者との相互作用の帰結でもある。別にテレビだけではない。売れない野菜を店頭に置き続ける八百屋は業績が低迷する。その意味では当たり前の市場原理だ。ただしテレビの場合、売れる商品の特性は美味《おい》しさや栄養価などではなく、わかりやすくて刺激的であるということだ。

この帰結としてテレビは、複雑な事象を伝えることがとても不得手なメディアとなった。もともとその属性はあったけれど、特にオウム以降、この傾向は急激に促進された。

なぜならば、国民一人ひとりの危機意識が、オウムによって激しく刺激されたからだ。今危機が目の前にあると思い込んでいる人にとって重要なことは、多くの視点や選択肢、途中の経過や理由などではなく、最終的な結論だ。右と左のどちらが自分にとって安全かなどと煩悶《はんもん》していたら、迫りつつある危機から逃げ遅れる。理由や経過はともかくとして、結論だけがあればそれでよい。必要なことは自分にとって有害か有益かという二者択一の迅速な判断であり、境界線上の曖昧さや端数は捨象され、煩悶や葛藤などは何の価値も持たなくなる。オウムによって喚起されたこの危機意識は、九・一一によってさらに刺激を受けた。だからこそこの時期、短くてわかりやすい言葉を駆使する小泉純一郎が、内閣総理大臣として圧倒的な支持を受けた。

発動したこの危機意識を、テレビは視聴率追求の原理でさらに促進する。なぜならば「敵」の存在を喧伝《けんでん》して危機を煽《あお》れば、視聴率は劇的に上昇する。不安や恐怖を持ったとき、人は「危ない」や「怖いぞ」などの声のする方向に目を向ける。耳を傾ける。逆に「敵」の不在や沈静化を訴えれば、視聴率は下がる。もちろん他のメディアも、その原理は共通している。ただ、テレビは現在進行形の媒体であるだけに、その市場原理が露骨に表れる。

こうしてテレビは危機を煽る。恐怖や不安を喧伝する。その結果、街には多数の監視カメラが設置され、「テロ警戒中」や「不審者に注意」などの掲示やアナウンスが至るところに氾濫し、子供たちは防犯ブザーやGPS機能付きの文房具を必需品として常時携帯し、本来は非合法であるはずの微罪や別件逮捕が、街に蔓延《はびこ》る悪を駆除するための措置として当たり前とされてゆく。治安悪化を理由に少年法や精神保健福祉法などが厳罰化の方向に改訂され、例外が常態化してゆく。

ところが社会のセキュリティ化が濃密になればなるほど、そこに暮らす人たちの恐怖や不安は、（皮肉なことに）さらに刺激され、亢進《こうしん》する。

オウム以降、日本社会はこのスパイラルに落ち込んだ。そして二〇〇一年の九・一一以降、この恐怖と不安の連鎖は、世界貿易センタービル崩壊の映像を世界中に提供したテレビメディアやインターネットを最大の媒介にしながら、世界に拡散した（オウムを視点にすればそう見える）。

憎悪と恐怖が何重もの同心円となって連鎖する今のこの世界。その同心円の中心のひとつに位置するオウム。そのオウムのかつての教祖で今では特異点となりつつある麻原彰晃。その麻原の次女と三女は、応接セットの長椅子に腰を下ろしながら、何ごとかを思い出そうとするかのようにしばらく沈黙した。

「……編集も予想どおりというか、私たちのインタビューのあとに、反対の意見をお持ちの方のコメントを繋《つな》いだんです。ご覧になっている方は、やっぱりあとのほうの印象を強く持ちますよね」

「つまり具体的には、父親への精神鑑定を願う二人のインタビューのあとに、裁判打ち切りや速やかな死刑を求める識者や遺族のコメントを流すとか……」

「はい」

しょんぼりとした表情でうなずくアーチャリーにちらりと視線を送ってから、「特に日本テレビだけじゃなくて、その編集のやり方は他の局もほぼ同じです」とカーリーがつぶやいた。確かにそうだ。公正中立を担保するための論理で、両論併記はマスメディアの基本原理とされている。僕もかつてテレビ・ディレクターの頃、対立する両者の言い分を同じ秒数だけ入れろとよくプロデューサーに指示された。でもそれで中立など実現できない。なぜならアーチャリーが指摘するように、後出しのほうが印象は強いのだ。

もちろん多くのテレビ関係者は、この力学に気づいている。だからこそほとんどの局が、姉妹のコメントのあとに遺族のコメントを紹介する。逆はまずない。こうすれば表層的な中立性を装いながらも、「オウムは決して許さない」式の安全地帯に身を置くことができるからだ。

「まあ、でもさ……」と僕は言う。

「テレビに出れば扱いがこうなってしまうことは、二人にだってわかっていたはずだよね。それに逆に考えれば、こうやってメディアが二人の言い分を取りあげてくれるだけでも、以前には考えられなかったことだし……」

半分は本音。でも半分は、かつてはテレビ業界に帰属していて、今もメディアの片隅に棲息《せいそく》する僕自身の言い訳だ。二人の姉妹は顔を上げてから、「確かにそうですね」とこっくりとうなずいた。

「じゃあ今日の本題。二人にとって麻原さんは、どんなお父さんでした?」

それまではどちらかといえば饒舌《じょうぜつ》にしゃべっていた二人は、僕のこの質問にしばらく沈黙した。

「いちばん印象に残るエピソードは?」

呼び水のつもりの言葉だったけれど、やっぱり返答はない。二人は互いに顔を見合わせるばかりだ。三十秒ほどが過ぎてから、アーチャリーが僕を正面から見つめる。

「森さん」

「うん」

「いちばん印象に残っているエピソードというのは……、どういう面で?」

「えーとね、どう言ったらいいのかな……」

「もう少し具体的かつ詳細に訊《き》いていただいたら、私も具体的かつ詳細に記憶をたぐれるような気がします」

彼女のこの高尚すぎる表現に内心は苦笑しながら、確かにもっと具体的な質問にしなくてはと僕は考える。

「要するに二人に訊きたいことは、……思いきり要約しちゃうと、彼の父親らしさというか、もっと具体的に言えば、『お父さん大好き』って思ったときのことを訊きたいのだけど……」

「確かに大好きでした」

カーリーが言う。でもそのあとが続かない。

「例えばクリスマスにこんなプレゼントをもらったとか、そんな記憶はないですか」

「ないです」

声を合わせての即答だった。そうか、クリスマスは宗教行事だ。

「例えば叱られたときに『お父さん大好き』と実感したとか……」

「叱られたときに『お父さん大好き』って普通思いますか」

カーリーが真顔で訊《たず》ね返し、一瞬絶句した僕に、やはり真顔でアーチャリーが念を押す。

「叱られることで、自分のことを考えてくれているという確認ができるという意味ですか」

曖昧にうなずきながら、僕は次の質問の展開を考える。どうもペースをつかめない。

「そもそも事件前の頃は、第六サティアンで、家族みんなで暮らしていましたよね。団《だん》欒《らん》とかあったはずだと思うのだけど。みんなでご飯を食べたりとか」

「ないです」

また声を合わせての即答だ。

「家族いっしょに食事ということはなかったです。お腹《なか》がすいたら勝手に食べるという感じで」

「でもたまには家族で集まったりしないのかな」

「全然なかったです。一応、集まる場所はあるんですけれど。みんな適当に食事を用意して、それぞれの個室で勝手に食べるって感じです」

話しながら思い出していた。『A』撮影の頃だ。オウムには食事の時間という習慣はない。空腹になれば適当に食べる。主食はほとんどの場合、施設内で焼いた硬いパンだ。僕も何度か食べた。硬いうえに風味もない。それは麻原家も同様だったようだ。副菜はほとんどない。オウム食といえばマスコミでさんざん報道された根菜類を思い浮かべる人は今も多いが、野菜も殺生《せっしょう》になるとの理由で、地下鉄サリン事件のかなり前から食べることは禁じられていた。

「でもじゃあ、ビタミンとかは？」

「いちおう小麦粉に練り込んでいたようだけど、どう考えても焼いた瞬間に終わってますよね」

アーチャリーのその言葉にくすくすと笑ってから、「私のいちばん古い記憶は……」とカーリーが言った。

「薬局で売れ残った漢方薬みたいなものが、倉庫に散乱していた光景を覚えています。

船橋時代ですね」

「それは、薬事法違反で彼が逮捕されたあとですか」

「おそらくは。でもその頃の父は、家にほとんど帰ってこなかったです」

「どこに行っていたのだろう?」

「確か渋谷か千駄ヶ谷《せんだがや》のほうでヨガの道場を始めていて、家にはめったに帰ってこなかったような記憶があります」

「私は最初の記憶は、富士山総本部の頃かなあ」とアーチャリーが言う。「父の布団にもぐり込んで、よくお漏らししていたらしいです」

「そういうとき、彼は怒るのかな」

「そういうときに怒られた記憶はないですね。でも、怒るときは本気で怒るんです」

「どんなときですか」

「えーとね、裏山にはマムシがいるから行くなと言われていたのに行ったときとか」

相槌《あいづち》を打ちながらカーリーが、「もう本気で怒ります」とつぶやいた。

「めったに怒らないけれど、ダメと決めていることを守らなかったときは、本当に凄《すご》いです」

「可愛《かわい》がられたという記憶は?」

少しだけ考えてからカーリーが言う。

「……七歳の頃、高熱を出したんです。そのときはずっと、三日三晩くらい、父に枕元で看病してもらいました」

「……彼は具体的に何をしたのかな」

「スイカジュースを飲まされました」

言ってからカーリーはにっこりと笑う。アーチャリーが姉を補足する。

「普通ですよ。薬を飲めとか。横向きで寝ちゃダメだとか。あと、氷嚢《ひょうのう》がちゃんと入ってるかとか。そういう看病です」

「他には、……長女と私たちを部屋に呼んで、ジャータカの話をしてくれたことがあります。ジャータカって森さん、わかりますか」

「お釈迦《しゃか》様の話だっけ」

「そう。お釈迦様の前世の話です。猿だったり鹿だったり。その話を最後までしてくれたことを覚えています」

「勉強についてはどうですか。口うるさい父親だったのかな」

「放任でした。まあ、『いつか気づいてくれたら』という思いだったのかな。でもやっぱり子供って、放っておかれたら際限なく遊んじゃうんですよね。小学校三年くらいの頃、私は『あいうえお』も読めなかったんです。それを知ったときはさすがに内心焦ったようで、ある日突然、紙袋いっぱいの本や教材を買ってきて、『今日からこれをやりなさい』みたいなことを言われました」

例えばどんな本？　と訊ねる僕にアーチャリーは、『ガリバー旅行記』や『織田信長の伝記』などを挙げてから、「『ゴキブリ四千年の歴史』とかいう本が興味深かったな」と言った。

「何それ？」

「四千年じゃないか。四万年？　四千万年かな」

「ゴキブリなら三億年だと思う」

「そうか。村井さんがゴキブリ好きだったんです」

「村井さんって刺殺された村井秀夫さん？」

「はい。うち（の施設）にたくさんいましたから、チャバネゴキブリ。村井さん、その研究をしていたみたいです」

「あのさ」

僕は言う。どうも話が逸《そ》れてしまう。故・村井幹部とゴキブリの話もそれなりに興味深いけれど、今日のインタビューはそんな趣旨じゃない。

「お父さんの思い出、もうないですか。看病の話をもう少し聞きたいのだけど」

「それと鍼《はり》とか。でもとにかくスイカジュース。あれでスイカが嫌いになっちゃった」

「何でスイカなのかな」とつぶやく僕にカーリーが、「スイカには利尿作用があるんです」と説明する。

「うちのお父さんは普通とは少し違うと思ったのはいつ頃から？　それとも思わなかった？」

「思っていました。小さな頃からです。だって他にあんなに髪や髭《ひげ》を伸ばしているお父さんはいなかったから。『あんまりいないよな、こういう人』って」

そう言ってからアーチャリーは、テーブルの上の一点を見つめながらじっと動かなくなった。カーリーも口を閉ざした。僕も黙り込む。テーブルの上では、二台の小型レコーダーが、黙々と沈黙を記録している。やがて、アーチャリーが囁《ささや》くようにつぶやいた。

「……事件前のこと、もっといろいろあったはずなんだけど、あまり思い出せないんです。寝るたびに記憶が薄くなってしまうような感じで……」

「お父さんの記憶が？」

「父だけじゃなくて、それまでの記憶が全部」

「それはなぜ？」

「……」

アーチャリーは答えない。隣に座る編集担当の佐藤信夫に、僕は視線を送る。こんなものかもしれませんねというように、佐藤は小さくうなずいた。

これ以降は雑談。二人の恋愛観や結婚観。さらにはプレイメイトの豊胸手術にまで話題は広がったけれど、この誌面では割愛しよう。最後にテーブルの上のレコーダーに手を伸ばしてスイッチを切りかけた佐藤が、ふと手を止めて、「あの、ちょっとお訊きしていいですか」と二人に言った。それまではほとんど口を開かなかった佐藤のこの言葉に、姉妹は少しだけ驚いたように、「はい?」と声を揃《そろ》える。

「ふと思ったんですけど。なぜ麻原さんにこの世間は、……世間だけじゃなくてメディアや裁判所も含めて、普通の対応や処遇をしてくれないのか。特に最近は、彼に対してだけでなく、いわゆる極悪人全般に対して、とても重くて偏った処遇が普通になりつつあるような気がするんですが、……お二人はなぜだと思います」

二人は考え込む。ややあって、カーリーが先に口を開く。

「……司法はまず、世間に対して原則的に迎合するし。それにやっぱり、その……世間は、極悪人の惨めな姿を見たいと思っていますよね」

アーチャリーが言った。

「その二つが今、マッチしているんじゃないかな、って思います」

うなずきながら佐藤は、次の質問を口にする。

「もうひとつだけ。テレビにはよくサリン事件の遺族の方たちが登場します。彼らに対してお二人は、どんな感情を持ちますか。これ、もし言いづらいのなら却下でもいいです」

「個人的には……」

　言いかけてからアーチャリーは数秒だけ考え込む。「無理に答えなくてもいいよ」と僕が言いかけたとき、彼女はゆっくりと、言葉を選びながら話しだす。

「個人的には、……筆舌に尽くしがたい思いを、悲しい思いをされたのだろうなって思います。例えば村井さんのことを、私も実の兄のように慕っていたので、彼が殺されたとき、とにかくとても悲しかった。……こんな言い方をしたら、『おまえたちと一緒にするな』って怒られちゃうと思いますけれど、でも大切な人を失うことの辛《つら》さは、私もわかっているつもりです」

「ならば訊くけれど、君たちのお父さん、たぶんというか間違いなく死刑だよ」

　僕は言った。鬼畜がうずうずと現れかけている。でもこうなるともう抑えようがない。

「今後裁判がどう展開しようが、どっちにしても日本に死刑制度があるかぎり、死刑になることは間違いない。それをどう思う？　覚悟はできていますか」

「生きていてほしいです。……でも、それは私のエゴですよね」

　自らに言い聞かせるかのように「エゴですよね」とつぶやくアーチャリーの語尾が、微《かす》かな嗚咽《おえつ》で一瞬だけ裏返った。

「エゴだけれど、……できれば死んでほしくない。もう会えないにしても、どこかで存在していてほしい。そう思います」

そう言ってから、アーチャリーは静かに泣いた。カーリーは無言で俯いている。僕は佐藤に視線で合図を送る。うなずいた佐藤は、テーブルの上のレコーダーのスイッチを止めた。

（以下、下巻）